してきたことが読み取れる。我が国になぞらえて言えば，共通テストの中止と調査書を中心とした選抜への振り替えが起こったということだが，資格基準が揺れ動いたことによる影響は大きかったように見える。第5章は福留東土氏と川村真理氏によるアメリカの状況の紹介である。コロナ禍でどのように特別な態勢が取られたかということに加え，コロナ禍の影響がどこに見られるか，という視点からの分析が興味深い。

　これらの論考から何を感じ，何を学び取るかは，基本的に読者に委ねられるべきであろう。世の中の様々な営みと同様に，コロナ禍は大学入試制度にとって1つの試練であり，危機であることは間違いない。この災難をきっかけに我が国における大学入学者選抜のあり方について改めて根本から論じようという動きが出るのも当然のなりゆきであろう。一方，筆者の立場は第6巻第2章で述べたとおりである。すなわち，「『ウィズ・コロナ』，『アフター・コロナ』の時代における大学入試のあり方は，評価すべき能力と現実的な実施可能性，そして，COVID-19感染のリスクという相矛盾する『スジ論』を丁寧に比較検討しながら，時間をかけて慎重に妥協点を探っていくしかない」（倉元，2022，p.16）。海外の事例から何を学ぶべきであるかの判断は，コロナ禍というフィルターを通して，我が国における大学入学者選抜の根底にある価値観を改めて問い直す作業につながると言える。

　第2部「日本編」は，第1部「世界編」と対比する形で，我が国におけるコロナ対応について改めてまとめたものである。

　第6章はコロナ禍の下での個別大学の対応について，速報的に公表された事例報告を集めて紹介したものである。繰り返しになるが，個別大学が意思決定の権限をもつ主体としてコロナ禍への対応に当たっており，周囲もそれを当然のこととして受け止めていることが，我が国の大学入学者選抜制度の重要な特徴を成している。また，異常事態にあっても，可能な限り「予定されていたことを予定されていた通りに実施する」ことが第一義的な最重要課題となっていたこともうかがえる。それは，我が国においては「受験生保護の大原則」に基づく暗黙の前提と言える（以上，倉元（2020）を参照のこと）。第6章の事例報告からは，様々な大学がそれぞれが置かれた立場において，苦慮に苦慮を重ねて，令和3年度（2021年度）入試を問題なく実施すべく，最善の努力を傾けていたことがうかがわれる。本書と対を成す第6巻

には突然の緊急事態の発生に動揺した雰囲気が前面に出ていた。本書の第2部は事態が落ち着きかけた段階での振り返りであり，臨場感に欠けるきらいはあるが，一息ついたところでより包括的な視点からまとめようとの試みであるとご理解いただきたい。

翁文静氏と立脇洋介氏による第7章は，そのような受験生保護の大原則が，実は，国内の受験生だけに向けられたものではないか，という指摘を投げかけたものである。私費外国人留学生制度におけるコロナ禍の対応をめぐり，我が国の大学入学者選抜制度が基本的に国内の高校新卒生を中心に組み立てられたものであることに改めて気づかされる論考となっている。

第8章と第9章はオンライン筆記試験をめぐる論考である。第8章は素材が大学入試ですらない。大学入学者選抜におけるコロナ禍への緊急対応としてのオンライン筆記試験という視点で令和3年（2021年）3月の時点で公表されていた学術論文が他に見当たらなかったことから，採録することとした。大野真理子氏らによる第9章は，九州工業大学で実施されたオンライン筆記試験の総括であり，より緊迫感にあふれる内容となっている。いずれも，受験者の視点による公平性（社会心理学的アプローチ，本シリーズ第4巻［西郡（編），2021］第1章参照のこと）による振り返りが重視されている。なお，第6巻においても緊急対応としてのオンラインによる選抜の実施に関する試みが紹介されている（鈴木，2022; 立脇，2022）。入試広報も含めて考えると，オンライン化の動きは止まらないだろう（久保，2022）。コロナ禍がどのようなタイミングでどのように収束していくかはいまだに予想がつかないが，我が国の大学入学者選抜において，オンライン技術の導入に関する議論は今後も等閑視することができない重要なテーマとなっていくことは間違いない。

最後に，本書各章における注釈の構成について触れておく。書き下ろしの原稿（第2章～第5章）は，著者による注釈を脚注として本文のページ内に記載している。再録（第1章，第6章～第9章）は，著者による注釈は文末にまとめ，編者による注釈を脚注とした。

文　献

大学入試センター（2022）．大学入試センター研究開発部報告書　大学入試センター・シンポジウム2021　COVID-19の災禍と世界の大学入試　大学入試センター　Retrieved from https://www.dnc.ac.jp/albums/abm.php?f=abm00041179.pdf&n=%E5%A4%A7%E5%AD%A6%E5%85%A5%E8%A9%A6%E3%82%BB%E3%83%B3%E3%82%BF%E3%83%BC%E3%83%BB%E3%82%B7%E3%83%B3%E3%83%9D%E3%82%B8%E3%82%A6%E3%83%A0+2021.pdf（2022年 8 月15日）

久保　沙織（2022）．オンラインを活用した東北大学入試広報活動の新たな展開　倉元　直樹・宮本　友弘（編）　東北大学大学入試研究シリーズ第 6 巻　コロナ禍に挑む大学入試（1）緊急対応編（pp.60-81）　金子書房

倉元　直樹（2020）．受験生保護の大原則と大学入試の諸原則　倉元　直樹（編）　東北大学大学入試研究シリーズ第 1 巻　「大学入試学」の誕生　（pp.6-17）　金子書房

倉元　直樹（2022）．「コロナ禍」の下での大学入試——高大接続改革の方針転換から見えてきた課題と展望——　倉元　直樹・宮本　友弘（編）　東北大学大学入試研究シリーズ第 6 巻　コロナ禍に挑む大学入試（1）緊急対応編（pp.7-18）　金子書房（倉元　直樹（2020）.「コロナ禍」の下での大学入試——高大接続改革の方針転換から見えてきた課題と展望——　現代思想10月号，特集　コロナ時代の大学——リモート授業・ 9 月入学制議論・授業料問題——，112-121）

西郡　大（編）（2021）.東北大学大学入試研究シリーズ第 4 巻　大学入試の公平性・公正性　金子書房

鈴木　雅之（2022）．大学入試における教員としての資質・能力の評価——令和 3 年度入試における横浜国立大学教育学部の対応——　倉元　直樹・宮本　友弘（編）　東北大学大学入試研究シリーズ第 6 巻　コロナ禍に挑む大学入試（1）緊急対応編（pp.46-59）　金子書房

立脇　洋介（2022）．コロナ禍における個別大学の入学者選抜——令和 3 年度選抜を振り返って——　倉元　直樹・宮本　友弘（編）　東北大学大学入試研究シリーズ第 6 巻　コロナ禍に挑む大学入試（1）緊急対応編（pp.34-45）　金子書房

目　次

東北大学大学入試研究シリーズ

コロナ禍に挑む大学入試（2）
世界と日本編

金子書房

「東北大学大学入試研究シリーズ」の刊行に当たって

　わが国において，大学入試というテーマは，誰しもが一家言を持って語ることができる身近な話題である反面，一部の例外を除き，研究者が専門的に研究すべきテーマとはみなされていませんでした。圧倒的多数の人にとって試験や入試は思い出したくない嫌な記憶でしょうから，必然的に大学入試は「好ましくないもの」という位置付けで語られ続けることになります。一方，時代によって機能の大きさや役割が変化するとはいえ，大学入試は多くの人の将来を定めるものであり，社会の未来を担う若者を育てる教育の一環として社会的に重要な位置を占める制度です。

　1999年（平成11年）4月，東北大学アドミッションセンターは国立大学で初めてAO入試を実施する専門部署の一つとして発足しました。それは同時に，大学に設けられた初の大学入学者選抜（大学入試）研究の専門部署の誕生でした。東北大学アドミッションセンターの設立から20年が経過し，各大学に教員を配置して入試を専管する部署が普及してきました。個々の大学を見れば，その位置付けや期待されている機能は様々ですが，大学入試が単なる大学事務の一部ではなく，専門性を持った分野として捉えられつつあることは喜ばしい環境の変化と感じています。この度，令和元〜令和4年度（2019〜2022年度）日本学術振興会科学研究費補助金挑戦的研究（開拓）「『大学入試学』基盤形成への挑戦——真正な評価と実施可能性の両立に向けて——」（課題番号19H05491）の助成を受けたことをきっかけに，10年以上に渡って温めてきた学問としての「大学入試学（Admission Studies）」の創設に向けて，具体的な歩みを始める時が来たと感じました。その証として，これまで刊行された文献に書下ろしの論考を加え，「東北大学大学入試研究シリーズ」を創刊することとしました。大きく変動する社会の中で，実務の最前線で行うべきことは何かを識るとともに，「百年の大計」の下で教育における不易（変えるべきではないもの）と流行（変えるべきもの）を見据える一つの参照軸を創生することを目指します。

2020年1月　シリーズ監修　倉元直樹

序　章

大学入試とは何か
──「コロナ禍」というフィルターを通して見えるもの──

倉元　直樹

　本書は「東北大学大学入試研究シリーズ」第7巻の位置づけであり，第6巻『コロナ禍に挑む大学入試(1) 緊急対応編』の続編である。第1部「世界編」には海外の大学入学者選抜におけるコロナ禍（新型コロナウイルス感染症［COVID-19］。以後，コロナ，ないしは，コロナ禍と表記する）の対応に関する論考を5編，第2部には令和3年度（2021年度）入試における日本の大学の対応に関する内容を4編採録した。第1部は第1章が再録であるが，残りの4編は書き下ろしとなっている。第2部を構成する4編は全て既出論文の再録である。

　最初に第6巻との関係性から，本書の構成と刊行までの経緯について概説する。本シリーズは，毎年原則的に5月に東北大学高度教養教育・学生支援機構の主催で実施されている「東北大学高等教育フォーラム」との関係が深い。第1部は，当初，その一環として令和3年（2021年）5月に行われた「検証　コロナ禍の下での大学入試」に基づく刊行物として，第6巻に含まれる予定であった。本書の第2章から第5章までの執筆者には，本シリーズへの執筆を前提に，フォーラムへの招待参加者として執筆を依頼したものである。ところが，「緊急対応」を描くために必要なピースを集めていくうちに頁数が膨らみ，全ての論考を1冊に収められなくなった。また，1冊のテーマとしては焦点が定まらなくなることから，別巻として出版することとなった。したがって，第1章を除く第1部の著者には第6巻の第2部を構成する同フォーラムにおける議論を前提として執筆を依頼したものである。

　そうこうするうちに，別の企画が持ち上がった。独立行政法人大学入試センターで毎年実施されている「大学入試センター・シンポジウム」の令和3年（2021年）実施分が，「COVID-19の災禍と世界の大学入試」というテー

マで開催されることとなったのである。筆者もその企画に参画させていただいたことから，フォーラムの招待参加者としてお招きした先生方をご紹介し，日本の話題も含めて同シンポジウムの第1部「研究報告」を構成する運びとなった。したがって，本書の内容の一部は，同シンポジウムでも論じられており，同シンポジウムの報告書と重なる部分がある（大学入試センター，2022）。

　第1章は南紅玉氏による中国，韓国，日本の東アジア3カ国の共通テストに対するコロナ禍への対応状況の比較である。当初，本書の構想には含まれていなかったが，令和2年（2020年）12月という早い段階の速報であること，日本も含めて統一的な視点でまとめられていることから，第1部の冒頭に置くこととした。

　第2章から第5章までは，それぞれの国の教育制度に関する専門家の手による。第2章の田中光晴氏による論考は，教育行政による意思決定のプロセスから特別対応の内容まで，韓国におけるコロナ禍への対応に関する事実を丁寧に追った内容である。「韓国の動向をまさに日本の『合わせ鏡』としてみていた（本書p.23）」との記述にあるように，我が国の対応との類似性が際立つ。むしろ，韓国における受験生保護の徹底ぶりは，大学入試の実務に携わる立場から言えば実現が難しく，正直，行き過ぎにも感じられるほどである。

　一方，第3章から第5章までは，冒頭にそれぞれの国の大学入学者選抜の概要に頁が割かれている。それは，一部の専門的な知識をもつ読者を除き，説明がなければ前提が理解できない可能性を慮ったからである。それぞれ，我が国の対応との相違点が際立つ内容となっているが，それは，あながちコロナによる被害の程度だけに由来するものではないだろう。第3章は小浜明氏によるフィンランドの対応に関する論考である。大学入学資格試験と大学による個別試験との組み合わせで大学入学者選抜を行う仕組みは，比較的我が国の制度に近いものがある。なお，保健科教育の専門家である小浜氏は試験問題に対するコロナ禍の影響について推測を含めて論じているが，我が国では入試問題の作成には長い期間を要するのが常である。このタイミングでは起こり得ない事象ではないだろうか。第4章は飯田直弘氏によるイギリスの紹介である。冒頭にイギリスの大学入学者選抜制度の解説があるが，多くの頁を割いて説明しなければならないほど，近年，イギリスの制度が複雑化

目　次

文　献

大学入試センター（2022）．大学入試センター研究開発部報告書　大学入試センター・シンポジウム2021　COVID-19の災禍と世界の大学入試　大学入試センター　Retrieved from https://www.dnc.ac.jp/albums/abm.php?f=abm00041179.pdf&n=%E5%A4%A7%E5%AD%A6%E5%85%A5%E8%A9%A6%E3%82%BB%E3%83%B3%E3%82%BF%E3%83%BC%E3%83%BB%E3%82%B7%E3%83%B3%E3%83%9 9D%E3%82%B8%E3%82%A6%E3%83%A0+2021.pdf（2022年8月15日）

久保 沙織（2022）．オンラインを活用した東北大学入試広報活動の新たな展開　倉元 直樹・宮本 友弘（編）　東北大学大学入試研究シリーズ第6巻　コロナ禍に挑む大学入試（1）緊急対応編（pp.60-81）　金子書房

倉元 直樹（2020）．受験生保護の大原則と大学入試の諸原則　倉元 直樹（編）　東北大学大学入試研究シリーズ第1巻　「大学入試学」の誕生　（pp.6-17）　金子書房

倉元 直樹（2022）．「コロナ禍」の下での大学入試——高大接続改革の方針転換から見えてきた課題と展望——　倉元 直樹・宮本 友弘（編）　東北大学大学入試研究シリーズ第6巻　コロナ禍に挑む大学入試（1）緊急対応編（pp.7-18）　金子書房（倉元 直樹（2020）．「コロナ禍」の下での大学入試——高大接続改革の方針転換から見えてきた課題と展望—　現代思想10月号，特集　コロナ時代の大学——リモート授業・9月入学制議論・授業料問題——，112-121）

西郡 大（編）（2021）．東北大学大学入試研究シリーズ第4巻　大学入試の公平性・公正性　金子書房

鈴木 雅之（2022）．大学入試における教員としての資質・能力の評価——令和3年度入試における横浜国立大学教育学部の対応——　倉元 直樹・宮本 友弘（編）　東北大学大学入試研究シリーズ第6巻　コロナ禍に挑む大学入試（1）緊急対応編（pp.46-59）　金子書房

立脇 洋介（2022）．コロナ禍における個別大学の入学者選抜——令和3年度選抜を振り返って——　倉元 直樹・宮本 友弘（編）　東北大学大学入試研究シリーズ第6巻　コロナ禍に挑む大学入試（1）緊急対応編（pp.34-45）　金子書房

には突然の緊急事態の発生に動揺した雰囲気が前面に出ていた。本書の第2部は事態が落ち着きかけた段階での振り返りであり，臨場感に欠けるきらいはあるが，一息ついたところでより包括的な視点からまとめようとの試みであるとご理解いただきたい。

　翁文静氏と立脇洋介氏による第7章は，そのような受験生保護の大原則が，実は，国内の受験生だけに向けられたものではないか，という指摘を投げかけたものである。私費外国人留学生制度におけるコロナ禍の対応をめぐり，我が国の大学入学者選抜制度が基本的に国内の高校新卒生を中心に組み立てられたものであることに改めて気づかされる論考となっている。

　第8章と第9章はオンライン筆記試験をめぐる論考である。第8章は素材が大学入試ですらない。大学入学者選抜におけるコロナ禍への緊急対応としてのオンライン筆記試験という視点で令和3年（2021年）3月の時点で公表されていた学術論文が他に見当たらなかったことから，採録することとした。大野真理子氏らによる第9章は，九州工業大学で実施されたオンライン筆記試験の総括であり，より緊迫感にあふれる内容となっている。いずれも，受験者の視点による公平性（社会心理学的アプローチ，本シリーズ第4巻［西郡（編），2021］第1章参照のこと）による振り返りが重視されている。なお，第6巻においても緊急対応としてのオンラインによる選抜の実施に関する試みが紹介されている（鈴木，2022; 立脇，2022）。入試広報も含めて考えると，オンライン化の動きは止まらないだろう（久保，2022）。コロナ禍がどのようなタイミングでどのように収束していくかはいまだに予想がつかないが，我が国の大学入学者選抜において，オンライン技術の導入に関する議論は今後も等閑視することができない重要なテーマとなっていくことは間違いない。

　最後に，本書各章における注釈の構成について触れておく。書き下ろしの原稿（第2章〜第5章）は，著者による注釈を脚注として本文のページ内に記載している。再録（第1章，第6章〜第9章）は，著者による注釈は文末にまとめ，編者による注釈を脚注とした。

してきたことが読み取れる。我が国になぞらえて言えば，共通テストの中止と調査書を中心とした選抜への振り替えが起こったということだが，資格基準が揺れ動いたことによる影響は大きかったように見える。第5章は福留東土氏と川村真理氏によるアメリカの状況の紹介である。コロナ禍でどのように特別な態勢が取られたかということに加え，コロナ禍の影響がどこに見られるか，という視点からの分析が興味深い。

　これらの論考から何を感じ，何を学び取るかは，基本的に読者に委ねられるべきであろう。世の中の様々な営みと同様に，コロナ禍は大学入試制度にとって1つの試練であり，危機であることは間違いない。この災難をきっかけに我が国における大学入学者選抜のあり方について改めて根本から論じようという動きが出るのも当然のなりゆきであろう。一方，筆者の立場は第6巻第2章で述べたとおりである。すなわち，「『ウィズ・コロナ』，『アフター・コロナ』の時代における大学入試のあり方は，評価すべき能力と現実的な実施可能性，そして，COVID-19感染のリスクという相矛盾する『スジ論』を丁寧に比較検討しながら，時間をかけて慎重に妥協点を探っていくしかない」（倉元，2022，p.16）。海外の事例から何を学ぶべきであるかの判断は，コロナ禍というフィルターを通して，我が国における大学入学者選抜の根底にある価値観を改めて問い直す作業につながると言える。

　第2部「日本編」は，第1部「世界編」と対比する形で，我が国におけるコロナ対応について改めてまとめたものである。

　第6章はコロナ禍の下での個別大学の対応について，速報的に公表された事例報告を集めて紹介したものである。繰り返しになるが，個別大学が意思決定の権限をもつ主体としてコロナ禍への対応に当たっており，周囲もそれを当然のこととして受け止めていることが，我が国の大学入学者選抜制度の重要な特徴を成している。また，異常事態にあっても，可能な限り「予定されていたことを予定されていた通りに実施する」ことが第一義的な最重要課題となっていたこともうかがえる。それは，我が国においては「受験生保護の大原則」に基づく暗黙の前提と言える（以上，倉元（2020）を参照のこと）。第6章の事例報告からは，様々な大学がそれぞれが置かれた立場において，苦慮に苦慮を重ねて，令和3年度（2021年度）入試を問題なく実施すべく，最善の努力を傾けていたことがうかがえる。本書と対を成す第6巻

第1部

世界編

第1章

日本，中国，韓国の大学入試における COVID-19対策[1]

南　紅玉

◆◇◆
第1節　はじめに

　2020年1月以降，新型コロナウイルス感染症（以下，COVID-19と記す）が世界中で猛威を振るい，全世界の人々の生活に計り知れない影響を与えている。日本では令和2年（2020年）4月7日に緊急事態宣言が出され，日常生活を含む多くの経済活動が様変わりした。一方で，教育活動では，三密を避けるとともに休校やオンライン授業などが実施され，現在も継続している。新学年の開始を挟む約2ヵ月間にわたり学校が休校になったことにより，学校の年間行事計画の変更など，大学入試を控える受験生にとっても大きな負担が生じた。

　近年，大学入試改革を進めてきた日本，中国，韓国にとっては，2020年は重要な年である。日本では，令和3年（2021年）1月に行われる令和3年度（2021年度）入試から「大学入試センター試験」が「大学入学共通テスト」へ変更されるなど，大きな改革が行われる。中国では，2020年は，2014年に始まった入試改革を中国全土で実施する年である。また，韓国では，2008年から実施している独自の入試制度の問題点が明らかになり，今後の改善に向けた取り組みが行われようとする年である。このように，3ヵ国の大学入試の変革期に，COVID-19対策という新たな課題が加わる事態となった。

　また，3ヵ国いずれにおいても，大学進学希望者を対象とした全国規模の

1　本稿は，巻末「初出一覧」のとおり，南（2021）のタイトルを変えて再録したものである。また，本書の編集方針のもと，要旨を削除し，本文の表現を加筆修正した。なお，初校が受け付けられた2020年12月の時点に基づく表現となっている部分があるが，再録に当たって表現の修正は原則として行っていない。

試験（以下，共通試験と記す）が実施される。このため，COVID-19が各国の大学入試にどのような影響を与えたかを見ることは，今後のコロナ禍での大学入試のあり方を考える上で有益であろう。

　そこで，本研究では，日本，中国，韓国において，大学入試，とくに共通試験において，どのようなCOVID-19対策が行われたかを比較検討する。なお，日本は4月入学，中国は9月入学，韓国は3月入学であるため，本研究で検討する入試は，日本と韓国は2021年入学者用，一方，中国は2020年入学者用である。

第2節　日中韓3ヵ国の大学入試制度の概要

1．大学入試制度の相違

　表1-1は，日本，中国，韓国の入試制度を比較したものである。大学入試を大きく分けると，共通試験と個別大学が実施する選抜試験（以下，個別試験と記す）の2種類に分けられる。3ヵ国すべてにおいて共通する点は，毎年決まった日程で大規模な共通試験が実施されることである。大学による個別試験については，3ヵ国それぞれ異なる方法で実施されている。

　日本の個別試験には一般選抜，総合型選抜，学校推薦型選抜など多様な選抜方法がある。

　中国では，主に共通試験である「普通高等学校全国統一試験（略称：高考）」の成績により各大学が選抜を行う方式をとっている。近年，一部の大学では推薦入試など独自の事前選抜が試行されているがまだその数は少ない。

　韓国では，「定時選考」と「随時選考」がある。定時選考は，共通試験である「大学修学能力試験（略称：修能）」の受験を必須とする選抜である。随時選考は，日本の調査書に当たる「総合学生生活記録簿（略称：学生簿）」，小論文，実技等による選抜である。

2．大学入試改革の動向

　日本では平成26年（2014年）からの高大接続改革の本格的な議論が開始され，高大接続改革実施プラン（文部科学省，2015），高大接続システム改革

会議の最終報告（文部科学省，2016）に沿って，大学入試改革が推進された。改革の柱は，令和3年度（2021年度）入試から大学入試センター試験を廃止し，大学入学共通テストを新たに開始することであった。そこでは，英語の資格・検定試験の活用と記述式問題の導入が予定されていたが，令和2年度（2020年度）実施は見送られた。また，個別試験の改革として，「主体性等」の多面的・総合的評価が重視され，調査書等の活用が要請されている。

　中国の入試改革においては，2010年に「国家中長期教育改革および発展計画要綱」（中華人民共和国中央人民政府，2010），2014年に要綱を具体化して工程表を示した「入試制度改革の深化に関する実施意見」（中華人民共和国国務院，2014）が国務院から発表された。実施意見には合格率の地域間格差の是正，試験形態と内容の改革，選抜方法の改革が盛り込まれた。特に募集人員のほとんどが受験する共通試験では，従来の「3＋X」方式の「X」として広く利用されてきた総合問題を廃止し，文理合わせて6科目から自由に3科目を選択する「3＋3」方式が採用されることとなった。この改革は2014年の上海市，浙江省を皮切りに開始された。改革後の教育課程で学んだ受験生を対象とする2017年度入試には初の「3＋3」方式が実施され（石井，2017，2018，2020），2021年から，第三次高考総合改革試験点としての8の省である河北，遼寧，江蘇，福建，湖北，湖南，関東，重慶では新しい方式（「3＋1＋2」）での試験が本格的に実施された。2020年1月に教育部は「一部の大学において基礎学科を対象とする生徒募集改革の試行に関する意見」（中華人民共和国教育部，2020a）を発表し，現在試行的に実施されている「独自事前選抜入試（自主募集）」を取りやめ，「強基計画」[1]という個別試験を実施するとした。そのほか，芸術やスポーツなどの「推薦入試」についても教育部から選抜方法の規範を厳格にするよう指示が出された。

　韓国では，大学入試改革が何度も行われてきた。以前は，大学がそれぞれ独自に課す学力試験による選抜であったが，1994年の修能の導入に伴い個別大学による学力検査が禁止された。さらに，随時選考では，2008年に書類審査や面接を通じて合否を判定する入学査定官が導入された。その結果，随時選考の募集人員が拡大し，現在，多くの大学において随時選考の割合が，7割以上に達し，問題視されている。この状況を改善するために，2022年度入試では，定時選考の募集人員を40％まで引き上げること，また，総合学生生

表1-1．日本，中国，韓国の入試制度の対照表

		日本	中国	韓国
共通試験	名称	大学入学共通テスト	普通高等学校全国統一試験	大学修学能力試験
	略称	共通テスト	高考（ガオカオ）	修能（スヌン）
	用途	主として一般選抜	一般選抜	主として一般選抜
	試験日	1月16，17日	6月7，8日	11月の第2木曜日
	志願者数	57万6,829人（2019年度）	1,031万人（2019年度）	49万5,500人（2019年度）
個別試験	一般選抜	•国公立：共通テストと個別学力試験 •私立：共通テストまたは個別学力試験	•主として高考の成績により各大学が選抜 •全国の入学者のほとんどが一般選抜で入学	•定時選考という •主として修能で選抜
	特別選抜	•学校推薦型選抜 •総合型選抜 •その他	•推薦入試：人数限定 •独自事前選抜：試行段階，一部の大学で実施	•随時選考という •学生簿，小論文，実技等，主とする選抜資料によって下位区分がある

注）個別試験については，石井（2020）を参考に作成方針を出している。

活記録簿の評価の公正性を高めることが政策として打ち出された。

　以上3ヵ国の入試制度の比較に関しては，表1-1を参照していただきたい。

第3節　中国の大学入試における COVID-19対策

1．中国の COVID-19の感染状況

　図1-1は，2020年1月22日から12月7日までの中国の COVID-19の感染者数の推移を示したものである。図1-1から，中国の COVID-19の感染状況の特徴は，1月から2月にかけて感染者数が急増している点である。1月22日に548人だった感染者数が1週間後には6,087人に増え，2月4日には2万人を超えた。その後，さらに急激に感染者数が増加し，2月10日には2倍の4万人に達した。3月初旬には感染者数が8万人を超えた。しかし，それ以降は，COVID-19対策が功を奏し，感染者数は横ばいとなっている。

　感染者数が1月中旬から急増し始めたことに対し，中国政府は，1月23日に武漢市など4都市に対してロックダウン（都市封鎖）の措置をとった。そ

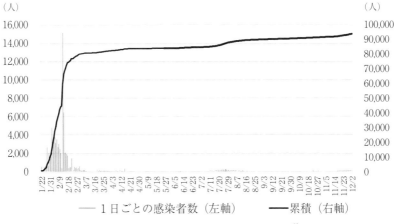

――― 1日ごとの感染者数（左軸）　――― 累積（右軸）

図1－1．中国のCOVID-19の感染状況[2)]

の後，都市封鎖は湖北省全域15都市に拡大された。また，医療資源の有効活用とITの活用によって短期間で感染拡大を防いだ。

2．大学入試とCOVID-19対策

2.1．中国の大学入試の流れと高考の日程

　図1－2は，中国の大学入試の流れを示したものである。中国の大学入試は，主として高考の成績をもとに大学が選抜を行う仕組みになっている。高考の時期は1985年から全国一律で，6月7日，8日の2日間の日程で行われる[2]。6月下旬に成績が発表され，受験生は7月から8月にかけて志望する大学へ出願する。地域によっては，成績発表の前に出願を受理するところもある。その場合，自己採点をもとに複数の大学への出願が可能である。成績発表後に大学から合否が通知され，9月に入学し，新学期が開始される。

　COVID-19の影響により，今年の試験日程について，教育部は，3月31日に1ヵ月の延期を発表し，7月7日からとした（中華人民共和国教育部，2020b）。延期の理由として，2つ挙げられた。

　まず1つ目は，「健康第一」である。2020年3月31日現在の中国全土の感染状況は，ある程度収まっていたが，まだ小規模な発症例や一部の地域でクラスター発生の危険性が存在していたことと，世界的には継続した感染拡大

2　6月9日までの3日間で実施する省もある。

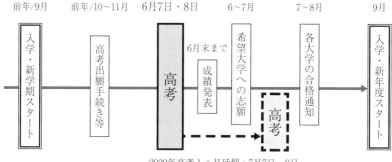

図1-2．中国の大学入試の流れ

の傾向にあることを踏まえた感染防止専門家の意見によるものであった。

　2つ目は，「公平第一」の観点からである。受験生，特に農村などに居住する者の受験準備への影響を最小限にするためである。感染症の発生後，各地では学校の始業日が延期となり，大学進学を希望する高校3年生は家庭で勉強せざるを得なくなり，十分な学習ができていないことが考えられた。特に，都市と農村でのオンライン授業の実施状況などに格差が生じた。高考では，基本原則として，公平公正の確保が重要であるため，試験日を1ヵ月延期することにより，大学進学希望者の学習時間を確保し，公平性を最大限に保障することを目指した。

2.2.　受験生の学習状況

　中国の小中学校・高等学校では，地域により異なるがおおむね1月下旬から2月20日前後まで冬休みがあり，2月20日前後から第2学期が始まる。教育部は1月29日に，2020年の第2学期の開始について，COVID-19感染防止対策のため，新学期の開始を延期するとともにオンライン授業の実施を推奨する通知を発出した（中華人民共和国教育部，2020c）。その後，党中央・国務院からの指示を受け，2月28日に教育部は全国の大学，中学校，小学校，幼稚園の開校時期の延期を継続すると発表した。また，教育部は，各地方自治体，学校，個人に対して，法律と規則に基づき徹底した感染症対策を行うことで感染拡大やクラスター発生などを防止するよう厳しく求めた。

　休校中の学習については，オンライン授業の実施を推奨し，対面授業がで

きなくても学びを継続するよう求めた。さらに，オンライン授業の内容や方法の改善，安定的なインターネット環境の整備についても指示があった。原則として，感染症がある程度収まるまでは開校しないが，開校する場合は，地域関係部署が責任をもって，時間差での開校やオンライン授業による補完が要請された。ただし，原則として高校3年生においては省ごとに同時開校，中学校3年生は市ごとに同時開校する方針が示された。以上の方針に従い，3月30日から4月20日までに，各省でそれぞれ時期をずらして高校3年生，中学校3年生を優先して順次授業が再開された。

2.3. 高考実施に向けての感染防止対策

　教育部の3月31日記者会見（中華人民共和国教育部，2020a）では，2020年の高考の実施について，今年はCOVID-19防止対策と日程の延期など複雑な状況に直面していると説明され，第一に感染症防止対策を強化する方針が示された。併せて，各省の入試委員会に対して，衛生健康部門と協力し，7月の感染状況についての研究予測に基づく詳細な感染防止対策基準を作るよう指示した。

　2020年の高考の受験者数は1,071万人と去年に比べ40万人増えている。全国では約7千ヵ所，40万室の試験会場を設置し，試験監督者及び試験実施スタッフ約94万5千人を配置した。高考は，COVID-19感染症以来，中国全土で初めての大規模な集団行動となるため，いかに徹底した感染症防止対策をとって実施するかが最大の課題であった。

　6月19日に，教育部では，「高考の感染防止対策状況」（中華人民共和国教育部，2020d）（表1-2）を発表した。その中で，試験場の感染症防止対策，試験場の設置，試験場の安全面などへの対応について具体的な内容を示した。

　特徴的な点としては，試験に関わるスタッフ及び受験生には，14日前から日常の健康状態の観察と毎日の体温の記録が義務づけられたことである（表1-2の1）。また，試験会場に入るすべての人に対して，入り口で体温検査を行うこととした（表1-2の3）。同時に，屋外に暑さ対策の休憩場の設置，体温異常者の再検査室の設置（表1-2の3）や10の試験場に対し必ず1つの予備試験場を準備し，当日発熱や咳，呼吸器症状のある受験生が発生する場合に使用する（表1-2の4）。

　2020年は，感染症の影響により試験実施日が7月になったことによる高温対策のため，試験場にて空調を使用することができたが，空調の事前清掃や消毒作業，予備試験場の空調については中央空調ではなく個別の空調の使用が求められた（表1-2の6）。また，感染危険レベルが高い地域の受験生は必ずマスクを着用すること，感染危険レベルが低い地域では着席してからマスクを外すこともできるとした（表1-2の7）。試験監督やスタッフは，常時マスクの着用と予備試験室の試験監督やスタッフは医療用マスク，手袋，防護服の使用が必須とした（表1-2の7）。

2.4.　高考の実施状況

　先述の通り，2020年の高考の受験者数は1,071万人で，2008年の1,050万人という最高記録を超え，1977年高考制度が回復以来最高人数となった。高考実施の際の徹底した感染症対策が功を奏し，試験期間中に大きな混乱や問題

表1-2．高考の感染防止対策

	項目	内容
1	健康チェック	試験監督，入試スタッフ及び受験生は受験日の14日前から毎日体温測定と健康状態観察を行い記録すること。
2	異常症状の評価システム	試験前または試験中に受験者やスタッフに異常症状が発見された場合，受験及び業務遂行の可否について専門家による包括的な評価のもと対処する。
3	試験場の体温測定	試験場の入り口に体温測定所を設置し，試験場に入るすべての人に検温を行う。また，休憩場や体温異常者の再検査室を設ける。
4	予備試験場の設置	原則として10カ所の試験場ごとに必ず1カ所の隔離した予備試験場を設置すること。試験会場となる施設・学校に最低3カ所の予備試験場を設置しなければならない。発熱や咳などの症状のある受験生を隔離する予備試験場として使用。原則として1人1室，予備試験場が足りない場合は最前列，最後列あるいは角に座らせるなどで複数人数の使用も可，ただし最多4人まで。
5	環境衛生と消毒	感染者が出た学校は試験会場として使用できない。試験実施前に試験場，教室，通路，ドアノブ，机・椅子，宿舎などについて全面的な清掃・消毒する。
6	試験場の温度を下げることと換気	試験会場の空調を全面的に点検し消毒する。通常の試験場は中央空調や個別空調の使用が可能，予備試験場は個別空調を使用すること。自然換気，扇風機などによる換気も可。
7	関係者の衛生措置	感染危険レベルの低い地域では，受験生は，試験場に入る直前にマスクを着用，着席後はマスクを外しても構わない。予備試験場と感染危険レベルの高い地域の試験場では常にマスクを着用する。試験監督とスタッフは常にマスクを着用する。予備試験場の試験監督とスタッフは医療用防護服やマスク，手袋などを着用する。

は発生せず，また，試験後，感染者が著しく増加することはなかった。こうした高考での感染症対策の成功は，中国国内では高く評価され，中考（高校入試）や成人高考（社会人大学入試）など，高考以降に実施される大規模な試験の基準となった。

第4節　韓国における大学入試と COVID-19対策

1．韓国の COVID-19の感染状況

　図1-3は，韓国の感染状況を示している。2月中旬から急増し，2月29日には感染者が3,150人に達し，3月中旬には8千人を超えた。その後，4月1日からは増加傾向にあったものの緩やかな増加だったが，8月中旬から9月初旬の短期間で再び感染者数が急激に増加した。さらに，11月中旬から12月7日まで急増を続けている。

　韓国の感染防止対策は3つの大きな特徴がある。1つ目は，2月上旬から民間の検査会社が開発した PCR 検査用の試薬が承認され，大規模な検査が行われたことである。2つ目は，医療崩壊を防ぐために，症状に応じた患者の振り分けと隔離を行ったことである。3つ目は，スマートフォンのアプリなど IT 技術による感染経路の追跡である。

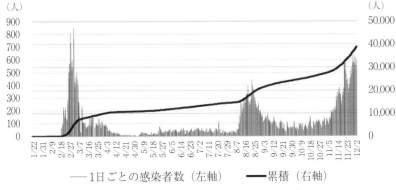

図1-3．韓国の COVID-19の感染状況[2]

２．大学入試とCOVID-19対策

2.1.　韓国の大学入試の流れ修能の日程

　図1-4は，韓国の大学入試の流れを示したものである。韓国の大学入試は，修能を課す定時選考と，生活簿，小論文，実技等による随時選考がある。なお，随時選考の実施日は，修能の実施日以降と定められている。また，現状では，約70〜80％の受験生が随時選考を受ける傾向にある。

　例年の修能は，11月の第2週の木曜日に実施される。2021年度はCOVID-19の影響を受け，修能の試験日は，当初予定の11月19日から12月3日に変更された。それに伴い，学生簿の作成，随時選考の面接試験，個別大学の学力考査等に関わる日程も，約2週間後ろ倒しで実施されることとなった。

2.2.　受験生の学習状況

　韓国の学校は，3月から新学期が始まる。先述の通り，2020年2〜3月にかけて韓国のCOVID-19の感染者数は急増した。それを受けて，韓国政府は，新学期の開始を4月9日に延期した。

　授業は，オンライン授業とし，1ヵ月程続いた。登校開始日は一斉でなく，学年別とした。順番としては，4月9日に高校3年生と中学校3年生，4月16日に高校1・2年生，中学校1・2年生と小学校4〜6年生，4月20日に小学校1〜3年生であった。5月中旬から対面授業が開始され，高校3年生と中学校3年生が優先された。

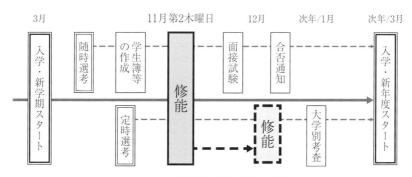

2021年度修能実施日延期：12月3日

図1-4．韓国の大学入試の流れ

2.3. 修能実施に向けての感染防止対策

　韓国の教育部では，感染防止の基本方針として，8月4日に「2021学年度大学入学者選抜試験の COVID-19防止対策についての管理方法」（大韓民国教育部，2020a）を発表した。そこでは，受験生の受験機会をいかに保証するかが重視された。一般の受験生のうち，発熱症状のある受験生は再度検温を行ったうえ別室での試験室にて受験させること，感染確定の受験生は隔離中の病院または生活治療施設で受験させること，自主隔離中の受験生は隔離者用の別の試験場で受験させること等，具体的な感染防止措置をとることとした。

　修能を直前に控えた11月15日には，教育部と保健福祉部は，「2021学年度修能集中安全管理法案」（大韓民国教育部，2020b）を発表した。そこでは，感染確定・隔離中の受験生への支援（表1-3）として，試験会場の確保，他機関との連携，修能特別感染防止期間の設定，受験後の支援についての詳細が示された。

表1-3. 感染確定・隔離中の受験生への受験支援 （大韓民国教育部，2020b より作成）

試験会場の確保	・感染確定の受験生への対応として，各市・道の病院及び生活治療センターにおいて計29の施設（拠点施設），約120の病床を優先的に確保 ・感染確定の受験生が増加した場合，拠点施設内の病床を追加確保する，または病院及び生活治療センターを追加し，対応する ・修能の3週間前（11月12日）から感染確定の受験生を拠点施設に割り当て，修能1週間前（11月26日）に受験生の退院予定日を把握し，実際の受験者数を確定し，市・道の教育庁と連携して施設内での受験環境を整える ・隔離中の受験生には，試験地区（86地区）がそれぞれ試験会場を用意し，計113の試験場，754の試験室を確保した（11月13日） ・修能1週間前（11月26日）から試験場の設置に着手し，受験生のうち，自家用車での移動が困難な受験生を支援する
他機関との連携	・共同状況班は，疾病管理庁と韓国教育過程評価院と協同し，市・道別の感染確定・隔離者の状況を分析の上，関係機関に提供し，感染確定・隔離中の受験生の名簿を継続的に確認する ・関係機関は該当情報をもとに，拠点の病院・生活治療センター及び別室試験場の追加確保などを検討する ・現場管理班は，市・道の教育庁と自治体が連携して自治体保健所の感染確定・隔離者についての情報を共有し，それに応じて試験場を設置する
修能特別感染防止期間の設定	修能実施の2週間前から「修能特別感染防止期間（11月19日～12月3日）」を設定し，受験生の感染・隔離の危険を最小化する
受験後の支援	・教育部は，市・道教育庁及び関係機関との協議を経て「修能以降の学校運営の支援計画」を準備する ・登校と遠隔授業を組み合わせた多様なプログラムを提供し，学生の安全確保及び生活指導を強化する ・修能以降にも，個別試験が続くため，国民全員が感染防止基準を継続的に守り，受験生のための安全な環境を整える

2.4. 修能の実施状況

　2021年度の修能は，日程を約2週間延期し，12月3日に実施された。試験場での感染防止対策，感染確定者と自主隔離中の受験生，感染の疑いのある受験生のための試験場の設置など，万全な感染症対策をして試験日を迎えた。493,433人が86の試験地区の1,383の試験会場で一斉に受験した。受験者数が50万名に満たないのは，修能制度が導入されて以来，初めてのことである。

　教育部によれば，12月1日までの感染症検査結果では，全国で感染確定した受験生が37人，自主隔離の受験生が430人であった（大韓民国教育部2020c）。感染確定した受験生のうち35人は全国の病院や生活治療センターで試験を受け，残りの2人は受験しなかった。自主隔離中の受験生のうち，26人が受験しなかった。

　韓国 NEWS 1　KOREA（2020）の報道によれば，一般の受験生の中には無症状の参加者がいた可能性があり，マスクの着用などの感染対策はとっていたが，昼食時などにおける感染の可能性も排除できないとしている。また，アクリル板などの事前の感染防止措置などは限界があると指摘している。

　COVID-19の感染者は，症状が出てから感染確定するまで2〜3週間かかることから，今後の感染者拡大が懸念される[3]。韓国では，来年の2月まで各大学の個別試験が続くことから，受験生の全国的な移動による感染拡大の防止が喫緊の課題である。大学別に行われる小論文試験はもちろん，体育大学や音楽大学等での実技試験では，より細やかな感染症対策を行う必要がある。

第5節　日本における大学入試と COVID-19対策

1．日本の COVID-19の感染状況

　図1-5は，日本の感染状況の推移を示している。日本では，令和2年（2020年）2月に入ってから感染者が徐々に増え始め，3月下旬には2千人を超えた。4月に入り感染者数はさらに拡大していき，1日の新規感染者が

3　実際には，12月に感染者が27,117人となり，11月の8,017人より増加したが，その後は1月に16,793人，2月に11,543人，3月に13,588人と6月までは爆発的な感染拡大はなく，2月からの個別試験は，予定通り実施された。

300人から500人単位で増え続けた。4月11日は701人と、1回目のピークを迎えた。その後、5月中旬から6月中旬までの約1ヵ月間は、1日あたりの新規感染者が100人以下に抑えられた。しかし、7月からは再び急増し、7月30日は1,762人と、2回目のピークを迎えた。その後も感染拡大は止まらず、10月30日には感染者数の累計が10万人を超えた。11月に入ってから感染がさらに広がり、12月1日現在の感染者数の累計は15,976人、1日の新規感染者数は2,014人となっている。その後も感染拡大は続いている。

　日本では、2月28日に全国すべての小中学校に臨時休校の要請がなされた（文部科学省、2020a）。3月に入り感染者数が急速に増加した状況を踏まえ、4月7日に7都府県に「緊急事態宣言」が出された。4月16日には、「緊急事態宣言」が全国に拡大され、13都道府県は「特定警戒都道府県」と指定され感染防止対策が講じられた。5月25日に「緊急事態宣言」が解除された。その後も、都道府県を跨ぐ移動の自粛要請などの感染防止対策が引き続き行われていたが、6月19日から全国で緩和されるようになった。

2. 大学入試と COVID-19対策

2.1. 日本の大学入試の流れと共通テストの日程

　日本の大学入試の流れは、図1-6の通りである。大学入学共通テストは、昨年度までの大学入学センター試験の後継として令和3年度（2021年度）入

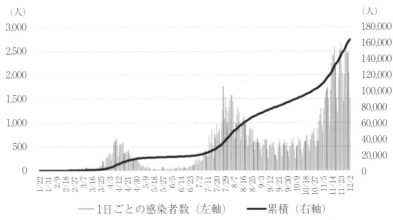

図1-5. 日本の COVID-19の感染状況

試から開始された。

共通テストの日程については，変更の議論がなされたが，高校現場からの懸念の声を踏まえ，原則として，当初予定通り，令和3年（2021年）1月16日（土），17日（日）に実施することになった。しかし，COVID-19の影響に伴う学業の遅れに対応できる選択肢の確保のため，令和3年（2021年）1月30日（土），31日（日）も試験日とした[4]。さらに，追試験を選択した入学志望者が疾病，負傷等やむを得ない事情により受験できなかった場合に備え特例追試験も，2月13日（土），14日（日）に設定された（文部科学省，2020b）。

2.2. 受験生の学習状況

COVID-19感染者数の増加は，学校の授業にも大きな影響を与えた。感染拡大を受けて政府から全国の小中学校・高等学校に臨時休校が要請された。3月2日から春季休業の開始日までの休校の予定だったが，COVID-19の感染拡大に伴い，休校も延長を余儀なくされた。その間の学習は，オンライン授業等で補うことが求められたが，その対応は学校によって異なった。休校

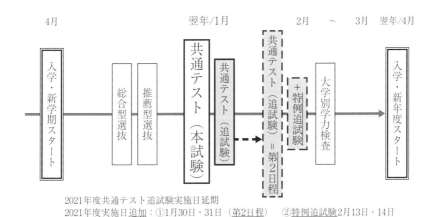

図1-6．日本の大学入試の流れ

が解除され，登校が再開された後，一部の学校では，学習進度の遅れを取り戻すために夏休み期間の短縮，土曜日の補習授業などの対策がとられた。先述した共通テストにおける令和3年（2021年）1月30日，31日の試験及び特例追試験といった日程の追加は，こうした事情に配慮したものであった。

2.3. 共通テストに向けての感染防止対策

　文部科学省は，6月19日に「令和3年度大学入学者選抜に係るCOVID-19に対応した試験実施のガイドライン」（以下，大学入試ガイドラインと記す）（文部科学省，2020c）を発出し，大学入試におけるCOVID-19の感染拡大を防止するための措置を講じることの方針を出した。主な内容として，

(1) 事前の準備：試験室の数，体調不良者のための別室，座席間の距離の確保，消毒作業の実施や医師や専門相談窓口の設置など

(2) 試験当日の対応：マスクの着用や手指の消毒の義務付け，換気の実施，発熱・咳等の症状のある受験生の対応など

(3) 試験終了後：試験監督者の健康観察など

が挙げられている。さらに，受験生に対する要請事項として，発熱等の症状がある場合，医療機関への事前受診を行うこと，当日マスクの持参や体調不良の場合に申し出ることなど，が挙げられている。

　共通テストのガイドラインは，上記の方針のもとに策定された。概要を表1－4に示す（大学入試センター，2020a）。波線で表記している部分は大学入試ガイドラインに記載のない事項となっている。具体的には，試験監督者と受験生との距離を2メートル以上確保すること，発熱等の症状のある受験者に対して医師等がチェックリストに基づき受験者の症状について確認し，別室での受験または追試験を案内する。その他に，COVID-19接触確認アプリ「COCOA」のダウンロードが望ましいことを受験生に周知することである。

　以上に加えて，共通テストのガイドラインでは，試験当日に受験生に自主検温を行ってもらい，試験場への入場時の検温を実施しないことにしている。その理由として，1つの会場に集合する形となるものの，試験中は基本的に試験問題を解くことに集中し，他者との交流・接触を行うものではないことから，ガイドラインに沿った感染拡大の防止策をあらかじめ講じておけば，感染拡大のリスクは比較的低位に分類されるからとしている。

表1-4．大学入学共通テスト COVID-19予防対策（概要）（大学入試センター，2020aより作成）

(1)試験室の設定等	・試験室の座席間の距離（1メートル程度）の確保 ・休養室に医師等の配置 ・保護者等の控室は原則設置しない　　　等
(2)試験場入場時の対応	・昼食時を除きマスクの常時着用を義務付け ・速乾性アルコール製剤等を配置し，入退室を行うごとに手指消毒を義務付け ・1科目終了ごとに少なくとも10分程度以上換気 ・昼食時は学生食堂の開放は行なわず，他者との会話等を極力控えつつ，自席での食事を指示 ・トイレ入り口に導線を示し，混雑を避けた利用を促すとともに，必要に応じ試験開始時間を繰り下げ ・試験前日に机・椅子等のアルコール消毒実施 ・主任監督者の口頭指示による飛沫対策のため，主任監督者と受験者との距離を2m以上確保　　　等
(3)各種感染防止策	・入場時の混雑を避けるため，試験場ごとに，入場開始時間の前倒しや，一定間隔の確保，複数の入口・門の使用などの工夫を行い，大学のホームページ等で周知 ・発熱・咳等の症状のある受験者は申し出るよう，試験場入口に案内を掲示し，注意喚起 ・一斉退出による混雑を避けるため，退室の順番や，試験場からの退出方法等を監督者から指示　　　等
(4)発熱・咳等の症状を申し出た受験者への対応	・各試験の開始前ごとに，発熱・咳等の症状の有無を監督者が確認し，症状のある者は，休養室で対応 ・休養室では医師等がチェックリスト（次頁参照）に基づき受験者の症状について確認 ・チェックリストの確認項目に該当した者は，追試験を案内（※当日の受験は認めない） ・チェックリストの確認項目に該当せず，継続受験を希望する場合は別室受験（別室の座席間隔は概ね2メートル以上とする　　　等
(5)保健所等の行政機関への協力	・試験終了後，感染が判明した受験者・監督者等がいた場合，保健所等行政機関が行う調査に協力
(6)監督者等への周知事項等	・感染拡大を予防する「新しい生活様式」を実践 ・試験前7日間を目安に継続して体温測定を実施 ・監督等の業務従事後，体温測定や体調観察を実施　　　等
(7)受験者に対する周知	・試験の前から継続して発熱・咳等の症状がある場合，あらかじめ医療機関での受診を行うこと ・新型コロナウイルス罹患中の者は受験できないこと ・試験当日は自主検温を行い，37.5度以上の熱がある場合は受験を取り止め，追試験の受験を検討すること ・37.5度までの熱はないものの，発熱や咳等の症状のある者は，その旨監督者等に申し出ること ・「新しい生活様式」を実践するとともに，体調管理に心がけること ・新型コロナウイルス接触確認アプリ「COCOA」のダウンロードが望ましいこと　　　等

　また，無症状の濃厚接触者の大学受験については，大学入試ガイドラインによれば，保健所から濃厚接触者に該当するとされた者で，14日間の健康観察期間中に受験日が重なる場合は，無症状でも受験することはできない。こ

れに対し，共通テストにおける対応として，自治体等による PCR 検査の結果が陰性であること，受験当日も無症状であること，公共の交通機関を利用せず，かつ，人が密集する場所を避けて試験所に行くこと，終日，別室で受験すること，の要件を満たしている場合には受験を認めるとしている。その際，別室まで他の受験者と接触しない導線が確保されること，別室では受験者の間隔が 2 メートル以上空いていること，監督者の感染対策が講じられていることが求められている。

　なお，大学入試センターが12月 8 日に公表した令和 3 年度（2021年度）大学入学共通テストの志願者数は535,245人であり，前年度に比べ22,454人が減少した（大学入試センター，2020b）。日程別の志願者は第 1 日程が534,527人，第 2 日程が718人となっている。共通テストを利用する大学・専門職大学・短期大学の総数は866大学であり，前年度より 8 大学増加し，過去最大である。なお，特例追加試験を受験した者は 1 人であった。

◆◇◆
第 6 節　終わりに

　本研究では，世界的に COVID-19 が蔓延している状況の中で日本，中国，韓国の共通試験に焦点を当て，感染症防止対策を比較検討した。その結果，以下のことが明らかになった。

　1 つ目は，日本，中国，韓国は入試制度として共通試験を導入しているが，コロナ禍においても中止することなく，特定の日程で実施または実施予定であることである。中国は例年より 1 ヵ月延期して 7 月，韓国は 2 週間延期して12月に実施された。日本は当初の通り 1 月に実施したうえで，日程の追加もなされた。

　2 つ目は，共通試験の実施に向けて，各国では COVID-19感染防止対策を講じているが，国の感染状況によりその対策に違いがみられた。

　中国では，1 月中旬から感染拡大が始まり，中国政府の徹底した感染拡大防止対策により比較的短期間で感染拡大を抑えた。3 月末に，教育部より 7 月の高考実施に向けての感染防止対策の指示が各省に出され，省ごとに所管の地域，学校，家庭，個人に至るまで徹底した感染防止対策が指示された。

さらに，試験実施日まで，受験生や受験関係者の健康チェックと感染防止対策，試験会場のあらゆる場所の清掃と消毒作業などが義務づけられた。その結果，高考は大きな混乱や問題が生じなかった。

　韓国は，2月中旬から感染が拡大し，大規模なPCR検査の実施などにより一時的に感染拡大を抑えることができた。しかし，8月に入ってから再び新規感染者が急増し，11月からはさらに感染が拡大している状況になった。教育部では，修能実施に向けて，試験場の増設や受験生の健康管理などについて指示を出した。その他，11月にはさらに感染や感染の疑いのある受験生の受験機会を担保するため，病院や治療センターに受験場を設置し対応した。修能は，感染拡大が続いている状況の中で12月3日に予定通り実施された。しかし，今年の修能の受験者数の減少や修能の受験者の感染が懸念されるなどの課題も浮かび上がった。さらに修能の後に実施予定の個別試験への影響についても問題視されている。

　日本の共通テストは例年通り1月に実施した。日本国内では11月から感染拡大が急速に進んだため，文部科学省は，共通テストの実施における感染防止対策について，試験会場の座席の距離確保により飛沫感染の予防，マスクや手指の消毒など対策を取り，また受験生や試験関係者の事前の感染対策を個々人が徹底するよう要請した。そのうえで共通テストは，例年の日程に加え，1月30日と31日を追試験日とし，さらに特例追試験を設定することで受験生の受験機会を確保した。

　大学入試の共通試験は，受験生の公平性を保持することが原則であり，公平性の確保は，3ヵ国共通の重要な事項である。今回のCOVID-19感染拡大下においての3ヵ国の共通試験で実施された感染防止対策を通して，どのように公平性を確保したかを考察してみたい。

　まず，いずれの国でもコロナ禍でありながら共通試験を実施することは，大学入試における学力を担保する選抜資料として，共通試験が不可欠という認識を表していると考えられる。すなわち，大学進学者の「適切な能力の判定」を実行するうえで，共通試験がきわめて重要な役割を果たしていると言えるだろう。この背景には，東アジア共通の入試観があるのかもしれない。

　また，各国のCOVID-19感染防止対策の特徴から，それぞれの国の「公平性の確保」の実現方法に違いがあることがわかった。中国は，相当の強制

力をもって COVID-19感染それ自体を抑えることによって，「公平性の確保」を目指した。韓国では，病院等に試験場を用意することで，感染者の受験機会を担保するところに力点が置かれた。日本では，日程を追加することによって，感染者の受験機会に配慮しているが，COVID-19感染防止対策は要請にとどまっている。こうした相違は，政治制度や国民性等によると推測されるが，一義的に結論づけることはできない。さらなる比較検討が必要であろう。

　以上，世界的な COVID-19の蔓延という非日常的な状況下で，3カ国の共通試験における感染防止対策を見ることによって，その背景にある，各国の大学入試に対する考え方の異同が浮き彫りにされた。これらの異同は，日常的な状況ではむしろ見えにくい。非日常的な状況だからこそ，顕現されるのではないだろうか。この意味で，本研究は，国際的制度比較研究に新たな課題を示すものでもある。

注

1）中国教育部が2020年1月15日に発表した「一部の大学において基礎学科を対象とする生徒募集改革の試行に関する意見」を「強基計画」ともいう。この新しい制度では，試行校に選ばれた大学が「強基計画」で定められた重点学科の募集において，既存の高考成績を85％，そのほかに志願大学の総合評価，受験生の総合素養評価（高校より提供）も考慮した入試を行う。

2）図1-1，図1-3，図1-5は，下記のホームページにあるデータをもとに作成したものである。中国の感染者累計についてはもとデータの地域別感染者数を合計した数である。Retrieved from https://github.com/CSSEGISandData/COVID19/blob/master/csse_covid_19_data/csse_covid_19_time_series/time_series_covid19_confirmed_global.csv.（2020年12月11日）

文　献

中華人民共和国中央人民政府（2010）．国家中長期教育改革と発展計画綱要 Retrieved from http://www.gov.cn/jrzg/2010-07/29/content_1667143.htm（2020年12月11日）

中華人民共和国国務院（2014）．国务院关于深化考试招生制度改革的实施意见　Retrieved from http://www.moe.gov.cn/jyb_xxgk/moe_1777/moe_1778/201409/t20140904_174543.html（2020年12月11日）

中華人民共和国教育部（2020a）教育部关于在部分高校开展基础学科招生改革试点工作的意见 Retrieved from http://www.moe.gov.cn/srcsite/A15/moe_776/s3258/202001/t20200115_415589.html（2020年12月11日）

中華人民共和国教育部（2020b）．应对新冠肺炎疫情 稳妥做好2020年高考组织实施工

作 Retrieved from http://www.moe.gov.cn/jyb_xwfb/s271/202003/t20200331_436696.html
（2020年12月11日）

中華人民共和国教育部（2020c）．疫情期間中小学线上教学工作情况 Retrieved from
http://www.moe.gov.cn/fbh/live/2020/51987/sfcl/202005/t20200514_454112.html（2020
年12月11日）

中華人民共和国教育部（2020d）．介绍2020高考防疫及组织实施工作安排 Retrieved from
http://www.gov.cn/xinwen/202006/19/content_5520554.htm（2020年12月11日）

大学入試センター（2020a）．新型コロナウイルス感染症防止対策等につて　大学入試
センターRetrieved from https://www.dnc.ac.jp/kyotsu/shiken_jouhou/coronavirus.html
（2020年12月11日）

大学入試センター（2020b）．令和3年度大学入学共通テストの志願者数等について
大学入試センターRetrieved from https://www.dnc.ac.jp/kyotsu/index.html（2020年12月
11日）

大韓民国教育部（2020a）．코로나19 대응 2021한년도 대입관리방향 발표 Retrieved
from https://www.moe.go.kr/boardCnts/view.do?boardID=294&lev=0&statusYN=W&s=m
oe&m=0204&opType=N&boardSeq=81445（2020年12月11日）

大韓民国教育部(2020b)．2021학년도 수능 집중 안전관리 방안 발표 Retrieved from
https://www.moe.go.kr/boardCnts/view.do?boardID=294&lev=0&statusYN=W&s=moe&
m=0204&opType=N&boardSeq=82591（2020年12月11日）

大韓民国教育部（2020c）．교육분야 코로나19 대응 현황 자료（12.2.）Retrieved from
https://www.moe.go.kr/boardCnts/view.do?boardID=294&lev=0&statusYN=W&s=moe&
m=0204&opType=N&boardSeq=82842（2020年12月11日）

石井光夫（2017）．中国の全国統一入試――総合試験と記述式問題を焦点にして――
東北大学高度教養教育・学生支援機構（編）大学入試における共通試験高等教育ラ
イブラリ 12（pp.185-216）東北大学出版会

石井光夫（2018）．中国の大学入試個別選抜改革――調査書活用や AO 入試の試み――
東北大学高度教養教育・学生支援機構（編）個別大学の入試改革　高等教育ライブ
ラリ 14（pp.227-246）東北大学出版会

石井光夫（2020）．東アジアの大学入試改革――多様化と「基礎学力」保証の両立は
可能か――　宮本友弘（編）変革期の大学入試（pp.165-186）金子書房

韓国 NEWS1 KOREA（2020）．오늘 확진자 600명 넘나…수능・대입전형수험생 대이동
'설상가상' Retrieved from https://www.news1.kr/articles/?4139312（2020年12月11日）

文部科学省（2015）．高大接続改革プラン　文部科学省　Retrieved from https://www.
mext.go.jp/b_menu/shingi/chukyo/chukyo12/sonota/__icsFiles/afield-
file/2015/01/23/1354545.pdf（2020年12月11日）

文部科学省（2016）．高大接続システム改革会議「最終報告」　文部科学省　Retrieved
from https://www.mext.go.jp/component/b_menu/shingi/toushin/__icsFiles/afield-
file/2016/06/02/1369232_01_2.pdf（2020年12月11日）

文部科学省(2020a)．新型コロナウイルス感染症対策のための小学校，中学校，高等
学校及び特別支援学校等における一斉臨時休業について（通知）　文部科学省　Re-
trieved from https://www.mext.go.jp/content/202002228-mxt_kouhou01-000004520_1.pdf

（2020年12月11日）

文部科学省(2020b)．令和 3 年度大学入学者選抜実施要綱　文部科学省 Retrieved from https://www.mext.go.jp/content/20200619-mxt_daigakuc02-000010813_4.pdf（2020年12月11日）

文部科学省（2020c）．令和 3 年度大学入学者選抜に係る新型コロナウイルス感染症に対応した試験実施のガイドライン　文部科学省 Retrieved from https://www.mext.go.jp/content/20201030-mxt_daigakuc02-000005144.pdf（2020年12月11日）

南紅玉（2021）．大学入試における各国の COVID-19対策——日本，中国，韓国の共通試験を事例に——　日本テスト学会誌, *17*(1)，61-74.

第2章

コロナ禍における韓国の大学入試

田中　光晴[1]

　本稿では，大韓民国（以下，韓国という）における大学入試のコロナ禍対応について扱う。韓国の大学入試制度は，共通試験的な性格を帯びる大学修学能力試験（以下，修能試験という）と個別大学試験の2つから成る。特に前者は全国の高校を会場に毎年40万人近くの生徒（浪人生も含む）が受験する大規模入試である。修能試験は，1994年度から現在まで行われている，教育部が主管する共通試験であり，①同一の検査道具を用いて，②全国単位で，③同時に実施し，④標準化された点数を報告する，という特徴をもち，評価しようとする能力を同一の物差しで測定している客観的な試験（キム，2010, p.19）と評される。

　2020年12月に行われた修能試験は，新型コロナウイルス感染症拡大の影響を受けたものの，実施日を例年より2週間後ろに倒して実施され，2021年度入学者選抜の一連の過程は大きな混乱なく終了した。韓国の事例は，学期始まりが日本より1ヵ月早い3月であるためか，新型コロナウイルス感染症への対応が日本に先行しているように映り，この間筆者は韓国の動向をまさに日本の「合わせ鏡」としてみていたように思う。韓国で感染が拡大した2020年3月から1ヵ月の休校後，4月からオンラインによって全国一斉始業した対応には驚かされたが，その背景に入試スケジュールへの配慮があったことを考えると納得の対応だった。日本とは異なる状況での対応ではあるが，欧米諸国と比べると大学入試文化，新型コロナウイルス感染症の流行時期，防疫体制は相対的に類似しているため，非常事態下における入試の在り方を検討する際，韓国の事例を取り上げることは日本にとっても十分示唆が得られると考える。そこで，本稿では，新型コロナウイルス感染症が流行する中で，

1　本稿の内容及び主張は，所属機関を代表するものではなく，全て個人的な見解に基づくものである。

韓国の大学入試がいかに行われたのかについて検討する。以下では、まず韓国における新型コロナウイルス感染症の発生と行政対応を背景として抑え、大学入試への影響及びそれへの対応について記述する。これらを通して、韓国のコロナ禍における大学入試が、何に重きを置かれ実施されたのかを検討することとする[2]。

第1節　新型コロナウイルス感染症の拡大と政府の対応

　本節ではまず、韓国における新型コロナウイルス感染症の感染拡大状況と政府の対応を確認する。新型コロナウイルス感染症の拡大は2021年11月時点においても現在進行中であり、その対応は日々変化するため、ここでの記述は、2020年度を中心に記述する。

1．新型コロナウイルス感染症の拡大
　韓国における新型コロナウイルス感染症の感染状況について図2-1に示した。韓国では2020年1月19日に中国武漢から入国した女性に初感染が確認（1月20日）された（疾病管理庁、2020）。政府は、1月27日、新型コロナウイルス感染症に対応すべく中央事故収拾本部を設置（保健福祉部、2020a）し、文在寅大統領が汎政府体制でこの事態に対応することを指示するなど、初動は早かった。2020年2月に宗教施設でのクラスターが発生すると、2月23日には国内の感染症危機警報レベルを最高段階の「深刻」[3]に引き上げ、丁世均国務総理（当時）を本部長とする中央災難安全対策本部を立ち上げ対策を講じていった（保健福祉部、2020b）。徹底した防疫措置により、4月中旬には落ち着きをみせたが、ソウル市内の歓楽施設でのクラスター（5月6日）などにより、防疫体制は制限と緩和が繰り返された。2020年6月28日、中央災難安全対策本部は、「ソーシャルディスタンス行動指針」を発表し、

2　本稿はウェブによる情報収集によって得られた資料に基づいて記述する。主な参照元は、疾病管理庁、韓国教育部、韓国大学教育協議会、韓国教育課程評価院等のウェブサイトである。
3　感染症危機警報レベルは、「関心」（国外流行）、「注意」（国内流入）、「警戒」（国内制限的伝播）、「深刻」（全国拡散）の4段階である。

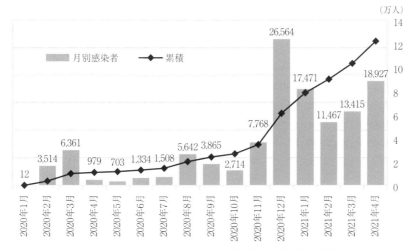

図2-1. 韓国における月別感染者数と累積感染者数
（2020年分データ：疾病管理庁（2021, p.41），2021年分データ：疾病管理庁（2022, p.41）より筆者作成）

これまでの社会的な行動規制を整理し「ソーシャルディスタンス」と統一し，レベル1～3の3段階（レベル3が最高）で防疫措置を講じることとした[4]。

　8月中旬にソウル市内の宗教施設でクラスターが発生（8月14日）し，これが第2波となると，全国にソーシャルディスタンスレベル2を適用し，同措置を秋の連休（9月28日～10月11日）まで延長した。その甲斐もあってか10月には全国をレベル1に引き下げ，11月1日には，既存のソーシャルディスタンス3段階を5段階に細分化するなど防疫体制の見直しを行った（中央事故収集本部，2020b）。しかし11月下旬に首都圏を中心に感染拡大（第3波）が見られ，ソーシャルディスタンスのレベル2の適用が繰り返された。

2. 教育行政の対応

　韓国では，新学期の始まりが3月1日[5]である。教育部は2月時点では通

4　この間，①ソーシャルディスタンス（2月29日～3月21日），②ソーシャルディスタンスの強化（3月22日～4月19日），③ソーシャルディスタンスの緩和（4月20日～5月5日），④生活の中でのディスタンス（5月6日～）と規制と緩和を見直してきた（中央事故収集本部，2020a）
5　初・中等教育法第24条には，学校の学年度は，3月1日に開始しなければならいことが規定されている。3月1日は，国民の祝日であるため，実際は3月2日に始業する。

常通りの始業を念頭に学校防疫体制の構築を目指していた。しかし，2月中旬頃の宗教施設や歓楽施設等でのクラスターを契機に，2月23日に国内の感染症危機警報レベルが最高段階である「深刻」に引き上げられると，教育部は2月24日に始業の1週間延期（一斉休校措置）を決定した。3月1日の新学期開始の1週間前の発表であったことからも，現場の混乱は必至であった。その後も感染拡大は収束せず，始業は3月だけで四度延期され，教育部は2020年3月31日に，4月9日から段階的に全面オンラインでの始業とすることを決定した[6]。

　韓国の新型コロナウイルス感染症拡大への素早い体制整備の背景には，2015年に国内で流行した中東呼吸器症候群（Middle East Respiratory Syndrome: MERS）の経験と対応の蓄積があった点が挙げられている（金，2021, p.10）。MERS 以降，感染症の予防及び管理に関する法律の改定が2015年に行われ，感染者の移動経路に関する情報公開や調査・診察を拒否する者への強制隔離，教育部長官や教育監（地方教育行政の長）の休校措置権限が規定されるなど，感染症に対する強い危機管理が整備された。しかし2015年の MERS 流行時も学校の全国一斉休校は行なわれなかったため，この度の教育行政対応は「想定外」の連続であったことが推測される。

　結果的に4月9日までの1ヵ月間，全国の学校が休校となる中で問題となったのは，子どもの保育（ケア）の問題と受験を控える高校3年生への対応であった。前者に対しては学校で緊急終日学童保育を開始することで対応したが，後者に対しては，学校の早期開始以外方法はなかった。教育部が，史上初となる全面オンラインによる授業開始を決断した背景には，これ以上休校を続けることはできないとの判断があった[7]。4月以降，全国の高校3年生及び中学校3年生を皮切りに順次オンラインによる授業が開始されていった。5月には登校授業への切替えが始まるも，登校者数の制限や学年

6　4月1日から1週間を準備期間として，4月9日から高校3年生と中学3年生がオンラインにて始業し，4月16日には高校1～2年生と中学1～2年生，初等学校4～6年生が始業，4月20日には初等学校1～3年生が始業する計画とされた（オンライン期間中は児童・生徒の登校は原則禁止）。なお，オンラインで行われる授業は，正規授業として認められる。

7　2020年3月28日に国務総理が開催した広域市・道教育監との懇談会では，「修能を控える高校3年生のオンライン始業を最優先に行う必要がある。始業が遅れるほど既卒生に比べ不利になる。」との意見が出された（ホン，2020）。

別・クラス別登校日の設定など密を避けた登校体制がとられた。いずれにせよ，1ヵ月の休校は，入試スケジュールに大きな影響を及ぼした。

第2節　入試への影響

1．入試日程の変更

　教育部は2020年3月31日，4月9日からのオンライン始業を行うことを発表するとともに，入試日程の変更を発表した（教育部，2021）。これは，学事日程が変更されたことにより，中間考査と期末考査が延期され，教師の学生簿の記載と点検及び進学相談のための期間の不足や生徒の学習負担の増加などを理由とするものであった[8]。2020年11月19日（例年11月の第3週頃に行われる）に予定されていた2021年度大学入学者対象の修学能力試験日を2週間延期し，2020年12月3日に実施することとした。これに伴い願書受付や成績通知，個別大学で行われる随時入試期間（総合型選抜や学校推薦型選抜に類似）や定時入試期間（一般選抜に類似）など関連する日程もそれぞれ変更された。修能試験を主管する教育課程評価院（2020）によると，前年の2020年度入学者を対象とする修能試験（2019年11月実施）の志願者数は，54万8,734人（前年度比4万6,190人減）で，内訳をみると，在学生が39万4,024人（71.8%），卒業生が14万2,271人（25.9%），高卒認定等その他の志願者が1万2,439人（2.3%）であり（2019年度の高校卒業予定者数はおよそ50万人），したがって，連年通りの規模であれば，日程の変更は，受験生約50万人に影響が及ぶことになる。

　韓国では，高等教育法及び関連法により，教育部長官は，入試の基本方針や科目，評価方法，出題形式などに関する事項を定めた「大学入学選考計画」を当該入学年度の4年前の学年度が開始する前までに公表しなければな

8　3月末時点で，各種メディアも修能試験の延期の可能性を報じており，世間の反応も影響したと考えられる。また，4月15日に実施される第21代国会議員選挙を前に，迅速な対応をとる必要があったとみることもできる。

らず（4年前ルール），学校協議体[9]は入学年度の2年前の学年度が開始される日の6ヵ月前までに教育部長官が公表する事項を遵守し入学選考に関する基本事項を定めた「大学入学選考基本事項」を策定・公表しなければならない。そして大学の長は，入学選考を公正に行い，受験生に入学に関する情報を提供するために，毎入学年度の前学年度が開始される日の10ヵ月前までに大学入学選考施行計画（入学選考資料ごとの反映比率を含む）を策定し公表しなければならないことになっている。2021年度入学者対象の入試計画については，これら規定により既に公表済みであったが，大学入学選考施行計画を変更する必要がある場合に関する規定（高等教育法施行令第33条第3項）により，「天変地異等教育部長官が認める仕方ない事由がある場合」に同計画の変更が認められることになっている。教育部は，新型コロナウイルス感染症を天変地異等に該当する事由として認め，大学入学選考基本事項の変更を承認した。これ受け，韓国大学教育協議会は大学入試の安全性と大学入学選考の主旨を棄損しない範囲で2021年度入学者対象の大学入学選考施行計画の変更を承認した（韓国大学教育協議会，2020a）。自然災害以外で計画の変更が認められたのは今回初めてであった[10]。

2. 学校生活記録簿の取扱いへの影響

　学校生活記録簿（以下，学生簿という）とは，「学校の長は，児童・生徒の学業達成度と人間性等を総合的に観察・評価し，児童・生徒指導及び上級学校の選抜に活用する項目についての資料を作成・管理しなければならない」との規定（初・中等教育法第25条）に基づき作成・管理される生徒の学務情報で，日本における指導要録に相当し，高校調査書（内申書）に当たるものとしても活用されている。学生簿は選抜資料に用いることが認められており，学生簿に記載された教科成績のみを選抜に使用する「学校生活記録簿

9　韓国大学教育協議会（Korea Council for University Education：KCUE）のことを指す。同協議会は，全国の4年制国公私立大学が参画する協議体で，大学の学事，財政，施設等主要な事項について，大学の意見を取りまとめ政府に建議する役割をもつ。2～3年制の専門大学の協議体である韓国専門大学教育協議会（Korea Council for University College Education：KCCE）も同様の役割をもつ。

10　2017年11月15日午後2時29分頃に慶尚北道浦項市北部を震源とするマグニチュード5.4規模の地震が発生したことにより，翌日に控えていた2018年度大学入学者対象修能試験が1週間延期された。実際，翌日も余震が続いたことから，後にこの延期の判断は評価されている（ジャン，2021）。

（教科）」選抜と，教科成績及び学校生活・学習活動の記載を総合的に選抜資料とする「学校生活記録簿（総合）」選抜などに活用されている。

　韓国大学教育協議会（2019）が2019年5月に発表した「2021学年度大学入学選考施行計画主要事項」によれば，個別大学が設定した入試枠の約7割が学生簿を活用した随時入試であり，修能試験の成績を中心とした入試枠は約2割となっている（表2-1参照）。修能試験は，設置主体を問わず多くの大学がその結果を入学者選抜資料の1つとして活用しているため毎年ほぼ全ての大学進学希望者が修能試験を受験しているが，入試の多様化が進む近年は，書類選考と面接だけでの選抜も拡大しており，学生簿の比重は大きくなっていた。つまり，修能試験の実施の可否はその年の大学入試にとって多大な影響があるのはもちろんのこと，学生簿の記載内容も個別大学入試にとって重要な判断材料になっているのである。

　したがって，新型コロナウイルス感染症の拡大に伴う一斉休校とオンライン教育への全面切替えは，学務記録としての学生簿の扱いのみならず，選抜

表2-1．2021年度入学者対象大学入試選考類型別定員数
（韓国大学教育協議会，2019，p.2より筆者作成）

区分	選考類型	2020年度		2021年度	
		募集定員（人）	比率（%）	募集定員（人）	比率
随時	学生簿（教科）	147,345	42.4	146,924	42.3
	学生簿（総合）	85,168	24.4	86,083	24.8
	論述中心	12,146	3.5	11,162	3.2
	実技／実績中心	19,377	5.6	18,821	5.4
	その他（在外国民等）	4,740	1.4	4,384	1.3
	小計	268,776	77.3	267,374	77.0
定時	修能中心	69,291	19.9	70,771	20.4
	実技／実績中心	8,968	2.6	8,356	2.4
	学生簿（教科）	281	0.1	270	0.1
	学生簿（総合）	436	0.1	424	0.1
	その他（在外国民等）	114	0.0	252	0.0
	小計	79,090	22.7	80,073	23.0
	合計	347,866	100.0	347,447	100.0

（注）随時募集の各選抜類型において，最低学力保障のために，修能試験の成績を最低基準として用いる場合も多く，この場合，随時募集の最終合格発表は修能試験後になる。

資料としての学生簿の取扱いに大きく影響した。教育部は，オンライン始業を直前に控えた2020年4月7日に，遠隔授業による出席・評価・記録に関するガイドラインを公表した（教育部，2020a）。このガイドラインの基本原則は，①児童・生徒評価及び学生簿への記載の「公正性と透明性」の原則を遵守する範囲内で，遠隔授業の特性に合わせた出席，評価，学生簿記録を行うこと，②学期中，遠隔授業と登校対面授業の学習・活動内容を総合して評価し，これを学生簿に記載できるようにすること，の2点で，その骨子は，①学校は遠隔授業で学習した内容に基づいて登校後に筆記評価を通して達成度を確認しなければない，②教師は遠隔授業中の児童・生徒の学習過程と結果を観察・確認し，これに基づいて評価し，学生簿に記載できる，③教師は登校授業再開後に，遠隔授業当時，児童・生徒が作成した課題物等を活用して授業をし，児童・生徒の活動を直接観察・確認できた場合にこれを評価し，学生簿に記載できる，というものであった。ガイドラインが示されたとはいえ，オンライン教育自体が史上初の試みである以上，その評価・記録の実際は教員間や学校間においてかなり差があったことが想像できる。

3．各大学の反応

　学生簿の取扱いは，各大学の評価にも影響する。休校措置とオンライン始業，そして入試日程の変更により，一部大学では学生簿（総合）選抜のための資料を新型コロナウイルス感染症の状況を考慮して評価するとし，学生簿（教科）選抜と論述選抜では非教科（出席，ボランティア時間など）活動の反映基準を変更するなどの対応がみられた。韓国大学教育協議会は，個別大学の入試計画の変更を受け付け，2020年8月31日に101校の選考実施計画の変更を承認した（韓国大学教育協議会，2020b）。大学によって変更事項は異なるが，主な変更事項は，大学個別選抜（面接，実技，論述等）の期間調整（96校），実技選抜の種目縮小（24校），実技考査の同時受験人数制限（13校），各種大会（試験）の未開催・延期などに伴う実績認定範囲の変更（28校），志願者グループに変化がない選考に限った修能最低学力基準の緩和（1校），修能中心選抜での教科外領域の取扱変更（1校），在外国民と外国人特別選考での語学能力などの資格基準の変更（27校），であった。

　現地メディアによれば，ソウル特別市にある高麗大学，西江大学，ソウル

大学，成均館大学，延世大学，漢陽大学などいわゆる主要大学を含め101大学が論述中心・学生簿（教科）の選抜などでは非教科領域である出欠やボランティアを反映することはせず，書類評価の際に避けられない出席欠損などについては，評価から除外するという方針を打ち出したことを報じている（ペク，2020）。それらの対応には，集団感染防止の観点から面接試験をオンライン方式やアップロード方式など「非対面方式」で行うというケースもみられた。ソウル大学は随時地域均衡型選抜の修能最低基準を緩和し，韓国外国語大学は面接型の学生簿（総合），公平機会Iなどで行う予定であった面接を全面廃止し，書類評価のみで選抜を進めるという方針を発表した。西江大学，成均館大学，韓国外国語大学は学生簿（総合）の選抜書類評価などで不可避的に発生した欠席など出席欠損は評価に反映しないという方針を打ち出した。慶熙大学は論述優秀者選抜と実技優秀者選抜，西江大学は論述選抜，成均館大学は論述優秀者選抜，韓国外国語大学は学生簿（教科）選抜と学生簿（論述）選抜でそれぞれ出欠やボランティアなどの成績を満点処理するなどの方式で当該要素を評価から除外する計画を発表した。このように多くの大学が，学生簿の非教科領域関連の記載事項である受賞実績，創意的体験活動（日本の特別活動や総合的な学習の時間に類似する教科外活動領域），ボランティア活動や出席日数などで不利な環境に置かれた受験生らの状況を十分に「考慮して評価する」という立場を示したことが確認できる。一方，延世大学のように，受賞実績，創意的体験活動，ボランティア活動に関する項目は，「評価に反映しない」とするなど，一歩踏み込んだ対応を示した例もあった。このように，各大学の選抜計画においてもコロナ禍対応がみられた。

　なお，この学生簿記載事項の取扱いの方向性に懸念が示されなかったわけではない。韓国大学入学査定官協議会は，2020年6月2日，韓国大学教育協議会に対し，2021年度入学者対象入試の公平性確保のための意見を通達している。『毎日経済』（ムン・シン，2020）によれば，同協議会は，非教科領域での活動記載事項を縮小するなど，新型コロナウイルス感染症の影響による学生簿への記載事項の変更には，既卒生との評価において公平ではなくなるという趣旨から，否定的な立場をとっており，その代りに，現高校3年生が不利にならないように，高校ごとに新型コロナウイルス感染症による被害状況を学生簿に記録し，評価過程で参照できるようすべきと主張した。例えば，

学生簿には，授業開始日，オンライン授業日数，学校閉鎖期間等を明記し，
評価者が志願者の不利な環境を十分考慮できるようにするというものである。
この措置は，2020年度に高校に通う受験生全てに共通することであるため，
公平であるという主張であった。さらに，高校3年生のみならず，次年度の
受験生である高校1・2年生の生徒の学生簿の記載にも適用できると，その
利点を強調していた。

4．メディアが報じた課題

　現地メディアは，高校3年生に対する新型コロナウイルス感染症の影響を
様々な角度から報じた。特に入試日程が延期されるのではないかとの観測が
出始める3月末を前後に，1ヵ月の休校の影響や，オンライン授業への切り
替えに伴う各種活動の制限などが学生簿記載事項に及ぼす影響を報じたもの
が目立った。

　例えば，「新型コロナウイルス感染症の影響により学校の教育課程の運営
が制約され，既卒生と比較して不利になる」（ソン，2020; 東亜日報社，
2020）との主張や，「休校が長引いたこと，対面授業からオンライン授業に
切り替わったことによる学校の教科教育及び非教科活動の縮小に伴う，大学
入試への不安感」（キム，2020; ナ，2020）を報じたものがそれである。さ
らに，「新型コロナウイルス感染症により韓国大学教育協議会，大学，大学
入試専門機関などが主管する大規模入試説明会が中止されており，大学入学
選抜に関する情報収集に困難がある」（キム・ナム，2020）という大学入試
の情報収集の差を懸念したものもあった。

　多かったのは，休校が長引いたことや対面授業からオンライン授業に切り
替わったことにより十分な受験指導が受けられないことや，非教科活動が縮
小されたことによる学生簿の取扱いへの不安を報じたものであった。この点
は，全国の高校3年生が同じ状況であるため，例年と異なるという点での不
安であるが，教科教育に対する不安については，既卒生と比較して不利にな
るという点が強調されたものである（ジョン，2020）。

　以上のように，新型コロナウイルス感染症の拡大は，近年重視されてきた
学生簿の取扱いを揺るがすとともに，既卒生と現役生の公平性の問題にも波
及した。

第3節　コロナ禍における修学能力試験の実施

　本節では，コロナ禍における修学能力試験がどのように実施されたのかについて記述する。

1．実施までの準備

　新型コロナウイルス感染症拡大防止のために教育部は，2020年8月4日に，2021年度入学者対象大学入試の管理方針を発表し，修能試験及び個別大学での試験において，防疫基準に従い受験生の類型（一般受験生／自宅隔離者／感染者）を区分し，類型に応じた試験場を追加確保することを示した（教育部，2020b）。9月28日には，試験場ごとの管理計画を示した「2021年度入学者対象大学入学試験管理計画」が公表された（教育部，2020c）。同計画には，教育部次官と全国17の広域市・道教育庁の副教育監から成る修能管理団を組織し，受験生の受験環境と直結する試験場及び試験監督官の確保，防疫措置の実施，担当者同士の点検によるリスク要素への対応などを行うことが示されるとともに，防疫管理ロードマップが示された（図2−2参照）。

　10月16日に発表された「コロナ19予防のための修学能力試験場防疫指針」（教育部，2020d）（以下，防疫指針という）及び11月3日に発表された「2021学年度修能実施円滑化対策」（教育部，2020e）（以下，円滑化対策という）は，修能試験管理計画の一部に位置付くもので，前者の防疫指針には試

8月	9月		10月：環境づくり			11月：集中管理	12月
大学入試管理方針発表（8/4）	願書受付（9/18〜）	修能管理計画発表（9/28）	広域市・道別リスク点検			広域市・道別移動制限者現状管理	試験日（12/3）
			防疫指針（10/16）	試験場確保（4週目）	円滑化対策（11/3）	受験生保護措置	
						移動制限受験生試験場確保	
						必要時，防疫非常措置・対国民協力要請	

図2−2.修能試験防疫管理ロードマップ
（教育部，2020c p.4より翻訳引用）

表2-2. 防疫指針の掲載事項

(教育部, 2020d 目次より翻訳引用)

Ⅰ．概要
　1. 目的／2. 基本方針／3. 修能実施概要／4. 受験生の類型別試験場区分／5. 予備招集日
（12/2）の運営
Ⅱ．試験場防疫管理細部事項
　1. 一般試験場／2. 別途試験場／3. 病院試験場（生活治療センター含む）
Ⅲ．試験実施前後の学事運営等の管理

参考資料
1. 修能試験場の防疫担当官の運用概要（一般試験場）／2. 病院試験場（生活治療センター含む）
監督官の運用概要／3. 受験生への案内文（例示）／4. コロナウイルス感染症予防の手引き／
5. 感染病予防の手引き（正しい手洗いと咳マナー）／6. コロナ事例及び感染病の疑いがある者
の定義／7. 試験場の防疫関連Q＆A／8. 個人保護具の着衣及び脱衣方法／9. 修能試験場のマス
ク着用基準／10. 防疫仕切り板規格

験場運営管理者が準備すべき表2-2のような事項が示されていた。

「防疫指針」から受験生と直接関係のある内容を抜き出してみよう。

○　予備招集日（12月2日）[11]に試験場の防疫状況を維持するため，受験生
の建物への入場は禁止し，必要な案内はなるべく運動場等の屋外又は別の
場所で行う。隔離者及び感染者の受験票は，受験生の家族又は関係を証明
できる者が代理受領することができる。試験場への入場は試験当日の午前
6時30分から可能で，手指消毒を実施した後，体温測定及び症状確認など
を行い，無症状の受験生は一般試験室に，有症状の受験生は別途試験室に
入室する（図2-3参照）。受験生は試験を受けている間，必ずマスクを着
用しなければならず，マスク着用の基準は，一般試験室は一般マスク（バ
ルブ型マスク，網掛けマスクなどは使用禁止），別途試験室及び隔離者用
の別途試験場は保健用マスク以上（KF80と同等以上）が基準とされる。

○　一般試験室には最大24の机と椅子を配置し，机の前面に仕切り板を設置
する。また，別途試験室は一般試験室と分離された場所に設置し，試験室
当たりの割当て人数は4人を超えないようにする。

○　昼食は個人のお弁当と飲み物を用意して試験室内の本人席で食事し，大
勢での食事は禁じる。試験終了後は案内に従って退室し，14日間，発熱な

11　予備招集とは，例年，試験を実施する広域市・道教育庁により修能試験前日に実施される。
予備招集日には，受験生は願書受付証に記載された試験場に行き，受験票を受け取り，当日の
注意事項や実際の試験場・試験室の確認を行う。

受験生の類型		試験場（試験室）	
症状無	一般受験生	一般会場	一般試験室
症状有	試験当日発熱など有症状受験生		別途試験室
自宅隔離者	隔離通知期間に試験日が含まれる受験生	別途試験場	
感染者	新型コロナウイルス感染の診断を受けた者又は治療中の者	病院／生活治療センター	

図2-3. 受験生の類型と試験場

（教育部, 2020d p. 2 より翻訳引用）

どの感染症症状（発熱37.5℃以上，咳，呼吸困難，寒気，筋肉痛，頭痛，喉の痛み，嗅覚・味覚消失等）を確認して，症状発生時は疾病管理庁コールセンター又は保健所に問い合わせる。

そして，11月3日に発表された「円滑化対策」では，次のような，受験生の移動への便宜や例年と異なる12月実施への具体的な対応方針が示された。

○　疾病管理庁と修能試験を主管する韓国教育課程評価院は合同状況確認チームを組織し，広域市・道別で感染者，隔離者指定を受けた受験生を把握し，受験機会を提供できるようサポートする。感染が発覚した受験生に対しては，拠点病院や生活治療センターに受験できる環境を作り修能試験3週間前（11月12日）から当該施設に入院するよう案内を開始する。試験当日まで退院できない場合は，入院中の場所で試験を受ける（病室を試験室とする）[12]。自宅隔離の対象となった受験生については，別途試験場（試験地区ごとに2会場程度）で受験する。受験生の自家用車移動を原則とするが，必要時は救急車等の支援を行う。

○　隔離者及び感染者の受験生の集団感染を予防すべく試験場の防疫措置を施すために修能試験実施日の1週間前（11月26日）から全ての高校（試験場）を遠隔授業に切り替える。隔離者及び感染者の受験生の数が急増する

---

[12]　感染と診断された受験者が入院した病室を試験室（受験定員最大4人）とするが，そのほか，試験管理室や監督官待機室などの空間も確保する。病院試験場の監督官は，高校や教育庁から派遣される。なお，一般試験室には監督官5人程度を配置し，1人当たり2～3時間の監督後交代するとされているため，教育庁専門職や一般行政職員も動員された。

などの状況が発生した場合，追加の防疫対策の実施及び対国民への協力要請を検討する。隔離者及び感染者の受験生用会場に配置された試験監督官には，試験終了後の感染症検査を支援する。

○　試験当日の市郡地域官公庁及び企業などの出勤時間を通常の午前9時から，午前10時以降に調整してもらうよう協力要請する。試験場の付近に軍部隊がある場合，受験生の登校時間（6時〜8時10分）に軍部隊の移動を自粛してもらうよう要請する。出勤の混雑緩和のため，6時から10時までの間，電車・地下鉄等の増便を要請する。受験生の登校時間帯を考慮し，市内のバス配車間隔を狭め増便運行する。地域によりタクシーが見つからないなどの状況を避けられるよう，地下鉄駅やバス停留所と試験場間に集中配車する。また，各行政機関の非常運送車両等を地域別に受験生の主要移動経路に配置し，受験生の移動の便宜を図る。公共交通機関を除き，試験場200メートル前方から車両の出入りを統制し，自家用車による受験生も試験場200メートル前方で下車させる。

○　試験場付近の騒音防止対策として，英語領域のリスニング時間（13時10分〜13時35分）の間を統制時間とし，航空機の離着陸，軍の射撃訓練などを禁止する。合わせて，試験場の騒音を最小限にするため試験場付近は徐行区域とし，野外イベント会場や工場などで発生しうる生活音も最大限自粛するよう要請する。

○　受験生が手軽に気象情報を得られるように気象庁から全国の試験場ごとの気象予報を11月27日〜12月4日まで提供する。気象悪化等に備えるべく，広域市・道ごとに島嶼・へき地の受験生のための対策や大雪時の除雪対策及び代替移動手段の確保などの準備を進める。地震情報について常時モニタリングを行い，地震発生時の伝達体制を整備する。

　以上のように，修能試験実施に向けては，徹底した防疫管理と国を挙げての「受験体制」が組まれた。修能試験までの2週間を「修能特別防疫期間（11月19日〜12月3日）」に指定し，塾や自習室など受験生が出入りする可能性が高い施設に対し集中的な防疫点検を行い，1週間前からは受験生に対しても対面による個人指導などの自粛を呼び掛けた。兪銀恵教部長官は「新型コロナウイルスの状況と12月の実施という状況においても受験生が無事に試

験を受けられるように関係機関，広域市・道教育庁，自治体とともに最善を尽くす」と強調し，「修能試験を安全に実施するために最も確実な方法は，11月から感染リスクを最小限に抑えることであり，全国民に防疫の手引きを遵守してもらえるよう依頼したい」と述べた（教育部，2020e）。このことから，新型コロナウイルス感染症により受験できない生徒を1人も出さないという姿勢が読み取れる。修能試験を無事終了させることはもちろん，韓国における入試対応では，新型コロナウイルス感染症により受験機会が奪われることのないよう，希望者全員が公平に「受験できる」ことに重きが置かれた点が特徴と言えよう。これだけ臨時体制を国主導で確保できたのは，教育部のイニシアチブの強さとともに，教育課程評価院と教育庁による高校を会場とした修能試験の実施体制によるものであろう。

2．実施結果

　教育部（2021, p. 236）によれば，2021年度入学者対象修能試験は，2020年12月3日（木）8時40分〜17時40分まで，全国86の試験地区，1,383の試験場（前年は1,185会場）で実施された。受験者数は，合計42万1,034人で，このうち在学生が29万5,116人，既卒者は12万5,918人であった。試験当日は，160人が別途試験室，456人が別途試験場，45人が病院等で受験した[13]。

　試験当日，大田市の試験会場の1つであった高校で試験監督をする予定であった高校教師の家族が陽性判定を受けたため，同会場の試験監督者を交代させる措置がとられたケースがあったが，大きな混乱は生じなかった。教育庁は，実施日から2週間経った12月18日に，防疫当局による調査結果に基づいて，この度の修能試験の事後診断対象者となった受験生及び監督者の800人と本人の希望による検査者19人の合計819人に対する診断の結果，全員陰性の判定であったことを発表した（教育部，2020f）。

　なお，修能試験に続く個別大学入試も延期された日程で実施されたが，大きな混乱は生じなかった。例えばソウル大学の2021年度の高校卒業年度別合格者数を見ると，定時入試における現役生と既卒者の合格者割合は，表2−3の通りで，当初懸念が示されていた新型コロナウイルス感染症による

13　これらの合計には新型コロナウイルス感染症以外の病気により措置された者も含まれる。

表 2 - 3．ソウル大学の2021年度入学者（登録者）別比率
（ソウル大学入試本部，2021 p. 2 より作成）

年	募集時期	現役生	1 浪	2 浪以上	早期卒業	検定考査	全体
2021	随 時	2,315 89.3	131 5.1	21 0.8	112 4.3	12 0.5	2,591
	定 時	298 37.1	339 42.2	133 16.6	–	33 4.1	803
	合 計	2,613 77.0	470 13.8	154 4.5	112 3.3	45 1.3	3,394
2020	随 時	2,209 89.4	138 5.6	23 0.9	95 3.8	6 0.2	2,471
	定 時	326 37.5	384 44.1	133 15.3	–	27 3.1	870
	合 計	2,535 75.9	522 15.6	156 4.7	95 2.8	33 1.0	3,341
2019	随 時	2,172 89.7	124 5.1	20 0.8	100 4.1	6 0.2	2,422
	定 時	391 43.0	367 40.3	139 15.3	–	13 1.4	910
	合 計	2,563 76.9	491 14.7	159 4.8	100 3.0	19 0.6	3,332

（注）単位：上段人，下段％

影響はほぼみられなかった（ソウル大学入試本部，2021，p. 2）。メディアなどでも，2021年度入学者対象選抜において，一部受験生が不利益を被った決定的な「異常値」は報じられていない。なにより，そういった「異常値」が出なかったこと自体が新型コロナウイルス感染症の拡大という緊急事態下における入試対応の成果だったのではないだろうか[14]。

14　なお，新型コロナウイルス感染症の影響とは別に，この度の入試から「入試の公正性」を担保するために，学生簿の記載で学校名が特定できるような箇所にマスキングがされる「ブラインド入試」が導入されている。これは，特定の学校出身者が学校名で評価されているのではないかとの懸念を排除するための措置である。しかし結果的に，ソウル大学合格者の出身校の上位20位以内には，一般高校はなく，英才高校，特殊目的高校や自律型高校で占められており，2020年の出身校リストと比べてもブラインド入試の影響はほぼなかった。新型コロナウイルス感染症により一般校は学生簿の差別化に苦労したことが予想される。

第4節　入試をめぐる混乱に見られた公平性と公正性

さて，これまで韓国のコロナ禍における入試について見てきたが，本節ではその過程で垣間見えた公平性と公正性について検討したい。新型コロナウイルス感染症が生じた2020年初頭の韓国では大学入試改革の真っ只中であった。その入試改革の焦点の1つが，「公正性」であった。そこで，コロナ禍前の公平性と公正性にも目を配りながら検討することとしたい。

1．コロナ禍前の公平性と公正性

これまでの大学入試改革により多面的・総合的な評価の拡大を進めてきた韓国であるが，正規の教育課程外における補充教育や資格取得，コンテストでの受賞などは，家計による教育費負担を増加させ，経済力による格差をもたらすため，大学に提出する学生簿への記載は禁止されている[15]。これは，どのような経済的境遇であれ，学校の正規課程内で行われた教育や学んだことを中心に評価するという意志の表れであり，学校外教育への間接的な制限を企図したものである。学生簿に記載される学校内の活動や正規課程内での成績が重視されるため，生徒は学校の授業に集中し，学校外での補充教育や活動を行う必要がなくなるという論理である。もちろん学校内の成績を上げるために補充教育を受けるという可能性はゼロにならない。前述したように修能試験のみの成績によらない多面的・総合的な入試の筆頭として位置付けられてきた学生簿を活用した入試は拡大されていった。しかし，選抜の過程では，公正性・透明性が重視され，あくまで学校内での記録しか記載できず，また大学側も評価することはできない。つまり韓国の入試で重視されているのは，「公教育の責任範囲における活動」を対象とするということになる[16]。

15　行動特性及び総合意見欄を含め学生簿には，TOEIC，TOEFL，JPTなどの外国語試験や漢字資格検定などの成績や実績を記載してはならない。また，校外における各種コンテストの成績や受賞実績，模試や全国学力評価の成績，論文など学会誌への投稿または掲載された事実の記載，図書出版の実績も記載できない。

16　この条件では，学校による活動に差が生じることが問題となり，例えば，特殊目的高校や外国語高校など一般高校とは異なるカリキュラムによる教育差が問題視される。現文在寅政権では，これらの特殊目的高校の一般高校化が推進されているが，それは，「公教育の責任範囲における活動」は公平でなければならないという公平観に立つからであろう。

2019年に発覚した入試の不正疑惑[17]は，入試の公正性の議論へとつながり，これまで拡大されてきた学生簿を中心とする入試の在り方に疑問が投げかけられた。そもそも教育課程外における補充教育や資格取得，コンテストでの受賞などは，家計による教育費負担を増加させ，経済力による格差をもたらすという理由から，大学に提出する学生簿への記載が禁止されている。このように，多面的・総合的評価の中でも公平性重視の方針が維持されていたが，評価の過程においても不正が入り込まないよう公正性の重視が求められたのである。その結果，入試枠の3割まで減少していた修能試験の成績を中心とする入試枠の4割拡大方針が打ち出された。言い換えれば，修能試験は相対的に公平性・公正性が確保されている，という認識があったのだろう。

　では，この公教育の責任範囲における活動が今回の新型コロナウイルスなどにより過度に制限された場合どうなるか。新型コロナウイルス感染症の拡大は，新たな公正性・公平性の軸を生じさせた。

２．コロナ禍における公平性と公正性

　感染病予防法によると，教育部長官や教育監が，学校に休業を命令できる権限を持っている。新型コロナウイルス感染症の感染拡大において，休業命令を下したのは，教育部長官であった。国内における拡大は懸念されていたが，第1波で感染が拡大した地域は大邱，慶北地域，その後首都圏でも感染者が増えていくが，そのほかの地域では当該地域に比べ感染が拡大している状況になかった。つまり，1学期始業の延期について地域ごとにその実施の可否を判断することも可能であった。冒頭で触れた通り，MERSなどこれまでの感染症対応の経験から全国一律であることが大事であるという判断も理解できるが，公平性の観点から全国一律という判断に至ったという可能性もある。実際，新型コロナウイルス感染者が多く出た地域の教育監が公平の理由を挙げて全国的な登校延期を要請したことからもそのことがうかがえる。

17　2019年，文在寅政権において新しく法務部長官として任命された曺国氏の娘は，2010年に高麗大学の随時募集（特に学校生活記録簿を重視する入試）の語学特技者枠で入学した。この過程で，自己紹介書に「檀国大医学部論文の第1著者」であるという記載がなされたという疑惑が指摘された。この曺国法務部長官家族への疑惑をきっかけに文大統領から入試制度全般の点検指示があり，実態調査が行われ，教育部は，2019年11月28日，「大学入試制度公正性強化計画」を発表するに至る（教育部, 2019）。

「私たちの地域では感染者が出て，子どもたちが学校に行けないのに，他の地域で登校するのは公平でない」とか，「私たちの地域の高校3年生は学校で勉強できないのに，他の地域の高校生が学校で勉強するのは大学入試の公正性を害する」といった主張があったのである。新型コロナウイルス感染症の拡大により，学校で学ぶことができる生徒とそうではなない生徒が生じることは公平ではないという新たな軸である。

　学生簿の取扱いも問題になった。学校外での学びを評価対象とせず，学校内での学びに集中させることで公平性・公正性を担保してきたが，新型コロナウイルス感染症の拡大により教科外領域の活動に制限がかかると，学生簿の公平な取扱いが論点として浮上した。その結果，大学における評価において，新型コロナウイルスによる休校や遠隔授業などの影響を加味する評価が「公平」であるという判断に繋がっていった。家庭による格差，学校による格差，地域による格差をできるだけなくすことが，コロナ禍における入試対応では求められたのである。

　以上のように，コロナ禍においては，入試関連情報へのアクセスの公平性，高校3年生のオンライン・対面授業による公平性，ボランティアや体験活動実施の公平性，修能試験受験機会の公平性，学生簿評価の取扱いの公平性・公正性などという新たな軸が生じたことが分かる。

　したがって韓国のコロナ禍における入試対応は，これらの軸への対応であったとみることができる。公平性の確保に対し，コロナ禍における全国一斉の休校と一斉のオンライン始業（学校差，地域差を出さない），コロナ罹患等（非感染者・感染者の別）による受験機会に不利益を出さない試験実施体制の構築，という条件整備が徹底された。休校緩和も高校3年生が最優先，2021年度で言えば，ワクチン接種も受験生最優先で行われた点からも平等の状態をいかに担保するかに焦点があった。

　公正性の確保に対しては，新型コロナウイルス感染症により学生簿の記載内容に大幅な差が生じる可能性があるため，各大学では学生簿評価の際にこれを考慮したり，あるいは，評価過程の不透明さは公正性の揺らぎに繋がるため，その要素を極力排除したりすることで対応された。

　韓国では，コロナ禍による新たな公平性・公正性を揺るがす軸が生じたものの，修能試験及び個別大学試験の実施により，この難局を乗り越えた。乗

り越えたと評価できるのは，選抜の結果が「いつも通り」の結果であったという意味である。つまり，実施の過程では，イレギュラーな環境の中で，「例年と変わらない」状況をいかに作るかということに重きが置かれたことはもちろん，その結果を含め「例年と変わらなかった」ということが重要で，少なくともそのことが，関係者に公平・公正な入試であったと感じさせる（納得させる）最低条件だったと思われる。

2021年11月18日に実施された「コロナ2年目」の2022年度入学者対象修能試験も滞りなく終了した。今回の防疫マニュアルに大幅な変更がなかったことを踏まえると，概ね，これまでの対応方針は妥当であったと教育部も捉えているのではないだろうか。

なお，以上は，コロナ禍における公平性・公正性についての議論であり，コロナ禍前に取りざたされていた学生簿の公平性・公正性の問題が払しょくされたわけではない。日本型大学入試の三原則（木村・倉元，2006）に照らして表現するのであれば，韓国の入試は，公平性の確保，適切な能力の判定（公正な評価），下級学校への影響の排除（公教育の責任範囲内での完結）という点で日本よりも徹底されていると言えよう。公教育の責任範囲内での完結を徹底しながら，いかに多面的で総合的な評価を実現するか，今後の議論が注目される。

◆◇◆
第5節　おわりに

テストの多くは密閉された空間で一度に多くの人が集まり，長時間過ごすため，感染症には脆弱なイベントである。この状況下においては，試験を受けない／実施しないという選択肢もあるが，どうしても避けられない試験の場合は，防疫指針を遵守しながら，最大の安全を確保できる準備が欠かせない。これまで見てきたように，韓国の試験に対する防疫措置は想定外の連続であったかもしれないが，対応は比較的早かったと言える。特に時間が経つにつれ，徐々に対応力を増していった印象がある。

最後に触れておきたいのは，中央行政によるテストマニュアルの公表についてである。2020年4月に中央防疫対策本部及び中央事故収拾本部が公表し

た「コロナウイルス感染症予防のための試験防疫管理案内」（中央防疫対策本部・中央事故収拾本部，2020）は，入試に限らず各種試験を実施する際，試験主催機関に必要な感染症予防及び管理手続きを定めたものである。各試験主催機関は，試験の性格，対象者，日程，環境等を勘案して，弾力的に本ガイドラインを運用したり，細部指針を策定したりすることとされている。修能試験や個別大学入試も本ガイドラインに準ずることはもちろん，その他の各種試験もこのガイドラインに沿って実施される体制がとられた。教育領域では史上初のオンライン始業が実施され，感染拡大の収束が見えない中で試験が実施されたが，実施における細部事項の検討は各試験実施主体に委ねられたとは言え，国が専門的な見地から防疫に関する大枠を示した点は効果的であったと考える。

　教育部では，2020年４月11日に予定していた中卒・高卒検定考査の延期（５月９日），４月11日，12日に予定していた韓国語能力試験（TOPIK）の延期（７月11日，12日），６月16日に予定していた全国学力達成度評価の延期（11月25日，26日）など各種試験の延期が行われながらも同ガイドラインに添って実施された。

　修能試験については，６月に疾病管理本部（現疾病管理庁），教育課程評価院，各広域市・道教育庁，感染症専門家などから成る修能防疫タスクフォースが立ち上げられ，安全な実施のための管理方針の準備を開始した。ここで決められた基本原則は，①受験生と地域社会の感染リスクを最小化するための防疫管理体制の構築，②防疫管理範囲内で感染者も含む受験生の受験機会を最大化するためのサポート，の２点であった。この基本原則に基づき，修能試験及び大学別試験における感染遮断計画，受験生の受験機会の確保，修能試験場への人員配置の見直し，有症状者用別試験場の運用計画，個別大学試験運営関連の防疫管理対策の策定等に関する細部事項を定めた「2021年度入学者対象入試管理計画」などが策定された。遵守義務をもたせるかはともかく，例年と変わらない，無事故の実施が求められる全国共通試験を実施する上では，韓国のように入試に限らず試験全般に係るガイドラインを作成し，各種試験の実施主体が参照可能な体制を構築しておくことも有益ではないだろうか。引き続き，隣国の動向に注目していきたい。

文　献

중앙방역대책본부・중앙사고수습본부［中央防疫対策本部・中央事故収拾本部］(2020). 코로나19 예방을 위한 시험 방역관리 안내［コロナウイルス感染症予防のための試験防疫管理案内］2020年 4 月. Retrieved from https://policy.nl.go.kr/search/searchDetail.do?rec_key=SH2_PLC20200249880&kwd=（2022年 7 月29日）

중앙사고수습본부［中央事故収集本部］(2020a). 코로나바이러스감염증 -19 중앙재난안전대책본부 정례브리핑（6 월 28일）［コロナウイルス感染症 -19中央災難安全対策本部定例ブリーフィング（6 月28日）］보도자료［報道資料］ 6 月28日. Retrieved from http://ncov.mohw.go.kr/tcmBoardView.do?brdId=&brdGubun=&dataGubun=&ncvContSeq=355170&contSeq=355170&board_id=140&gubun=BDJ（2022年 7 月29日）

중앙사고수습본부［中央事故収集本部］(2020b). 코로나바이러스감염증 -19 중앙재난안전대책본부 정례브리핑（11.1.일）［コロナウイルス感染症 -19中央災難安全対策本部定例ブリーフィング（11.1.日）］보도자료［報道資料］ 11月 1 日. Retrieved from http://ncov.mohw.go.kr/tcmBoardView.do?brdId=&brdGubun=&dataGubun=&ncvContSeq=360602&contSeq=360602&board_id=140&gubun=BDJ（2022年 7 月29日）

보건복지부［保健福祉部］(2020a). 보건복지부, 감염병 위기경보 단계 "주의→경계" 격상［保健福祉部, 感染病危機警報レベル「注意→警戒」格上げ］ 보도자료［報道資料］ 1 月27日. Retrieved from http://www.mohw.go.kr/react/al/sal0301vw.jsp?PAR_MENU_ID=04&MENU_ID=0403&page=244&CONT_SEQ=352517（2022年 7 月29日）

보건복지부［保健福祉部］(2020b). 코로나바이러스감염증 -19 범정부대책회의 브리핑（2 월 23일）［コロナウイルス感染病 -19　汎政府対策会議ブリーフィング（2 月23日）］보도자료［報道資料］ 2 月23日. Retrieved from http://www.mohw.go.kr/react/al/sal0301vw.jsp?PAR_MENU_ID=04&MENU_ID=0403&page=235&CONT_SEQ=353064（2022年 7 月29日）

홍성희［ホン・ソンヒ］(2020). 시도교육감 "심각단계서 4 월 6 일 개학 어렵다"…온라인 개학 현실화?［市道教育監「深刻段階で 4 月 6 日開講は難しい」…オンライン開講現実化?］ KBS NEWS　3 月28日. Retrieved from https://news.kbs.co.kr/news/view.do?ncd=4412204&ref=A（2022年 7 月29日）

장재훈［ジャン・ジェフン］(2021). 성기선 전 교육과정평가원장, "수능으로 고통받는 교육 이젠 끝났으면［ソンギソン前教育課程評価院長,「修能で苦痛を受ける教育は今こそ終わらせなければ」］ Edupress 2021年11月 8 日付 Retrieved from http://www.edupress.kr/news/articleView.html?idxno=8174（2022年 7 月29日）

전민희［ジョン・ミンヒ］(2020). '코로나 대입'에 불리해진 고 3 …교육부 '구제 방안' 나오나［「コロナ入試」に不利になる高 3 …教育部「救済計画」出るか］ 중앙일보［中央日報］ウェブ版 6 月 8 日. Retrieved from https://www.joongang.co.kr/article/23795932（2022年 7 月29日）

한국대학교육협의회［韓国大学教育協議会］(2019). 2021학년도 대학입학전형 시행계획 주요사항［2021学年度大学入学選考施行計画主要事項］ 대교협 보도자료［大教協報道資料］ 4 月30日. Retrieved from http://www.kcue.or.kr/bbs/view.php?gb=news&page=10&idx=653&kind=&culm=&word=（2022年 7 月29日）

한국대학교육협의회［韓国大学教育協議会］(2020a). 2021학년도 대학입학전형일정

変更 発表［2021学年度大学入学選考日程変更発表］　大教協 報道資料［大教協報道資料］　4 月16日．Retrieved from http://www.kcue.or.kr/bbs/view.php?gb=news&page=8&idx=683&kind=&culm=&word=（2022年 7 月29日）

한국대학교육협의회［韓国大学教育協議会］(2020b)．2021학년도 대학입학전형시행계획 변경사항 안내［2021学年度大学入学選考実施計画変更案内］　대교협 보도자료［大教協報道資料］　8 月31日．Retrieved from http://www.kcue.or.kr/bbs/view.php?gb=news&page=6&idx=701&kind=&culm=&word=（2022年 7 月29日）

김철선［キム・チョルソン］(2020)．온라인개학·수능 연기에 고 3 대혼란…"학생부 어떻게 준비하나"［オンライン開講·修能延期に高 3 大混乱…「学生簿どうやって準備するのか」］　연합뉴스［連合ニュース］　3 月31日．Retrieved from https://www.yna.co.kr/view/AKR20200331100900004（2022年 7 月29日）

金明中(2021)．韓国は新型コロナウイルスにどのように対応したのか（2）　厚生福祉，No.6698，10-11．

木村拓也・倉元直樹(2006)．戦後大学入学者選抜における原理原則の変遷──『大学入学者選抜実施要項』「第 1 項選抜方法」の変遷を中心に──　大学入試研究ジャーナル，*16*，187-195．

김성훈［キム・ソンフン］(2010)．타당화 개념모형을 이용한 대학수학능력시험 체제 진단［妥当化概念モデルを利用した大学修学能力試験体制の診断］　교육평가연구［教育評価研究］，*23*（1），1-27．

김수진・남혜선［キム・スジン，ナム・ヘソン］(2020)．코로나19로 취소된 수시 박람회…수시 정보 수집, 상담 어디서 하나요？［コロナ19により中止された随時博覧会…随時情報収集，相談はどこですれば？］　에듀동아［エデュ東亜］ウェブ版　7 月15日．Retrieved from http://edu.donga.com/?p=article&ps=view&at_no=20200715114616480929（2022年 7 月29日）

교육부［教育部](2019)．교육부, 대입제도 공정성 강화 방안 발표［教育部，大学入試制度の公正性強化計画を発表］　교육부 소식［教育部のお知らせ］．Retrieved from https://www.moe.go.kr/boardCnts/view.do?boardID=294&boardSeq=79119&lev=0&m=02（2022年 7 月29日）

교육부［教育部](2020a)．원격수업 출석, 평가, 기록 가이드라인［遠隔授業出欠，評価，記録ガイドライン］　보도자료［報道資料］　4 月 7 日．Retrieved from https://www.moe.go.kr/boardCnts/viewRenew.do?boardID=294&lev=0&statusYN=W&s=moe&m=020402&opType=N&boardSeq=80225（2022年 7 月29日）

교육부［教育部](2020b)．코로나19 대응 2021학년도 대입 관리방향 발표［コロナ19対応2021年度大学入試管理計画］　보도자료［報道資料］　8 月 4 日．Retrieved from https://www.moe.go.kr/boardCnts/viewRenew.do?boardID=294&boardSeq=81445&lev=0&searchType=null&statusYN=W&page=100&s=moe&m=020402&opType=N（2022年 7 月29日）

교육부［教育部］(2020c)．2021학년도 대입 관리계획［2021年度入学者対象大学入学試験管理計画］　보도자료［報道資料］　9 月28日．Retrieved from https://www.moe.go.kr/boardCnts/viewRenew.do?boardID=294&lev=0&statusYN=W&s=moe&m=020402&opType=N&boardSeq=82095（2022年 7 月29日）

教育部［教育部］(2020d). コロナ19 예방을 위한 수능 시험장 방역 지침［コロナ19予防のための修学能力試験場防疫指針］ 보도자료［報道資料］10月16日. Retrieved from https://www.moe.go.kr/boardCnts/viewRenew.do?boardID=294&lev=0&statusYN=W&s=moe&m=020402&opType=N&boardSeq=82285（2022年7月29日）

教育部［教育部］(2020e). 2021학년도 수능 시행 원활화 대책［2021学年度修能実施円滑化対策］보도자료［報道資料］11月3日. Retrieved from https://www.moe.go.kr/boardCnts/viewRenew.do?boardID=294&lev=0&statusYN=W&s=moe&m=020402&opType=N&boardSeq=82451（2022年7月29日）

教育部［教育部］(2020f). 교육부 - 질병관리청 코로나19 관련 영상회의 결과［教育部－疾病管理庁コロナ19関連映像会議結果］ 보도자료［報道資料］12月18日. Retrieved from https://www.moe.go.kr/boardCnts/viewRenew.do?boardID=294&boardSeq=83073&lev=0&searchType=null&statusYN=W&page=77&s=moe&m=020402&opType=N（2022年7月29日）

教育部［教育部］(2021). 2020교육분야 코로나19대응백서」발간［「2020教育分野コロナ19対応白書」発刊］ 교육부［教育部］. Retrieved from https://www.moe.go.kr/sn-3hcv/doc.html?fn=47ad0cbca1f3cd5901f02cccbbdef950&rs=/upload/synap/202209/（2022年7月29日）

教育課程評価院［教育課程評価院］(2020). 2021학년도 대학 수학능력시험 채점결과［2021学年度大学修能能力試験採点結果報道資料］ 보도자료［報道資料］12月22日. Retrieved from https://www.kice.re.kr/boardCnts/view.do?boardID=10024&boardSeq=5062157&lev=0&m=050102&searchType=S&statusYN=W&page=1&s=kice(2022年7月29日）

문광민・신혜림［ムン・グァンミン，シン・ヘリム］(2020). 등교 차질 지속…”고3 학생부에 코로나 피해사항 넣자”［登校問題続く…「高3学生簿にコロナ被害事項を入れたらどうか］ 매일경제［毎日経済］ウェブ版 6月2日. Retrieved from https://mk.co.kr/news/society/view/2020/06/565027/（2022年7月29日）

나혜인［ナ・ヘイン］(2020). 수능 연기에 고3 ‘불안’…” 4월 개학인데 2주로는 부족”［修能延期に高校3年生「不安」…「4月開講だけど2週間は足りない」］ YTN 3月31日. Retrieved from https://www.ytn.co.kr/_ln/0103_202003311831187044（2022年7月29日）

백두산［ペク・トゥサン］(2020). 서울대・연세대・고려대 등 101개 대학, 대입전형 변경［ソウル大・延世大・高麗大等101の大学，大学入試を変更］ 대학자널［大学ジャーナル］2020年8月30日付 Retrieved from http://www.dhnews.co.kr/news/articleView.html?idxno=127837（2022年7月29日）

서울대학교입시본부［ソウル大学入試本部］(2021). 2021학년도 서울대학교 신입학생 최종 선발 결과 보도자료［2021学年度ソウル大学新入生最終選抜結果報道資料］ 입학［入学］. Retrieved from https://admission.snu.ac.kr/materials/downloads/press?md=v&bbsidx=131211（2022年7月29日）

질병관리청［疾病管理庁］(2020). 검역단계에서 해외유입 신종코로나바이러스 확진환자 확인 감염병 위기경보를 ‘주의’ 단계로 상향, 대응［検疫段階において海外流入新型コロナウイルス感染者確認，感染症危機警報を「注意」レベルに修正，対応］ 보도자료［報道資料］1月20日. Retrieved from http://ncov.mohw.go.kr/tcmBoardView.

do?brdId=&brdGubun=&dataGubun=&ncvContSeq=352435&contSeq=352435&board_id=140&gubun=BDJ（2022年7月29日）

질병관리청［疾病管理庁］(2021). 2020감염병 감시연보［2020感染病監視年報］Retrieved from https://www.kdca.go.kr/npt/biz/npp/portal/nppPblctDtaView.do?pblctDtaSeAt=1&pblctDtaSn=2452（2022年7月29日）

질병관리청［疾病管理庁］(2022). 2021감염병 감시연보［2021感染病監視年報］Retrieved from https://www.kdca.go.kr/npt/biz/npp/portal/nppPblctDtaView.do?pblctDtaSeAt=1&pblctDtaSn=2682（2022年7月29日）

손수람［ソン・スラム］(2020).‘출구 없는’ 개학연기..‘고3 불리한 대입판도 심화’［「出口のない」開講延期…「高3不利な大学入試クラスも深化」　베리타스알파［ベリタスアルファ］3月27日. Retrieved from http://www.veritas-a.com/news/articleView.html?idxno=317766（2022年7月29日）

동아일보사［東亜日報社］(2020). 2주 미뤄진 수능…"난이도는 그대로, 범위 축소는 불가능"［2週後ろ倒しされた修能…「難易度はそのまま，範囲縮小は不可能」］동아일보［東亜日報］ウェブ版　3月31日. Retrieved from https://www.donga.com/news/article/all/20200331/100432385/1（2022年7月29日）

主要参考ウェブサイト

보건복지부［保健福祉部］　http://www.mohw.go.kr/

법제처 국가법령정보센터［法制処　国家法令情報センター］　https://www.law.go.kr/

한국교육과정평가원［韓国教育課程評価院］　https://www.kice.re.kr/

한국대학교육협의회［韓国大学教育協議会］　http://www.kcue.or.kr/

입시전보포털 어디가［韓国入試情報ポータル］　https://www.adiga.kr/

교육부［韓国教育部］　https://www.moe.go.kr/

코로나바이러스감염증-19［新型コロナウイルス感染症情報ポータルサイト］　http://ncov.mohw.go.kr/

서울대학교입시본［ソウル大学入試本部］　https://admission.snu.ac.kr/

第3章

新型コロナウイルス感染症の発生が
大学入試に与えた影響
──2020年春のフィンランドにおける混乱と対応──

小浜　明

第1節　はじめに

　筆者は，保健科教育という教科教育が専門である。そこで小論は，保健科教育の視点から，新型コロナウイルス感染症の発生が2020年春のフィンランドの大学入試にどのような影響を与え，それがどんな混乱を引き起こし，またどう対応したのかについて報告する。ところで，フィンランドの大学入試は，春と秋の高校卒業試験（日本ではなぜか「大学入学資格試験」と呼ばれているので以下はそれに従う）と，各大学が独自に実施する個別大学入学試験の2段階から成っている。

　小論は主に，新型コロナウイルス感染症の発生が第1段階の作問に与えた影響と，第2段階の配点比率の変更に与えた影響について，考察も含めて報告する。ただし，読者のみなさんは，おそらくフィンランドの保健科教育についてほとんどご存じないと思われるので，前段では，この国の保健科の教育課程における位置づけ，及び大学入学資格試験における保健科目の実態などを述べ，その後に本題に入っていこうと考えている。

第2節　教育体系，保健科の位置づけ及び担当教師

1．フィンランドの教育体系

　この国の基本的な教育体系は，就学前教育（保育所，就学前学級），基礎教育（小学校1〜6年と中学校7〜9年），後期中等教育（普通高校または職業専門学校が各3年），高等教育（大学3年または高等職業専門学校3年

あるいは４年，修士課程２年，博士課程３年）と，大まかに４段階に分けられる。1999年からは基礎教育が９年一貫の総合学校となり，現在は約98%の生徒が普通高校または職業専門学校へと進学する。授業料は公私立にかかわらず就学前教育から高等教育に至るまですべて無償である。2021年９月の新学期からは，これまで基礎教育までであった義務教育が，後期中等教育までに拡大されている。

２．教育課程における保健科の位置づけと担当教師

　日本では保健科と体育科は合科形態の教科であるが，フィンランドでは保健科と体育科はそれぞれ独立した教科となっている。ただし，小学校の６年間は合科的に環境科に保健の教育内容が含まれており，そののち中学に進むと保健は教科として独立し，各学年に38時間，中学全体で114時間が配当されている。さらに後期中等教育では，普通高校で保健Ⅰ（必修１単位）と保健Ⅱ，保健Ⅲ（選択各２単位）が，職業専門学校で保健Ⅰ（必修１単位）が，週１回，各36時間ずつ配当されている。

　特徴的なのは，保健Ⅲが，自然・社会・科学技術の保健サービスや健康に与える影響，政策の健康獲得に与える影響，小規模健康調査の計画（図３-１）・実施・評価・批評・発表，健康増進に関する事例研究などを行う探究学習となっていることである。なお，選択の保健Ⅱと保健Ⅲは，第４節で述べる大学入学資格試験で保健科目を受験する生徒の大多数が履修する。

　保健科担当教師は，教育課程の上では小学校が学級担任，中学と高校が保健科教師となっている。しかし，中学と高校の保健科教師養成は2002年にユヴァスキュラ大学を中心に始まったばかりであり，実際に大学を卒業して保健科免許を取得した教師は少ない[1]。そのため，現実的には体育科教師の多くが中学と高校で保健科も担当している。保健科担当教師の増員策としては，生物や物理，社会科，家庭科等の教師が，ユヴァスキュラ大学，テゥルク大

1　2013年３月に当時ユヴァスキュラ大学スポーツ健康科学部学部長だった Lasse Kannas 氏へのインタビュー記録より。氏によると，教師の「質の確保」のためユヴァスキュラ大学で保健科免許を取得できるのは年間に１学年100名中20名という内規があり，そのうちの約半数ほどが保健科教師として採用されているという。

（注）2017年10月に筆者撮影。36時間の2時間目の「健康調査」に関する授業。生徒は2人1組に
　　なって調査票を作成中。タトゥ・ラウハンサロ先生は目的や方法等を教授したあとに一組ご
　　とに巡回指導している。

図3-1. ルセオ・ユルハ高校における「保健Ⅲ」の授業風景

学，オウル大学，クオピオ大学の夏季認定講習を受講することで保健科免許
の取得を可能としている。

第3節　保健科の教育課程と Health Literacy

1. 保健科の教育課程

　2000年代に入り，フィンランドでは保健科の教育課程改革を急速に進めて
きた。そこに至るまでの歴史的な経緯は小浜（2016）を参考にしていただき
たいが，2001年にはまず，それまで不安定な位置づけだった保健科を，基礎
教育法・後期中等教育法改定によって，教科として独立させ，2002年より保
健科教師養成を開始した。その後，保健科を含む National Core Curriculum の
改訂を行い（後期中等教育は2003年，基礎教育は2004年），2006年には保健
科目の大学入学資格試験への導入が決定し，2007年よりそれを開始した。さ

らに，保健科の学習状況調査の実施（2013年），新 National Core Curriculum の公表（基礎教育は2014年，後期中等教育は2015年），及び大学入学資格試験の CBT（computer based tests）化[2]（2017年）と，計画的段階的に進めながら保健科の教科としての地位を高めてきた。

新 National Core Curriculum は，基礎教育が2014年，後期中等教育が2015年に公表され，2016年の新学期から完全実施となっている。なお，新 National Core Curriculum の英語版は，フィンランド語版から少し遅れて，基礎教育が2016年（Finnish National Board of Education, 2016），後期中等教育が2020年（Finnish National Board of Education, 2020）に出版された。表 3 - 1 と表 3 - 2 には，これら英語版を翻訳し，基礎教育と後期中等教育とも「必修・選択の別」，「教科全体の役割」，「保健領域・教科のねらい及び目標」，「内容（単元）」の項目に分類してまとめて示した。

2．Health Literacy

Health Literacy の考え方は欧州や北米ではよく浸透しており，フィンランドでも表 3 - 1 と表 3 - 2 に示した保健科の教育課程を通じて，子どもたちに形成させることが使命となっている。Health Literacy は，フィンランド国家教育委員会の「保健科の目的と価値」の中に次のように規定されている[3]。

　　「保健科は学際的な知識を基盤とした教科です。保健科の使命は生徒に多様な Health Literacy をはぐくむことです。健康，ウェルビーイング，安全に関する現象は，Health Literacy の様々な分野が，年齢に応じた形で出現しています。Health Literacy は，健康に関連する(1)理論的な知識，(2)実践的な知識，(3)批判的思考，(4)自己の気づき，(5)倫理的な責任（市民性）を含んでいます。」（Finnish National Board of Education, 2016）

フィンランドの保健科は，これら(1)～(5)の Health Literacy を子どもたちに身につけさせることが最終目的になっている。そして，それらがどの程度達成されているかの到達度を，高校卒業時に実施する大学入学資格試験で確認

2　CBT 化については，第 4 節 4 項で詳説する。
3　カンナス，小浜 翻訳，板野 記録（2018）より引用。

表3-1. フィンランドにおける保健科の教育課程（基礎教育）小・中学校

（基礎教育ナショナルコアカリキュラム英語版（Finnish National Board of Education, 2016 pp.256-264; pp.429-435）より作成）

学　年	第1・2年	第3～6年	第7～9年
教科名（必修・選択）	環境科（必修）		保健科（必修）
(1)　教科全体の役割 (2)　保健領域・教科のねらい	(1)　① 学習の意義，価値観，意識，② 探究や実行力の育成，③ 知識及び理解 (2)　保健領域では，環境と関連づけて，健康を支援・防御する活動や，衛生や安全及び健康増進に関する内容の理解を必須で扱う		(1)　保健科では，環境と関連づけて，健康を支援・防御する活動や，衛生や安全及び健康の保持増進に関する内容の理解を必須で扱う
内容（●領域：「単元」）	●発育・発達：「人体の各器官の機能の理解，人生の各段階と男女の発育・発達の違い，情意的技能と精神的健康の維持，自己と他者」 ●家や学校：「家の周りの環境の安全」「道路標識と交通安全」「外気と服装の選択」「体の不可侵権といじめ防止」「身の回りの清潔」「援助の求め方」 ●生きるために必須な基本的なものへの深い認識：「水，食べ物，空気，保温，ケア」「栄養や飲み物」「健康維持の習慣と実践」「幸福や喜び」 ●持続可能な生活：「廃棄物，リサイクル，分別」	●人としての私：「人の体の構造と機能，人の発育と発達」「二次性徴と相手を尊重した生殖に関する議論」「心と体の変化，期待・責任・態度や価値への気づき」「毎日の生活習慣，精神や病気の予防」「感情の理解・表現・調整」 ●生活や共同体：「車や火事，電磁波と安全，交通事故，食中毒，酒や薬物，水質汚濁，いじめ防止，体と心の不可侵権」「応急処置の仕方，恐怖やリスクのある状況での行為」 ●環境：「健康の見方・考え方と地域の環境」「環境を守る義務と責任」 ●自然の原理と周期：「食物連鎖」 ●持続可能な未来の創造：「持続可能な自然素材の使用，健康増進，現在と未来までも人にやさしい福祉，グローバルに考えローカルに参加する方法」	●発育・発達と健康：「簡単な健康増進と病気の予防」「人の一生と発育・発達」「自己，自己イメージ，気づき，性発達，ケアの意義，家族と友人，精神衛生，自己評価」「安全な技能，相互作用の注意，感情の表現及び調整技能，感情のコントロール」「葛藤・問題状況・ストレス・危機の管理」 ●健康阻害と病気の要因：「健康的な生活リズム，睡眠，栄養，運動などの生活習慣」「セクシュアリティ，男女の性の異なる側面，性発達の多様性」「メンタルヘルス，健康を守る環境と共同体，レジャー活動」「安全の技能と能力，応急処置，自己管理，援助の求め方」「健康の指標や評価の信頼性」「能動的なライフスタイル，栄養問題や睡眠問題，ストレスによる健康被害」「若者の精神的苦痛や薬物依存の防止」「新興・再興感染症と国民病の予防」 ●共同体，社会及び文化と健康：「思春期で必要な基礎的能力」「持続可能な生活様式，社会，思慮深い責任ある消費」「生活環境の健康への影響，健康の保持増進，病気の予防，公共の健康運動やサービスの利用の仕方，環境的健康危機への対処」「市民としての平等と参加，人権の尊重」

表３-２．フィンランドにおける保健科の教育課程（後期中等教育）高校

（後期中等教育ナショナルコアカリキュラム英語版（Finnish National Board of Education, 2020 pp.214-217）より作成）

学　年	第１学年	第２学年	第３学年
教科（必修・選択）	保健科（必修１単位，選択２単位）		
(1)　教科全体の役割 (2)　保健領域・教科のねらい	(1)　保健では，学際的な知識を基盤とし，健康，幸福，及び安全を支える能力を促進させる。 (2)　グローバルな視点から個人，共同体，社会における多次元の存在としての健康と病気の関連した現象を調査し評価できる。健康と病気のリスク，原因，行動のメカニズム，結果を説明する際に，科学的概念と生活的概念の間の意味の違いを理解できる。自分自身と環境の健康と安全を促進できるように，最も一般的な病気の予防と治療の原則を理解し，セルフケアやメンタルヘルスの保護に関連した実践ができる。健康情報，健康教育の概念を使用し，健康と病気，コミュニケーション，及び健康文化に関連した多様な現象や情報を解釈し，批判的に評価できる。健康に関連した倫理的な課題を省察し，それらに関連する見解を述べることができる。社会の健康や政策決定，及び両方が公衆衛生，人口集団間の違い，医療体制，人々の健康行動にどのように影響するのかを理解できる。		
教科名と必修・選択	保健Ⅰ（必修）	保健Ⅱ（選択）	保健Ⅲ（選択）
目標	①　健康リテラシーの促進，肉体的・精神的・社会的な要因が活動や機能に与える影響の理解，重要な生活や環境での達成度を評価できる ②　健康や病気の情報を獲得，使用，評価し，健康文化やメディア，技術開発の現象に，倫理と健康の観点から反映できる ③　科学的知識や生活知識の観点からの健康習慣や，健康や病気を説明する理論モデル，現象を認識し，評価できる ④　セルフケア関連の運用モデルと実践を適用できる ⑤　個人と社会の視点から非感染症と最も一般的な感染症の重要性を理解し，発生した要因及び感染防止のために社会が取った決定を反映できる	①　心理社会的，人工的や自然環境など，どのような要因が遺伝子と環境に関連して，健康と機能的能力に関連し影響を与えるかを知って評価できる ②　人生や発達で起こる出来事を知って，行動や対処法を提示できる ③　健康，病気，安全と価値の熟考に健康リテラシーを適用できる ④　ソーシャルサポートと健康への相互作用の重要性を評価し，メンタルヘルスに影響を与える重要な要素とメカニズム，及び危機管理のための代替案を提示できる ⑤　健康コミュニケーションに関連する現象を解釈して批判的に評価できる ⑥　ライフスタイル，文化，環境において，健康と福祉が重要性な選択であることを正しく評価できる ⑦　安全と暴力の防止に関連する要因を分析し，さまざまな対話状況，コミュニティ，環境において個人の境界を尊重し保護することの重要性を理解できる	①　人口や社会条件，社会政策，技術が保健サービスに与える関連性を記述し，その変化と推移を分析できる ②　フィンランド及び世界の健康と健康の不平等に影響を与える要因を評価し，不平等が健康に与える要因を説明できる ③　健康に関連する研究知識や日常情報を取得して評価でき，小規模な健康調査や機能的能力の測定を計画できる ④　病気の予防法と治療法だけでなく，科学的研究によって提供される健康増進のいくつかの例を扱う ⑤　健康や病気の倫理的な問題を省察することができる ⑥　世界的な健康問題と健康増進に取り組んでいる組織の役割と任務がわかる
内容（単元）	①「肉体的・精神的・社会的な能力と勉強や活動及び機能：健康を増強する身体活動，栄養，休重管理，睡眠と休息，性的健康，学校生活における健康」 ②「自他のセルフケアと応急処置」 ③「自他のタバコ，アルコール，薬物，ゲーム及びオンライン依存症への対処」 ④「非感染症と主要な感染症」 ⑤「健康，健康習慣，健康問題を説明する生物・心理・文化的な現象と理論モデル」	①「遺伝子，自然環境，人工環境，ならびに心理社会的環境及びコミュニティなどの健康への影響」 ②「健康と人生，人生の一環としての死」「対人関係とソーシャルサポート」 ③「セクシュアリティと性に関する権利，及び性と生殖についての健康」 ④「メンタルヘルスの保護と発生要因」 ⑤「危機とその対処」 ⑥「人間工学と労働」 ⑦「安全と暴力の防止」 ⑧「メディアと文化的環境における健康コミュニケーションの重要性と批判的思考」	①「社会的状況，人口，健康政策，科学的研究，健康概念，テクノロジーが健康を促進し変貌させ結合させること」 ②「医療機関と社会保健サービスの役割及びその発展と変化」 ③「フィンランドと世界に関して健康格差に影響を与える要因と減じる要因」 ④「健康行動と健康についての研究」 ⑤「健康と病気や患者の権利に関する倫理的で法的な問題」 ⑥「人類に影響を与える世界的な健康問題」

するという構造となっている。

第4節　大学入学資格試験
（Matriculation Examination）

1．大学入学資格試験と保健科目

　フィンランドでは，大学入学資格試験があり，その試験科目の1つに保健科の試験がある。しかも，保健科目を受験する生徒は，一般科目12科目中最も多く，受験生に人気の科目となっている。欧州の国々では，イギリスのGCSE（General Certificate of Secondary Education）やドイツのアビトゥーア，フランスのバカロレアのような，大学入学資格試験が実施されている。しかし，保健科を全受験生が受験可能な科目として設定している国は，フィンランド以外にはない。また，2013年4月に実施されたフィンランド統一学力試験では，中学3年生を対象に，保健科と数学科の到達度テストが行われている（小浜，2015）。しかし，このような実態は日本の保健科教育の研究者の間でもほとんど知られていない。

　フィンランドの大学入学資格試験は，1852年に開始されたヘルシンキ大学入学試験が時代とともに変化してきたもので，現在はNational Core Curriculumに示された高校で履修すべき教科目の到達度を測定する卒業試験も兼ねている。試験は春と秋の2回，各高校の体育館や教室，各地区のアリーナなどを会場に実施され，連続する3回の実施期間内に必要な科目に合格しなければならない。必要な科目は4科目で，母国語1科目が必修，他に第二公用語，外国語，数学，一般科目の4科目の中から3科目を選択する。一般科目には，保健，心理，社会，物理，歴史，化学，生物，地理，哲学，倫理などの12科目がある。保健科目を選んだ場合，第4節4項で述べるCBTによる試験が導入されてからは全9問の出題となり，その中の5問を選択して解答する。

　試験は1日1科目，朝9時の開始から15時の終了までの6時間であり，1問の解答に1時間以上が配当される，子どもたちにとっては非常にタフな時間配分となっている。また，その6時間には，いつ休息を取るか，いつ昼食

を取るかも含まれており，それらの時間管理も各個人に委ねられている。保健科目の導入が決定されたのが2006年で，その翌年から試験が実施され，2010年以降はどの年も一般科目で保健科目を選択する受験者数が最大となっている（図3-2）。さらに，学部や学科，専攻によっては二次試験が課されており，その受験に保健科目を必須要件としている大学も複数存在する。

2．大学入学資格試験評議会と保健科専門委員

　フィンランドの大学入学資格試験の作成や採点で責任を負うのが，170年近い歴史をもつ大学入学資格試験評議会（Matriculation Examination Board）である（小浜，2016）。評議会には，国家教育委員会から5人，ほかに大学や高等教育機関から25人の教科専門評議員が集められる。評議員の任期は3年で，試験科目を代表する25人の教科別専門評議員により構成される。保健科専門評議員は1人で，教科によっては，例えば母国語や英語では複数人が集められる。

　各教科の専門評議員は，委員長として教科ごとに専門委員会を組織し，そ

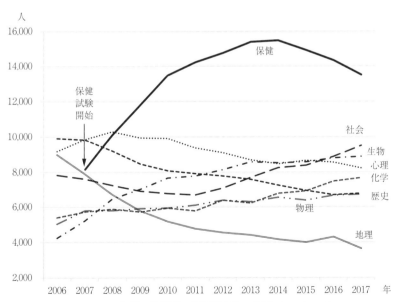

図3-2．主要一般科目の総受験者数の推移（2006年以降）
（小浜，2021）

の委員会が作問や評価基準の作成の実務を担う。保健科目の場合は5～6人の大学の教員が専門委員として選出されるが、機密保持のためこの委員の中に高校の保健科教師は選出されない。これら専門委員は、高校の教育内容について熟知していることと、教科の専門に対して非常に深い知識があることが条件となる。

　また、試験に関する技術的な担当者として、25人の公務員が技官として業務にあたっている。受験生は毎年約4万人おり、1人の受験生が平均5科目の試験を受ける。40に近い科目の試験を年に2回実施する上に、試験問題のスウェーデン語への翻訳作業（スウェーデン語でも受験可能なため）、さらには特別なニーズに対応した試験問題の作成などもあり、毎年150種類もの試験が作成されている。

3．三重の採点体制と異議申立て制度

　試験当日の午前中、各教科の専門委員会は評価基準についての意見交換を行う。その後、保健科目の試験が終了すると、同日の夜に、大学入学資格試験評議会のホームページ上に「模範解答内容の概要」がアップされる[4]。併せて同日夕方からは、フィンランド国営放送株式会社（Yleisradio Oy：YLE）のネット番組[5]で、当日保健科目を受験した生徒1人と保健科専門委員1人が出演し、番組アナウンサーの進行の下、質疑応答形式での30分ほどの放映がされる。

　受験生は「問題1は、こう解釈して記述したが、この考え方の方向性は正しいのか」、専門委員が「問題1では、この根拠が求められている」などという、記述式問題ごとに求められる Health Literacy についての概要のやり取りが続く番組構成となっている。番組は、決して「答え合わせ」をするものではなく、「考え方」を回答する番組構成になっている。

　他方、高校の保健科担当教師は、試験翌日以降、大学入学資格試験評議会のホームページ上の「模範解答内容の概要」を参考にしながら、第一段階と

4　「模範解答内容の概要」は、2012年秋までは教職員組合の教科ごとのホームページで組合員だけが閲覧可能なように公開されてきたが、2013年3月以降は大学入学資格試験評議会のホームページで誰もが閲覧可能なように公開されている。

5　YLE のネット番組は日本でも視聴可能である。

して，高校で保健科目を受験した生徒の解答，１校あたり10～60人分をPC上にて採点する。この第一段階が終了すると，その結果が保健科専門委員会の下に組織された30人ほどの保健科作業委員会に送られ，そこで詳細な解説と評価基準に則り，再度の採点が行われる。第一段階の採点と第二段階の採点は一致することもあれば，一致しないこともある。ある点数以上離れた場合は，再度別の作業委員が採点し直し，それが得点となる。

　採点後に保健科は７段階の相対評価により成績が決定される。試験結果に不満のある受験生は，50ユーロの費用で再チェックを受けることができる。再チェック時には，第二段階時と異なる２人の採点委員が担当する。採点に誤りが見つかった場合の費用は全額返金される。

　この保健科作業委員会の委員には，大学の保健科養成担当教員もいれば，高校の保健科担当教師もいる。しかし，保健科専門委員は保健科作業委員会の委員に入らない。採点委員は１人当たり，保健科目で100～150人分の答案の採点を行う。

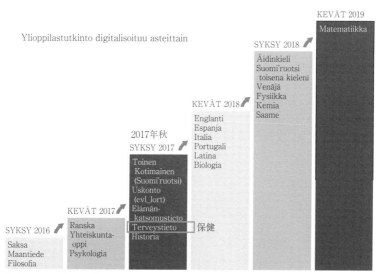

（注）YKSY は秋，KEVÄT は春。初回は2016年の秋。この年に Saksa（ドイツ語），Maantiede（地理），Filosofia（哲学）からデジタル化された。以下省略。

図３-３．高校卒業試験の漸進的 CBT 化

4．保健科目の CBT 化と配点

　大学入学資格試験全体の CBT 化が，2016年から各科目で漸進的に導入され，保健科目でも2017年 9 月から実施された（Kannas, 2017; 図 3 - 3）。

　保健科目の試験問題はすべてが記述式である。受験生は，ネットにつながっていないパソコンに，当日渡される試験問題や情報が入ったメモリースティックを差し込んで，それに解答を保存し，提出するようになった。これによって，これまでの紙媒体の試験では出題が制限されていた視聴覚資料（動画，音声等）が使用できるようになった。さらに，指定された計算ソフトを使って図やグラフの作成を要求されることもあり，PC という ICT 環境を活かした出題形式が随所に見られる。

　保健科目は120点満点となっており，問題は 3 つの群に分かれている。第 1 群は 3 問が出題され，そのうちの 1 問を選択して解答する。1,500ワード以内で記述し，配点は20点となっている。第 2 群は 3 問が出題され，そのうちの 2 問を選択し解答する。ここでは，表やグラフ，映像から課題を読み取って論述させる。配点は各20点となっている。第 3 群は 3 問が出題され，そのうちの 2 問を選択し解答する。長文の資料を比較することや，審議会や国際的な団体が出した資料を読みとって，根拠を上げながら論述させる。配点は各30点となっている。

5．デジタル試験の実施方法

　デジタル試験では，ノートパソコンと USB メモリースティックが使用される。ノートパソコンは高校側が準備したものでも，受験生個人のものを使用してもよい。パソコンは指定されている能力（x64プロセッサ以上と 4 GB以上のメインメモリー）となっている（図 3 - 4）。

　教科専門委員会からは，受験生の人数分のメモリースティックが高校に送られてくる。メモリースティックには Linux によりプログラミングされた試験システムが入っている。会場の試験管理者は暗証番号を入力して試験問題をウェブサービスからメモリースティックにダウンロードする。メモリースティックはノートパソコンに差し込まれることで，試験システムが起動する。求められるシステム要件はそれほど高くないので，一般的に使用されているノートパソコンであればシステムは稼働する。受験生はノートパソコン上で

（注）ラウム・ライシーアム高校。マスクを着け，ノートパソコン，昼食と飲み物を準備し，６時間の長丁場に臨む。

図３-４．2021年春の試験開始直前の教室の様子（YLE からの引用）

解答を入力する。試験システムの起動中はノートパソコンの通常のシステムにはアクセスできず，インターネットへの接続もできない。試験システムの中で，あらかじめ準備されている表計算ソフトや数式入力ツールのみが使用できるようになっている[6]。

◆◇◆
第５節　2020年春の大学入試

１．新型コロナウイルス感染症の発生と感染拡大

フィンランドで初の感染症患者が報告されたのが，2020年１月29日のことであった。ラップランド中央病院に入院していた中国武漢からの観光客より新型コロナウイルスが検出されたのである。健康福祉研究所は，濃厚接触者15人とともに14日間の健康状態モニタリングを実施し，加えて，医療体制も整っているところで隔離して十分な診療を行っているので国内への拡散リスクは非常に低いことを公表した（在フィンランド日本大使館，2020）。

6　詳細は以下を参照．https://www.abitti.fi/

その後，本格的な感染拡大が始まったのは約1カ月後であった。それは，欧州の感染拠点地であった北イタリアのスキーリゾート地からの観光客が帰国した2月末といわれている。北欧の国々では個人の自由を制限することを嫌う傾向にあり，フィンランド政府も当初は国境での水際対策や移動制限には消極的であった。ところが，欧州の主要国が国境を封鎖し始め，またヘルシンキとその周辺のエスポーやヴァンター，カウニアイネンを中心とする首都圏に感染が急速に拡大したことによって，マリン首相は3月17日に緊急事態法の適応を宣言することになる。翌々日の19日から国境閉鎖をするとともに，5人以上の集会の禁止，図書館や美術館などの公共施設の休館などの措置を取るようになった。仕事も可能な限り在宅勤務とされ，学校もすべて立ち入り禁止になり，基本在宅でのオンライン授業へと移行した。その後，国内の感染者の約6割以上が首都圏に集中したこともあり，3月28日から4月15日までの約3週間は，首都圏とそれ以外の地域との移動を制限する措置もとった[7]。

2．緊急事態宣言下での試験期間の短縮

この年の春の大学入学資格試験は，新型コロナウイルス感染症の流行拡大の不安を抱える中で実施された。当初は3月10～26日に予定されていた試験

表3-3．2020春の「テスト繰上げ」発令による試験日の変更
（試験期間全体17日間から11日間へ）

月　　日	試験科目
3月10日	国語基礎（フィンランド語とスウェーデン語），及びフィンランド語とスウェーデン語を第二外国語とする国語
3月12日	国語応用（フィンランド語とスウェーデン語）
3月13日 「テスト繰上げ」発令	外国語基礎（英語，フランス語，スペイン語，ドイツ語，ロシア語，イタリア語，ポルトガル語，ラテン語，サーミ語）
3月16日	第二外国語基礎，第二外国語応用
3月18日	数学基礎，数学応用
3月20日	外国語応用（英語，フランス語，スペイン語，ドイツ語，ロシア語）
3月24日⇒3月17日	宗教，倫理，社会，科学，地理，保健
3月26日⇒3月19日	心理，哲学，歴史，物理，生物

（注）3月27日実施のサーミ語はフィンランド国内全体で8人の受験者だったので，そのまま実施された。

7　2020年春の状況は，岡部（2020）に詳しい。

期間が，緊急事態法の適応が検討され始めたこともあり，試験進行中の３月13日には，日程を１週間短縮して３月20日まで繰上げにするという通知がなされた（表３-３）。

同時に，コロナ禍で試験が受けられない受験生への対応も発表された。検査や感染及び隔離中だった受験生，家族に感染者が出た濃厚接触者に該当する受験生には追試申請が認められた。また，国外にあるフィンランド高校の受験生にも追試申請が認められた。これは，スペインのサンシャインコーストにあるフィンランド校の受験生が，スペイン国内の非常事態宣言と夜間外出禁止令のために２週目以降の試験がまったくできなかったことによる。

第６節　新型コロナウイルス感染症の発生が　　　　大学入試に与えた影響

１．試験問題に影響を与えた可能性

2020年３月17日に実施された保健科目の試験には，世界保健機関（World Health Organization: WHO）によって約１年前に公表された資料「2019年の世界の健康に対する10の脅威」（World Health Organization, 2019）が使われている（図３-５）。

第３群の１問
　世界保健機関（WHO）は「2019年の世界の健康に対する10の脅威」を挙げています。
　① デング熱
　② 飢餓状態の人々（例えば，干ばつ，飢饉，紛争）
　③ 貧弱な国々の保健システム
　④ HIV
　⑤ 大気汚染と気候変動
　⑥ 世界的なインフルエンザの流行
　⑦ 薬剤耐性菌
　⑧ ワクチン接種への躊躇
　⑨ 高脅威病原体（例：エボラ，ジカウイルス，SARS）
　⑩ 非感染性疾患（動脈疾患，がん，糖尿病など）
　このリストの中から，現在または近い将来，フィンランドの公衆衛生に大きな脅威を与える可能性のある項目を３つ選択し，その脅威と影響について論述しなさい。

（2020年３月の保健科目で出題された問題）
図３-５．新型コロナウイルスの発生が影響与えた可能性がある試験問題

ここで検討したいのは、使用が不適当というわけではない。教育課程を示した表3-1の第7～9年の保健科では、「健康阻害と病気の要因」の領域で「新興・再興感染症と国民病」が扱われている。また、表3-2の保健Ⅲの目標⑥では、「世界的な健康問題と健康増進に取りくんでいる組織の役割と任務がわかる」とあり、その内容（単元）⑥には「人類に影響を与える世界的な健康問題」を扱うことになっている。そのため、この資料は試験問題の素材として使われる条件を十分に満たしている。検討したいのは、この問題の内容と、使用された時期についてである。

　資料内容のリストを見ると、9番目に「高脅威病原体（例：エボラ、ジカウイルス、SARS）」（傍点筆者、以下同）がある。「SARS」は、現在判明している人に感染するコロナウイルス7種の一種で、現在流行している「新型コロナウイルス（SARS-CoV-2）」もこの仲間である。すでに、この年の2020年1月初めには、前年12月8日に中国湖北省武漢市で発生した謎の肺炎患者からのウイルス分離に中国の研究者が成功し、それが新たなコロナウイルス（SARSコロナウイルス2）であることが公表されていた（国立感染症研究所, 2020; New York Times, 2020）。作問担当者は、保健科目の試験日までの非常に短い期間にもかかわらず、「高脅威病原体」の例に「SARS」があるこの資料を、どうしても使用したかった「事態」が進行していたとの推測がされる。

　さらにこの推測は、フィンランド国内の「事態」の拡大とも同期していることが、設問文からも読み取れる。原典の資料では「2019年の世界の健康に対する10の脅威」と該当する時期を「2019年」と限定しているにもかかわらず、図3-5の設問文では「現在または近い将来」として、該当する時期を現在から未来へと拡大している。しかも資料が、「世界の健康」としているものを、設問文では「フィンランドの公衆衛生」として、範囲を国内の公衆衛生に限定して使用している点にある。これは、範囲をフィンランド国内の公衆衛生に限定しなければならない何か大きな「事態」がこの時期に進行中で、それが近い将来に拡大する可能性が予測されていたからではないかと考えられるのである。

　ともあれ、これら「推理」は状況証拠からではあり、これが真実かどうかは実際に当時の保健科専門委員会のメンバーに確認しなければわからない。だが、もしこの「差し替え」が事実だとしたら、その時期のおおよそ推測は

可能である。それは，未知の感染症の「新型コロナウイルス（SARS-CoV-2）」が分離・同定された1月上旬から試験日の3月中旬までの間で，もっと限定すると，フィンランドで感染が拡大し始める2月末から試験日の3月16日の前日までという，非常に短期間に実施されたのではないかと考えられるのである。むろんこの即時的な対応を可能としたのは，デジタル試験の導入と決して無関係ではない。試験問題は，開始日の朝までに各試験会場に配信すればよいので，理論的には直前までの「差し替え」は可能である。つまりこの推理は，紙媒体試験では成り立たない，デジタル試験であればこそ成立する「推理」といえよう[8]。

2．個別大学入学試験の混乱

　例年5月から実施される各大学の個別入学試験は，この年の春には対面では実施しないことが4月の初めに決定された。試験はオンラインを中心にし，その実施方法は各大学に委ねられた。その後，ほとんどの大学が，リモート試験，オンライン面接，適性検査ということで対応したが，ここで出てきたのは志望校の出願期間後になされた「配点比率の変更」であった。

　一般に合否判定は，第一段階の大学入学資格試験における成績に，第二段階の個別大学入学試験との成績を加味して行われる。その比率は，大学や学部，系列によって差があるものの，これまで一般的に半々ぐらいか，若干個別大学入学試験の割合が高くなっていた。しかしながら，2020年春は，新型コロナウイルスの感染力が不明な状況で，さらには個別大学入学試験に即応した準備時間が大学側になかったこともあり，ビジネス系の学部を除いて，第一段階の成績の割合を80～90％に増やすことで対応する大学や学部がほとんどとなった（表3-4；Yleisradio Oy，2020a）。さらには，第二段階選抜も初めてのリモートでの試験ということもあって，東フィンランド大学では，技術的な理由から750人中100人の受験生が途中までしか問題に到達できず，再受験させる必要が生じる事態となっていた（Yleisradio Oy，2020b）。

　このような，第一段階が行われている中での試験期間短縮の発表，出願期間後の配点比率の変更，さらには第二段階でのリモート試験の混乱などに，

8　これはあくまでも遠く離れた日本にいる筆者の推測であり，コロナ禍が収束したのちにフィンランドを訪問し，秘密裏に2020年春の作問に関わった保健科専門評議員に確認する必要がある。

表3-4．2020年春の配点比率の変更 (それ以前との比較)

| 大学・学部・分野 | 以前 | | 2020年春 | | 2020年春第二段階 |
	第一段階	第二段階	第一段階	第二段階	内容
医歯薬学系	49％以内	51％以上	75％	25％	リモート試験，面接試験
生物学系	53％	47％	80％	20％	リモート試験
心理学系	60％	40％	93％	7％	リモート試験，口頭試験
ビジネス系	60％	40％	変更なし		
教育学系	40％	60％	80％	20％	リモート試験，適性検査
政治経済学系	52％	48％	80％	20％	リモート試験，適性検査
社会学系	53％	47％	72％	28％	リモート試験，適性検査
食品環境学系	51％	49％	80％	20％	リモート試験
農林業水産学系	51％	49％	84％	16％	リモート試験
理学系	70％	30％	80％	20％	リモート試験，対面試験（特に第一段階の「数学応用」成績を重視）
工学系	51％	49％	80％	20％	リモート試験，対面試験（特に第一段階の「数学応用」成績を重視）

(注) 第一段階：大学入学資格試験，第二段階：個別大学入学試験

受験生側が反発し，決定の方法に関して法的妥当性を問う動きになってしまった。行政機関を監視する仲裁委員会には104件もの苦情が寄せられ，2021年6月16日には仲裁委員会副委員長の Pasi Pölönen（ピサ・ポロネン）氏が，コロナパンデミック下で第一段階の試験を重視したことは感染リスクを減らすためにやむを得ない措置だったとの報告書（Eduskunnan Apulaisoi-keusasiamies, 2021）を出したが，受験生は納得せず，未だ解決は見出されていない（Yleisradio Oy, 2021）。フィンランド高校生協会会長であった現在オランダの Maastricht University Faculty of Law（マーストリヒト大学法学部）の Adina Nivukoski（アディナ・ニブコスキ）さんは，突然の試験期間の短縮によって受験機会を奪われた生徒もおり，さらに第一段階の配点比率を高くしたことは，受験生に不利益を与えたと主張している。

第7節　おわりに（2021年春以降），そして日本では

　2021年2月25日，フィンランドのマリン首相は，新型コロナウイルスの感染拡大に歯止めをかけるため，3月8日から3週間のロックダウンに入るとの発表を行った。緊急事態宣言を準備しており，外出禁止措置は見送るが，飲食店は閉鎖し，13歳以上の生徒と学生に遠隔学習を義務付けた。フィンランドでは，2021年2月下旬時点で感染率が欧州で3番目に低いが，それでも新規感染者が増加する気配を示しており，2月24日には1日に590人の新規感染者が報告されている。この数字だけを見ると少ないように思われるかもしれないが，人口が約550万人のこの国では決して少ない数字ではなく，しかも過去2週間を見てみると，国内の多くの地域でも感染状況が悪化しており，特にヘルシンキ首都圏での感染拡大は顕著であった。

　一方の2021年春の大学入学資格試験は，発生当初に比べ新型コロナウイルスについて判明してきた事実も増え，それによって必要な対策を取ることができるようになった。2020年春のときの混乱の教訓や経験を生かし，このときは緊急事態宣言下でも十分な感染対策と対応を施しながら試験は実施されている（図3-6・図3-7）。

（注）ミッケリ市のサイマー体育館で午前9時に始まる母国語の試験。
　　　試験が始まる前のロビーはとてもなごやかな雰囲気で，350人が母国語の試験に登録している。試験日の2週間前からは自己検疫を行うように指示されており，受験者はマスクを付け，試験場でもマスクを外さないよう指示されている。

図3-6．2021年春の試験開始前のロビーの様子

（注）ラウム・ライシーアム高校。上：マスク，コンピュータ，マウス，ヘッドフォンを用意。カ
　　　ゴには，飲み物，昼食（パン，オレンジ，軽食用「スナック」），ハンガー，ウールの靴下が
　　　ある。下：消毒用アルコールと，自由に使用できるマスク。

図 3 - 7 ．2021年春の試験開始前の教室の様子（YLE からの引用）

　ただし，フィンランドのCBTは，受験生が一カ所に集まらなければならない試験形態であることに変わりがない。2021年秋の試験では，受験生の中にワクチン接種状況の差があることで会場分離試験を求める声があることや，隔離期間中の受験生が指定された試験会場で受験できないなどの課題が出てきている。

　さて，話題を日本の保健学習に戻してみよう。日本の高校の保健教科書『現代高等保健体育』（大修館書店，2014）には「新興感染症」について，次のような記述がある。

　「**エイズ**やO157による**腸管出血性大腸菌感染症**などのように，新たに注目されるようになった感染症は**新興感染症**と呼ばれています。新興感染症が出現する理由の一つは，感染症を引き起こすウイルスが**突然変異**を起こし，毒性や感染力が変化して人間の世界に入ってくることだと考えられています。また，森林伐採などによる環境の激変によって野生動物と人間の距離が近くなり，従来は野生動物のなかにのみ存在した感染症が人間にも広まったことも理由の一つとして考えられていいます。」，「新興感染症の場合，人間がまだ**免疫**をもっていないために大流行を引き起こす危険性が高く，また，診断や治療の方法が確立していないために適切な医療行為が困難です。現在では，航空機などの交通網が世界中に整備され，地域的な流行が瞬く間に全世界に広がるため昔よりも侵入防止対策が難しくなっています。」（大修館書店（2014）から該当箇所だけを一部抜粋，太字ゴチック体は原文のまま）

　新型コロナウイルス感染症も新興感染症に分類され，その流行の仕方は，保健の教科書にあるように，ウイルス変異や医療崩壊，検疫体制の脆弱さなど，同様の経過をたどっている。さらに，同じ教科書には「感染予防の原則」として次のような記述もある。

　「消毒や殺菌などにより，病原体がなくなれば感染症は起きません（**感染源対策**）。また，病原体をなくせなくても体に入らないよう工夫す

ることによっても感染は防止できます（**感染経路対策**）。感染経路は感染症の種類によって異なりますが，多くの感染症は，自分の手を通して口から病原体が入り感染するので，手を清潔にすることはとても重要です。また，咳やくしゃみによる飛沫やそれが空気を介して感染する場合には，感染者がしっかりとマスクをして空気中に出る病原体を減らしたり，換気を十分にしたりすることが有効です。」「私たちの体の中には，ほとんどの病原体に対して対抗できるだけの力（抵抗力）が備わっています。このようなしくみの一つに**免疫**があります。感染症にかからないように，あるいは，早く治るためには，このしくみを最大限発揮させることが有効です（**感受性者対策**）。免疫の働きは，**予防接種**を受けることによって高めることができ，また，栄養不足や疲労などによって弱まります。したがって，予防接種を受ける，食事や休養に気を配るなど自分の免疫の働きを高く維持することが重要です。」（同上）

　この書籍を読まれている方で，高校の保健学習で「新興感染症」や「感染症の予防」について学んだ記憶がある人はどれくらいいるだろうか。もちろん，ここで取り上げた教科書は「高等学校保健体育用平成24年3月6日文部科学省検定済」なので，新型コロナウイルスに関する記述はない。しかし，ほとんどの国民が高校を卒業している現在，ニュースやワイドショーで毎日繰り返し伝えられている感染症予防対策の基礎・基本は，まさに保健の授業で一通り学習している内容なのである。ところが，ほとんどの人は忘れてしまったか，保健科担当教師が授業で十分に取り扱わなかったか，その真偽は不明であるのだが，事実としてこれら知識はまったく定着していない。

　今回のコロナ禍は，この世界を生きていくための国民的な教養とは何か，子どもたちは学校教育で何を身につけなければならないのかの再考を促しているように思えてくる。高校の保健学習では，発育発達，メンタルヘルス，環境問題とその保全，津波や台風などの災害の防止，交通事故の防止，けがの予防と救急処置，病気の予防，避妊や母体の健康，ハラスメントや差別と人権，労働者の権利と労働衛生，公衆衛生など，人の命と生活に関わる健康リテラシーについて学習する。国語で読み書きのリテラシーを，数学で算盤リテラシーを「問う，試験する」ことが当然だと考えられているように，新

型コロナウイルス感染症の流行は，何が大学生の基礎的リテラシーなのかを考えるための「宿題」を，入試研究をする人たちに突きつけているように思えるのである。

文　献

Eduskunnan Apulaisoikeusasiamies（2021）．Yliopistojen Opiskelijavalinnat COVID-19-Pandeminan Aikana. *Eduskunnan oikeusasiamies*. Retrieved from https://www.oikeusasiamies.fi/r/fi/ratkaisut/-/eoar/2628/2020（2022年６月25日）

Finnish National Board of Education（2016）．*National core curriculum for basic education 2014*. Helsinki: Opetushallitus.

Finnish National Board of Education（2020）．*National core curriculum for general upper secondary education 2019*. Helsinki: Opetushallitus.

Kannas，L.（2017）．*Health Education as a real stand-alone school subject: A success s story from Finland*. 日本保健科教育学会＜特別講演会＞フィンランドの教科保健の発展に尽力されたユヴァスキュラ大学ラッセ・カンナス教授来日記念講演集，39-64.

カンナス，L. 小浜 明（翻訳），板野 百合恵（記録）（2018）．ラッセ・カンナス教授（ユバスキュラ大学）来日記念講演　保健科教育研究，*3*，25-30.

小浜 明（2015）．フィンランドで初めて実施された保健科の学習状況調査　日本体育学会大会予稿集，*66*，341.

小浜 明（2016）．保健科の「学力」概念の中の「考える力」に関する実証的研究——フィンランドの保健科教育と大学入学資格試験からの評価論的接近——東北大学大学院教育学研究科博士論文（未公刊）

小浜 明（2021）．フィンランドが指し示す日本の保健教育の未来　学校保健研究，*63*（3），181-189.

国立感染症研究所（2020）．IDWR 2020年第３号＜注目すべき感染症＞2019-nCoV（新型コロナウイルス）感染症　国立感染症研究所 Retrieved from https://www.niid.go.jp/niid/ja/2019-ncov/2487-idsc/idwr-topic/9371-idwrc-2003.html（2022年６月25日）

New York Times（2020）．China identifies new virus causing pneumonialike illness. New York Times. Retrieved from https://www.nytimes.com/2020/01/08/health/china-pneumonia-outbreak-virus.html（2022年６月25日）

岡部 赴大（2020）．ロックダウン下のフィンランドと大学入試をめぐる混乱　Japan Academic Network in Europe Retrieved from https://www.janet-info.jp/janet-wp/wp-content/uploads/2020/05/%E3%83%AD%E3%83%83%E3%82%AF%E3%83%80%E3%82%A6%E3%83%B3%E4%B8%8 B%E3%81%AE%E3%83%95%E3%82%A3%E3%83%B3%E3%83%A9%E3%83%B3%E3%83%89%E3%81%A8%E5%A4%A7%E5%AD%A6%E5%85%A5%E8%A9%A6%E3%82%92%E3%82%81%E3%81%90%E3%82% 8 B%E6%B7%B7E4%B9%B1%EF%BC%882020%E5%B9%B45%E6% 9 C%8818%E6%97%A5%EF%BC%89.pdf（2022年６月25日）

大修館書店（2014）．現代高等保健体育　大修館書店

World Health Organization（2019）．Ten threats to global health in 2019．World Health Organization．Retrieved from https://www.who.int/news-room/spotlight/ten-threats-to-global-health-in-2019（2022年 6 月25日）

Yleisradio Oy（2020a）．Katso yliopistojen uudet valintaperusteet psykologian opintoihin 93, lääkikseen 75 ja kauppikseen 70–90 prosenttia todistuksilla．Uutiset．Retrieved from https://yle.fi/uutiset/3-11326930（2022年 6 月25日）

Yleisradio Oy（2020b）．Käyttövirhe aiheutti Itä-Suomen yliopiston nettipääsykokeen epäonnistumisen – nyt 750 hakijaa tekee kokeen uudelleen vaikka ongelmia oli sadalla．Uutiset．Retrieved from https://yle.fi/uutiset/3-11339707（2022年 6 月25日）

Yleisradio Oy（2021）．Apulaisoikeusasiamies: Yliopistojen opiskelijavalintojen muutokset keväällä 2020 eivät olleet lainvastaisia – etäkokeiden vilppiä torjuttiin．Uutiset．Retrieved from https://yle.fi/uutiset/3-11985575（2022年 6 月25日）

在フィンランド日本大使館（2020）．フィンランドにおける新型コロナウイルス感染症例の発生　在フィンランド日本大使館 Retrieved from https://www.fi.emb-japan.go.jp/itpr_ja/c_000268.html（2022年 6 月25日）

第4章

コロナ禍におけるイギリスの大学入学者選抜の現状と課題
——GCE-A レベル試験の中止と代替措置を中心として——[1]

飯田　直弘

第1節　はじめに

　イギリスが，2020年1月31日に正式に EU から離脱することになったことは記憶に新しい。しかし，アイルランドとの国境問題や労働力不足など，政治や経済の安定化に向けて，依然として多くの課題が存在する。そのような中，コロナ禍にみまわれ，学校教育や大学入学者選抜は大きな影響を受けることとなった。特に最近は，新たな変異株であるオミクロン株が蔓延しており，2021年12月24日時点での1日あたりの感染者は約12万人，累計感染者数は約1,189万人に上り（GOV.UK，2020），予断を許さない状況となっている。

　本章では，イギリスの大学入学者選抜の制度的特徴について概観し，コロナ禍においてイギリスの大学がどのように大学入学者選抜を実施しているのかについて，GCE-A レベル（General Certificate of Education Advanced Level）の外部試験の中止とその代替措置を中心に明らかにし，その課題について妥当性・信頼性及び公平性・公正性の観点から検討する。また，その中で日本の大学入学者選抜との文化的差異やイギリスの大学入学者選抜の特質について考察する。

　イギリスの大学入試制度と大学入学要件である GCE-A レベルについては次節以降で詳述するが，ここであらかじめイギリスの国家としての特徴や学校制度に詳しくない読者のために，国の政治・経済・社会・文化等の特徴と学校系統について簡単に紹介しておきたい。

　まず，国の特徴について表4-1にまとめた。イギリスの正式名称はグ

1　本稿は，JSPS 科研費 JP21H04409，JP15K17375，JP18K02381の研究成果の一部である。

表4-1. イギリスの特徴

国名	グレートブリテン及び北アイルランド連合王国
首都	ロンドン（大ロンドンの人口は約900万人）
面積	約24万8,000k㎡（日本の3分の2）
人口	約6,700万人（2020年）
政治体制	立憲君主制
公用語	英語，各地域の言語
通貨	ポンド
日本との時差	9時間（サマータイム時は8時間）

（人口と面積については，国家統計局のデータ Office for National Statistics, 2021a, 2021b を参照した）

レートブリテン及び北アイルランド連合王国であり，イングランド，ウェールズ，スコットランド，北アイルランドという4つの地域[2]から構成される。教育制度はイングランド，ウェールズ，北アイルランドにおいて共通点が多いものの，90年代の労働党政権以降，地方分権化が進展しており，さらには，スコットランドは独自のシステムを有する。そのため，以下では，特に言及しない限り，「イギリス」と表記する場合はイングランドの制度に焦点を当てるものとする。

　次に，イギリスの学校系統を図4-1に示した。イギリスでは，5歳から16歳までが義務教育年限[3]とされており，学年度（academic year）は9月1日〜8月31日である。そのうち初等教育段階は5〜11歳，中等教育段階は11〜16歳となっており，これらを5〜7歳（キー・ステージ1），7〜11歳（キー・ステージ2），11〜14歳（キー・ステージ3），14〜16歳（キー・ステージ4）の4つの段階（key stage）に分けている。各段階の教育内容と到達目標がナショナル・カリキュラムにおいて設定されており，キー・ステージ4の最後にGCSE（General Certificate of Secondary Education）を取得する。義務教育修了（16歳）後は，①シックス・フォーム（sixth form）[4]と呼ばれる2年間の課程で大学入学資格であるGCE-Aレベルの取得を目指す，②継続

2　連合王国の4地域は，"country"または"nation"と呼ばれることがあるが，混乱を避けるため，本章では「地域」という言葉を用いる。

3　2015年以降，イングランドでは18歳まで教育または訓練を受けることが義務化されたが，ここでは離学年齢（school leaving age）に基づくこととする。

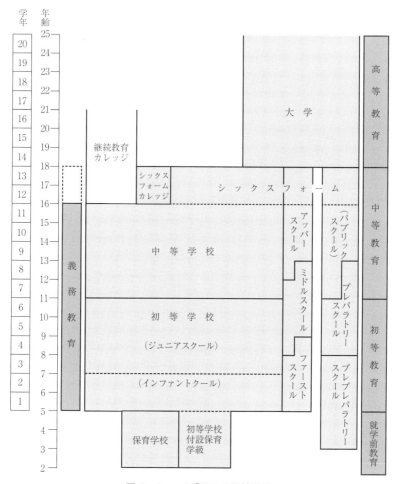

図４-１．イギリスの学校系統
（文部科学省，2017 Ⅴ 学校系統図より作成）

教育カレッジ（further education college）で職業資格の取得を目指す，③アプ
レンティスシップや訓練プログラムに参加する，などの進路がある。

　学校の種類については，地方当局（Local Authority）の管轄する公営学校
（maintained/state-funded school）の他に，伝統的なパブリック・スクール（pub-
lic school）を含む私立学校（independent school）やホーム・スクーリングを

4　シックス・フォームは中等学校に併設されているが，それ以外にも，教育機関として独立し
　　ているシックス・フォーム・カレッジが存在する。

選択することも可能となっている。また，公営学校には，アカデミー（academy）やフリー・スクール（free school）といった直接政府から財政的支援を受けて地方当局の管理から外れる学校など，多様な形態の学校が存在する。

　高等教育の標準的な修業年限は，学士課程が3年間であり，修士課程が1～2年，博士課程が3年となっている。大学に入学するためには，その下に位置するシックス・フォームにおいてGCE-Aレベル2～3科目程度を取得することが求められる。また，通常GCE-Aレベルは18歳時に取得するが，

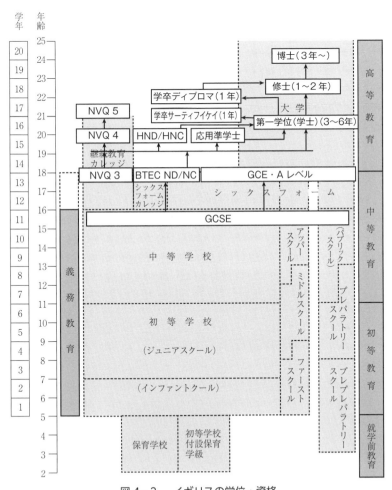

図4-2．イギリスの学位・資格
（文部科学省, 2017 Ⅵ 取得可能な資格・学位より作成）

16歳時に取得する GCSE についても，大学入学要件として求められる場合がある。これらの資格及びその他の教育段階・学校種別で取得できる主要な学位・資格については，図4-2に示したとおりである。

第2節　多様な大学入学資格とアドミッション・プロセス

　本節では，イギリスの大学に入学する際に必要とされる最も一般的な資格である GCE-A レベル及びその他の資格，大学のアドミッション・プロセスについて概観し，その特徴を明らかにする。

1．GCE-A レベルとその他の多様な資格

　イギリスでは，GCE-A レベル（または A レベル）と呼ばれる資格（qualification）が大学への入学要件（entry requirement）として利用されており，16〜18歳の2年間の後期中等教育課程であるシックス・フォームにおいて取得することができる。また，GCE-A レベルはスコットランドを除く地域で取得が可能である一方，ウェールズとスコットランドには固有の資格が存在し，例えばスコットランドでは，一般的に Scottish Higher が大学入学要件として利用される。

　表4-2に連合王国の各地域において大学入学要件として利用される資格のうち代表的なものをまとめた。ここで示したとおり，先ほど挙げた GCE-A レベルや Scottish Higher といった学術資格（academic qualification）[5]の他に職業資格（vocational qualification）が存在する。ここでは代表的な BTEC Nationals のみ挙げているが，その他にも多種多様な職業資格が存在し，大学入学要件として認められている。

　中等教育段階において最もポピュラーな職業資格が BTEC Nationals である。この資格は，成績評価において実践的能力を重視した内部（校内）評価（internal assessment）の占める割合が高く，近年，筆記試験による外部試験（external examination）が導入されることとなったが，それまでは100％内部評価

5　一般教育資格（general qualification）と呼ばれることもある。

によって成績評価が行われていた。そのため，学術的・理論的側面の強い座学中心の GCE-A レベルに向かない生徒に重要な教育機会を提供している。

これらの資格は，イングランドでは AQA（Assessment and Qualifications Alliance），Pearson Edexcel，OCR（Oxford, Cambridge and RSA Examinations）という 3 つの資格授与機関（awarding body または awarding organization）により管理・運営されており，全国的な基準に従って各資格授与機関が作成するシラバス（specification）に基づき各学校が教育課程を編成することとなっている。なお，AQA と OCR はチャリティ及び保証有限責任会社（company limited by guarantee）として登録されており，Pearson Edexcel は公開有限株式会社（public limited company: plc）である Pearson が所有する。

さらには，外国・国際資格についても，国内の資格とともに大学入学要件とされている。特に，国際バカロレア（International Baccalaureate: 以下，IB とする）は，多くの大学で GCE-A レベルと並んで主要な入学要件として位置づけられている。

次に，GCE-A レベルの特徴について，①資格授与機関，②受験者数，③外部試験の時期，④科目，⑤評価方法，⑤成績の点からまとめたものを表4-3に示した。

このうち，科目については，資格授与機関ごとに設置されているものが若干異なるが，英語（国語），数学，理科（物理，化学，生物），地理歴史，外

表4-2．連合王国の各地域（イングランド，ウェールズ，スコットランド，アイルランド）において大学入学要件とされる資格の例

	イングランド 北アイルランド	ウェールズ	スコットランド
学術資格	GCE-A level GCSE（16歳時に取得）		Scottish Higher Advanced Higher
職業資格		Welsh Baccalaureate	
	BTEC Nationals など		
外国・国際資格	国際バカロレア（IB），各国の資格		

表４-３．GCE-A レベルの特徴

資格授与機関	イングランド：AQA，Pearson Edexel，OCR ウェールズ：WJEC/Eduqas 北アイルランド：CCEA
受験者数	約27万１千人（2021年，イングランドのみ）※延べ数は約75万６千人
外部試験の時期	５〜６月
科目	・日本の「５教科７科目」に相当するもの以外に，専門性の高い科目や職業・応用的な要素の強い科目など，多様な科目が存在する ・生徒は通常２〜３科目の取得を目指す
評価方法	一般的に，外部試験（筆記試験）が８割程度，内部評価（コースワーク評価）が２割程度を占める
成績	A*，A，B，C，D，Eの６段階とU（不合格）

（受験者数については，Explore education statistics, 2021 と The Office of Qualifications and Examinations Regulation, 2021a を参照した）

国語，芸術とデザイン（art and design）や音楽等の芸術系科目，体育といった日本でも馴染みのある科目のみならず，ビジネスやデザインとテクノロジー（design and technology）などの職業的・応用的な科目があり，その他にも，社会学や心理学など専門的な科目[6]も存在する。成績（grade）はこれらの科目ごとに出されることになっているため，どの科目でどの成績を収めたのかが，大学入学者選抜において重要な要素となる。なお，出願の時期は外部試験よりも前になるため，生徒は見込みの成績（predicted grade）により出願する。

　評価方法については，一般的に８割程度が外部試験（筆記試験）で，残りの２割程度が内部評価となっている。外部試験は先述の資格授与機関によって実施され，内部評価は各学校の教員によって実施される。後者はコースワーク評価（coursework assessment）とも呼ばれ，各学校の教員によって評価が実施されることに対する信頼性の担保のため，モデレーション（moderation）と呼ばれる手続きが存在する。すなわち，生徒から提出されたコースワーク課題は，資格授与機関によりサンプリングの手法に基づき評価が適切

---

[6]　これらの科目の取り扱う内容は，日本の高校の公民における現代社会や倫理にも一部含まれているが，それと同様に，日本の公民の政治・経済にあたる科目は，それぞれ政治学（Government and Politics），経済学として独立して存在する。

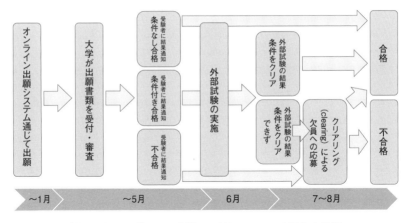

図4-3．イギリスの大学のアドミッションの流れと時期

に行われているのかをチェックされることになっており，もし評価が不適切だと判断された場合は，評価のやり直しが求められる。

2．アドミッション・プロセス

　イギリスの大学のアドミッション・プロセスについて，図4-3に示した。大学入学希望者は，最大で5つのコースに出願できることとなっており，面接や筆記試験が行われる場合がある。大学は志願者の取得した資格の成績やその他の出願書類の審査，面接や筆記試験の結果に基づき，合否を決定する。その際，条件付き合格（conditional offer）と無条件合格（unconditional offer）が存在する。条件付き合格の場合は，5〜6月に実施される外部試験を受け，指定された条件の科目・成績で資格を取得しなくてはならない（Universities and Colleges Admissions Service, 2021a）[7]。一方，無条件合格は，すでに学業成績が入学水準に達している（または資格取得済みの場合や，外部試験後のGCE-Aレベルの成績を用いずオーディションやポートフォリオなどの実践的方法（practional way）により合否判定を行う場合などに認められている。[8]また，不合格だった者のために，クリアリング（clearing）と呼ばれる欠員補充のプロセスが存在する。

7　なお，一部の大学では，条件付き合格で指定された条件を満たさなかった場合でも合格となることがある。また，別のコースへの入学を勧められることもある。

3．UCAS のオンライン出願システムと資格成績ポイント換算システム

　イギリスでは，非営利組織である UCAS（Universities and Colleges Admissions Service）が，オンライン出願システムと資格成績ポイント換算システム（UCAS Tariff: 以下，UCAS タリフとする）を開発・運用しており，アドミッション・プロセスにおいて重要な役割を果たしている。

　まず，オンライン出願システムについては，2014年に連合王国内外の70万人の生徒から300万件の出願を受付け，51万2,000人の生徒が380の大学とカレッジに入学するに至った。UCAS は，出願受け付け，大学への出願書類の送付，結果の通知と調整など，様々なプロセスに関与する。また，出願の際に提出される志望理由書（personal statement）の妥当性の審査も行っており，「ハンター」（Hunter）と呼ばれる不正行為検出システム（fraud detection system）により文書をスキャンして類似性を検出し，剽窃かどうかをチェックすることができる。

　次に，資格成績のポイント換算システムである UCAS タリフについては，連合王国の各地域（イングランド，ウェールズ，スコットランド，アイルランド）の多種多様な資格（職業資格を含む）の成績の比較を可能にするためのもので，資格の成績の換算ポイントである UCAS タリフ・ポイント（タリフ・ポイントとも呼ばれる）が各大学によって入学要件として設定されている。タリフ・ポイントの算出方法は以下のとおりである。

① 成績バンド（grade band：“band”は範囲や区分を意味する）の点数が，当該資格の成績に応じて12段階（3〜14ポイント）のいずれかに決定される。シラバス等の情報により調整されることもある。
② 資格サイズのバンド（size band）の点数が，標準学修時間（Guided Learning Hours/Notional Learning Hours）に応じて4段階のいずれかに決定される（なお，最も学修時間の多いバンド4の上限はない）。

8　この他に，当該大学を第1志望とすることを条件に無条件合格となる，条件付き無条件合格（conditional unconditional offer）があり，下位の大学を中心に近年急速に拡大してきた。しかし，生徒が自らの興味・関心に従い連絡を選択することを阻害する点などが以前から問題視されており，2020年7月3日から2021年9月30日まで時限付きで禁止されることとなった。本決定はコロナ禍への一時的な対応策とされたが，昨今の情勢からその後も制限されることが予想される。

表4-4. GCE-Aレベルの UCAS タリフ・ポイント
（Universities and Colleges Admissions Service, 2014 p.30より作成）

	A*	A	B	C	D	E
成績バンドの点数	14	12	10	8	6	4
資格サイズのバンドの点数	4	4	4	4	4	4
合計タリフ・ポイント（成績×サイズ）	56	48	40	32	24	16

表4-5. UCAS タリフにおける GCE-A レベル及び関連する資格のポイント換算
（Universities and Colleges Admissions Service, 2016 pp. 8-12より作成）

Aレベルのダブル・アワードとAVCEのダブルアワードの成績	Aレベルと追加のASの成績	AレベルとAVCEの成績	ASのダブル・アワードの成績	ASとAS-VCEの成績	タリフ・ポイント
A*A*					112
A*A					104
AA					96
AB					88
BB					80
	A*A				76
BC					72
	AA				68
CC	AB				64
CD	BB	A*			56
	BC				52
DD		A			48
	CC				44
	CD				42
DE		B	AA		40
			AB		36
	DD				34
EE		C	BB		32
	DE				30
			BC		28
		D	CC		24
	EE		CD		22
			DD	A	20
		E	DE	B	16
			EE	C	12
				D	10
				E	6

③　成績バンドの点数と資格サイズのバンドの点数を乗じる。

　ここに示したとおり，タリフ・ポイントの算出においては，成績の水準の
みならず，学修の量（当該資格の標準学修時間）についても考慮されること
となっている。例として，表4-4にGCE-Aレベルの各成績に応じて付与
されるタリフ・ポイントを，表4-5にGCE-Aレベルとそれに関連する資
格の成績に付与されるタリフ・ポイントを示した。
　このUCASタリフは，連合王国内（4地域）の資格だけではなく，外
国・国際資格についても対象としているため，外国人志願者の入学者選抜に
おいても参照・利用されることがある。例として，日本でも近年注目を集め
ているIBと，アメリカの大学入学者選抜で利用されているAP（Advanced
Placement）のタリフ・ポイントを表4-6に示した。IBの成績はコア（3
点）＋6科目（各7点）＝合計45点満点であるが，UCASタリフでは科目ご
との成績がポイント換算されている。
　IBの上級レベル（Higher Level: HL）の最上位の成績である7点は，APの
最上位の成績である5点の2倍のタリフ・ポイントが付与されており，AP
の5点はIBの標準レベル（Standard Level: SL）の最上位の成績と同等と見な
されている。その一方で，IBは上級レベルであろうと標準レベルであろう
と，1〜2のスコアは0ポイントとされているが，APの1点はIBの上級レ

表4-6．　UCASタリフにおけるIBとAPのポイント換算
（Universities and Colleges Admissions Service, 2021b より作成）

UCAS タリフ・ポイント	IB（上級レベル）	IB（標準レベル）	AP
56	7		
48	6		
32	5		
28		7	5
24	4	6	4
20			3
16		5	2
12	3	4	1
6		3	
0	1〜2	1〜2	

ベルの 3 点，標準レベルの 4 点と同等とされている。これは，IB のディプロマ取得の要件が，「高度（原文ママ，以下同様）レベル（HL）教科の合計点が12点以上」，「高度レベル（HL）教科において， 2 以下の点数を取得していない。（合計点が28点より少ない場合）」，「標準レベル（SL）教科において， 2 点が 1 つ以上ない」と規定されており（International Baccalaureate Organization, n.d., p. 8），通常 1 科目あたり 3 ～ 4 点以上の成績を収める必要があることからも理解できる。

　UCAS タリフはあらゆる外国資格をカバーしているわけではないが，欧米諸国を中心に，いくつかの外国・国際資格についてポイント換算が可能となっている。特に，IB は各大学の入学者選抜において，GCE-A レベルとともに典型的な入学要件とされている。すなわち，大学ウェブサイトの入学要件を示したページにおいて，IB は GCE-A レベルと並んで入学に必要な科目と成績が提示されることが多い。

◆◇◆
第 3 節　入学要件と選抜方法

1．入学要件とされる資格とその成績

　具体的な入学要件と選抜方法については，GCE-A レベル等の資格の成績とそれ以外の要素の評価に大別される。まず，資格の成績については，職業資格や前節で詳述した UCAS タリフの換算ポイントを入学要件として設定する場合について，ブルネル大学の事例に基づき確認する。なお，入学要件のうち，アルファベット及び数字（の並び）は成績であり，例えば，「BBB」であれば， 3 科目を B の成績で取得したことを意味する。

【ブルネル大学ビジネス・スクール（ビジネスと経営 BSc コース）の入学要件】[9]
① 　GCE-A レベルで BBB
② 　BTEC レベル 3 の Extended Diploma（ビジネスまたは企業とアントレプレナーシップ）で DDM

9　Brunel University, "Business and Management BSc | Brunel Business School", https://www.brunel. ac.uk/study/undergraduate/business-and-management-bsc（2021年10月31日）

③　BTEC レベル 3 の Diploma（ビジネス，企業とアントレプレナーシップまたは個人とビジネスの財政）で DM と A レベルで B（他の組み合わせもケースバイケースで考慮される可能性がある）

④　BTEC レベル 3 の Subsidiary Diploma で D と A レベルで BC

⑤　IB ディプロマで30ポイント，GCSE の英語と同等の科目の標準レベルで 5 または上級レベルで 4，数学の標準レベルまたは上級レベルで 4

⑥　Access to HE Diploma（ビジネス，ビジネスと経営またはビジネスと法律）で120UCAS タリフ・ポイント以上とレベル 3 での45単位

　ブルネル大学では，上記の①〜⑥の項目のうち，いずれか 1 つが入学要件として求められる。なお，これに加えて，5 科目以上の GCSE が求められる。

　ブルネル大学と同様に，多くのイギリスの大学で，学術資格だけでなく職業資格についても入学要件として設定されており，タリフ・ポイントも利用されている。その一方で，選抜性の高い伝統的な大学においては，それとは異なる状況が見られる。ここでは，ケンブリッジ大学の数学科を例として取り上げる。

【ケンブリッジ大学数学科の入学要件】[10]

①　A レベル：A*A*A + STEP（Sixth Term Examination Paper）（数学の筆記試験）

②　IB：40〜42ポイント（上級レベルで776の成績）+ STEP

③　その他の資格（各資格授与機関固有の資格，他地域の資格，国際資格など）

④　すべてのカレッジの要件：A レベルまたは IB 上級レベルの数学（IB の場合は「解析とアプローチ」の上級を履修することが期待される），A レベルの上級数学（Further Mathematics）（A レベルの生徒のみ），STEP

⑤　いくつかのカレッジの要件：A レベルまたは IB 上級レベルの科学 1 科目，A レベルまたは IB 上級レベルでの物理（Mathematics with Physics に出願する者のみ）

10　University of Cambridge, "Mathematics", https://www.undergraduate.study.cam.ac.uk/courses/mathematics （2021年10月31日）

ケンブリッジ大学では，①〜③の3つの項目のうち，いずれか1つが入学要件として求められる。また，「すべてのカレッジの要件」として④が，「いくつかのカレッジの要件」として⑤が指定されている。

　このように，ケンブリッジ大学のウェブサイト上では，大学全体の（つまり，典型的にどのコース（カレッジ）でも共通して設定される）入学要件を示すページにおいて，職業資格やタリフ・ポイントは記載されていない。また，応用Aレベル（Applied A Level）やBTEC等の職業資格は，「職業的な要素よりも学術的な要素が重視されるほとんどのケンブリッジ大学のコースにおいて適切な入学準備と言えない」とされている[11]。

　イギリスでは，相対的に選抜性が低く，積極的に志願者の募集を行っている大学を中心として，職業資格を含めた多様な資格が入学要件として設定され，タリフ・ポイントも利用されている。その一方で，オックス・ブリッジやラッセル・グループといった選抜性の高い大学では，職業資格やUCASタリフ・ポイントよりも「ゴールド・スタンダード」（gold standard）としてのGCE-Aレベルの成績が重視される傾向にある。

　また，表4-7のバーミンガム大学の事例からわかるように，外国資格についても，国内の学術・職業資格と同様に，入学要件として具体的な成績が設定されることがある。

2．選抜における資格以外の要素

　次に，GCE-Aレベル等の資格の成績以外の要素については，①パーソナル・ステートメント（personal statement），②スクール・レファレンス（school reference）[12]，③専門分野に関する筆記試験，④面接，⑤その他が挙げられる。

　パーソナル・ステートメントとスクール・レファレンスは出願書類としてUCASのオンライン出願システムを通じて各大学に送付される。パーソナル・ステートメントは志望理由書にあたるもので，先に述べたとおり，オン

---

11 University of Cambridge, "Entrance requirements",https://www.undergraduate.study.cam.ac.uk/applying/entrance-requirements（2021年12月27日）

12 University of Birmingham, "Undergraduate entry requirements", https://www.birmingham.ac.uk/undergraduate/requirements/index.aspx（2021年11月5日）

表４-７．バーミンガム大学の成績段階別比較表
（バーミンガム大学ウェブサイトの "Undergraduate entry requirements"[13]と "Entry Requirements
（University of Birmingham and USA）"[14]のページより作成）

Ａレベル	IB	AP	SAT／ACT
A*AA	766（HL） 合計32以上	555	SAT（科目別）：720, 　　　　700, 700 SAT-R：1380 ACT composite：29
AAA	666（HL） 合計32以上	555	SAT（科目別）：700, 　　　　700, 650 SAT-R：1350 ACT composite：28
AAB	665（HL） 合計32以上	554	SAT（科目別）：700, 　　　　700, 700 SAT-R：1350 ACT composite：28
ABB	655（HL） 合計32以上	544	SAT（科目別）：700, 　　　　650, 650 SAT-R：1320 ACT composite：27

ラインで出願する際に UCAS により不正がないかどうかをチェックされた
上で，各大学に送付されることとなっている。また，スクール・レファレン
スは日本の推薦書や調査書の内容を一部含む[15]証明書で，例えば，ケンブ
リッジ大学のウェブサイトでは，「志願者の能力と可能性を示す」ものとさ
れている[16]。また，ケンブリッジ大学では，アドミッション・チューター
（アドミッション担当教員）がスクール・レファレンスの採点を行う際，以
下の点などについて記載があれば参考になるとしている。

・クラス内での順位（20人の中でトップ，23人中の上位４番内など），ある
　いは現在または過去の志願者との比較に関する科目担当教員のコメント
・学校で学んでいるある科目について受験するのであれば，シラバスの範囲

13　University of Birmingham, "Entry Requirements（University of Birmingham and USA）". https://www.
　　birmingham.ac.uk/international/students/country/usa/index.aspx#EntryRequirementsTab（2021年11月
　　5日）
14　カレッジから出されたものは college reference であり，単に "references" と呼ばれる場合もある。
15　日本の調査書や推薦書とは異なる点も多いが，選抜における機能や一部の内容について共通
　　点があるため，このように表記している。
16　University of Cambridge, "School/college reference".https://www.undergraduate.study.cam.ac.uk/find-
　　out-more/teachers-and-parents/school-college-reference（2021年12月27日）

外で，アイデアを探究・議論する意欲に関するエビデンス
・該当する場合は，成績が下がっている理由

　なお，パーソナル・ステートメントとスクール・レファレンスをどの程度
重視するのか，どちらをより重視するのかは，大学や学部によって異なる。
例えば，ユニバーシティ・カレッジ・ロンドン（以下，UCL とする）では，
2015年から 2 年間の間に GCE-A レベルや GCSE 等のカリキュラムが段階的
に改訂されたことによる，新旧両方の資格を混合して取得した志願者にかか
わる問題を指摘した上で，「レファレンスは学校内部での授業の内容を選抜
担当者に説明する上で不可欠なものである」[17] としている。すなわち，ス
クール・レファレンスの情報を補足的に参照することにより，当該生徒が新
旧どちらのスタイルの授業を受けてきたのかを知ることができるのである。
以上の点から，UCL ではスクール・レファレンスを重要な要素として位置
づけていることがわかる。

　以上に述べたパーソナル・ステートメントとスクール・レファレンスの他
にも，医学部の生物医学アドミッション・テスト（Biomedical Admissions
Test: 以下，BMAT とする）や法学部の全国法学アドミッション・テスト
（National Admissions Test of Law: LNAT）など，専門分野や科目に関する筆記
試験が行われる場合がある。このうち，BMAT については，オックスフォー
ド大学のウェブサイト上で次のように説明されている[18]。BMAT の試験時間
は 2 時間であり，3 つのセクションに分かれている。セクション 1 は，問題
解決力，論旨の理解力，データの分析と推論を検査するためのものである。
セクション 2 では，中等学校の科学と数学の科目において典型的に含まれる
知識に基づく問題が課せられる。このセクションは，この知識をどうにかし
て未知の文脈に適用する能力を検査するためのものである。セクション 3 は，
アイデアを展開し，それを効果的に文章で伝える素質を検査するためのもの
である（知識を問うテストではない）。

17　UCL, "Entry requirements" https://www.ucl.ac.uk/prospective-students/undergraduate/how-apply/entry-requirements（2021年11月 6 日）

18　University of Oxford, "BMAT（Biomedical Admissions Test）",https://www.ox.ac.uk/admissions/undergraduate/applying-to-oxford/guide/admissions-tests/bmat（2021年11月 8 日）

　また，面接も大学入学者選抜において重要な要素であり，例えば，オックスフォード大学では毎年１万人以上の受験者に面接を実施している。なお，その他にも，16歳時に取得するGCSEの成績などが求められることがある。

３．具体的な選抜方法

　ここまでは入学要件及び選抜の際に利用される出願書類について述べてきたが，以下では具体的な選抜方法について，インペリアル・カレッジ・ロンドン化学科の選抜方法[19]を例として説明する。

　インペリアル・カレッジ・ロンドン化学科では，毎年，世界中から1,000件を超える出願があり，生徒は多様な資格，背景，関心を有している。受験者の競争率が高いことから，化学科では２段階選抜を行っている。

【第１段階】

・面接に向けた選抜候補者の選考において，UCASの出願書類を全体にわたって考慮する。これには，最終成績と見込みの成績，科目の組み合わせ，資格の水準，パーソナル・ステートメント，スクール・レファレンスが含まれる。

・年によって異なるが，典型的には70～80％の志願者を面接候補者とする。

【第２段階】

・年によって異なるが，過去数年間において，典型的には75％の面接受験者を合格にしている。

・酌量事項（mitigating circumstances）に関する情報を利用する。

・今年度（2021～2022年のサイクル）は，化学科の経験豊富なアカデミック・スタッフ２名が，Microsoft Teamsを通じてすべての面接（20分間）を実施する。

・面接では，受験者の化学に対するモチベーションと熱意に目が向けられ，科目の学修とそれ以外の場面における化学への関心について議論する。全

19　Department of Chemistry, Imperial College London, "The Admissions Process and Interviews（Application and Entry Requirements",https://www.imperial.ac.uk/chemistry/undergraduate/admissions/application-and-entry-requirements/（2021年11月７日）

体的な背景知識・理解と問題解決スキル，すなわち，問題の解決策を導き出すために知識を活用する際の思考プロセスを評価するため，それには，化学に関連するトピックについての質問が含まれる。パーソナル・ステートメントまたは特に関心のあるトピックは，化学の科目に関する議論の出発点として適している。

なお，上記の選抜プロセスの中で，当該生徒の教育に影響を与えた可能性のある酌量事項（mitigating circumstances：健康状態，看護責任の有無，学校崩壊など）に関する情報を参照することとなっている。具体的には，学校のパフォーマンスや生徒の居住地域などが考慮される。

第4節　コロナ禍の大学入学者選抜への影響と対応策

本節では，コロナ禍の大学入学者選抜への影響とそれへの対応策，社会の反応について見る。また，個別大学の方針・取り組みについても，いくつかの大学の事例を取り上げて説明する。

1．GCE-A レベル試験の中止と代替措置に対する批判

2020年の GCE-A レベル試験の中止と代替措置の決定の経緯については，Hubble & Bolton（2020）の報告資料が詳しいので，その内容に従って以下に詳述する。2020年は GCE-A レベルを含む様々な資格の外部試験が中止となり，資格，試験，評価の規制を行う政府機関である資格・試験規制局（Office of Qualifications and Examinations Regulation: 以下，Ofqual とする）が，外部試験抜きでの評価と最終成績の判定方法の開発を任されることとなった。その結果，校内評価（centre assessed grades: CAGs），生徒の順位，個々の学校の過去のパフォーマンスを考慮したアルゴリズムに基づき成績評価を行うこととなった。当初は，学校間の評価のばらつきを解消するため，成績の標準化が行われることとなったが，その後，評価・成績判定方法に対する批判に直面し，大きな方向転換を迫られることとなる。その経緯と政府の対応については次のとおりである。

　2020年の代替措置の結果，イングランドにおいて，最終成績が校内評価よりも低くなった生徒の割合が４割にのぼることがわかった。そのため，成績判定の方法及び校内評価に基づき判定された成績について，政府に抗議の声があがった。その結果，Ofqual は180度方向転換し，校内評価または調整後の成績のどちらか高い方に基づくことを発表した。そのため，多くの生徒の成績が上方修正された。また，政府は大学の定員を引き上げることを発表した。

　しかし，この対応はその後，成績インフレによる混乱を引き起こすこととなった。Ofqual が公表した修正後の結果によれば，A* の取得者の割合が2019年の7.7% から14.3% に増加し，A と A* の取得者の割合が2019年の25.2% から38.1% に増加した（当初の標準化された手法においては，それぞれ8.9% と27.6%）。これは前代未聞の増加であるとされた。A 以上，特に A* の取得者の割合が大きく増加した。その結果，より多くの生徒が第１希望やレベルの高いコースに入学する権利を有したことから，アドミッション・プロセスに混乱が生じ，大学は入学の条件と定員の拡大に関するこれまでにない課題に直面した。GCE-A レベルについては，以前から成績インフレの問題が指摘されてきたが，2020年と2021年はコロナ禍による代替措置の影響が大きいと考えられる。

　2021年の状況と今後の方針については，Roberts & Danechi（2021）の報道資料に次のとおり示されている。2021年においても，2020年と同様に，新型コロナウイルス感染症の拡大の影響から外部試験は中止となった。そのため，今年も校内評価により成績評価が行われることとなったが，成績の標準化は行わないことが決定された。また，政府は2022年の試験の再開に向けて計画を立てており，評価の取り決めについて諮問しているところだが，不公平の問題に十分に取り組むための手段になり得るか懸念が残るとされている。同説明資料が作成された後，GCE-A レベルの最終結果が公開されたが，前年よりも成績上位者の割合が多い状況からすると（ofqual, 2021b），成績インフレの問題は解消されていないように見える。

2．大学の対応

　各大学のコロナ対応の事例として，ここでは特に，インペリアル・カレッ

ジ・ロンドン化学科における面接試験（2021〜2022年の出願サイクル）と，オックスフォード大学の対応（2022/23年度入学者向け）を取り上げる。

　まず，面接試験については，従来は対面で行われるのが通常であったことから，大学入学者選抜において新型コロナウイルス感染症拡大の影響を最も受けている要素の一つであると言える。インペリアル・カレッジ・ロンドン化学科では，コロナ禍への対応として，Microsoft Teams を使ってオンライン面接（アカデミック・スタッフ2名，約20分）が行われている。その詳細については，出願に関する FAQ のリストにある「面接を受ける必要がありますか？」という質問に対する回答として，次のとおり記載されている[20]。

・アドミッション・プロセスにおける1次選考を経て残った生徒は，バーチャル面接実施日に面接を受ける。2021〜2022年の UCAS の出願サイクルの期間中，すべての面接日程はオンラインで実施され，面接は Microsoft Teams を通じて行われる。
・20分の面接に加え，今年はインペリアル・カレッジでの学習，学生の経済状態，宿泊施設，学生生活，ホワイト・シティ・キャンパスについて事前に録音した会話の内容を参考にする。特に，面接に呼ばれた生徒は，午前中のオンライン Q&A セッションにおいて，現役の学士課程の学生及びアドミッション・チューターと会って話をする機会が与えられる。
・ほとんどの面接は水曜日の午後に行われる。また，いくつかは特定のタイムゾーンの外国人志願者に配慮して午前中に実施される。

　また，この他にも，「2021〜2022年の UCAS の出願サイクルの合格者決定タイムラインの変更」[21]という項目において，例年どおり11月〜2月初旬にかけて面接を実施するとしながらも，インタビュー後の合格者決定の時期を，以前のように週ごとではなく，すべてのインタビュー終了後に変更したとあ

20　Department of Chemistry, Imperial College London, "Additional FAQs relating to your application（Application and Entry Requirements）",https://www.imperial.ac.uk/chemistry/undergraduate/admissions/application-and-entry-requirements/（2021年11月7日）
21　Department of Chemistry, Imperial College London, "Change to Offer-making Timeline for 2021-2022 UCAS Application Cycle（Application and Entry Requirements）",https://www.imperial.ac.uk/chemistry/undergraduate/admissions/application-and-entry-requirements/（2021年11月7日）

る（志願者への合格通知は2月の（終わり）または3月の初めまでに行われる）。この変更の理由について，一度にすべての志願者を総合的に評価し，合格決定のプロセスの公正性（fairness）と平等性（equality）をさらに向上させることが可能となる，としている。

　次に，オックスフォード大学では，志願者への対応や入試広報の実施に関して，次の4つの方針を示している[22]。第1に，今年（2021年）のGCE-Aレベルや GCSE の成績が期待どおりでなかった（過小評価された）者に対して，困難な状況を考慮するとした上で，考慮してほしい事項やCOVID-19の影響を出願書類に記載するよう促している。また，今年のAレベルの成績が思わしくなかった生徒がもし再受験したとしても，大学はこれを再受験と見なさないため，出願に際して不利に働くことはないとされている。第2に，Aレベルの理科の科目の実践的要素（practical component）について，パンデミックの影響で課題を達成する機会がなかった場合，（条件付き）合格通知を受けた生徒は，カレッジに相談することとされている。第3に，ウェブサイト上のデジタル・リソースを利用した課外の読書または科目の探究は，出願する際の助けとなる，当該科目にどれだけ積極的に向き合ったのかを証明するための最適な方法であるとされている。第4に，政府のソーシャル・ディスタンスに関する方針に従って，オープンキャンパス等の入試広報活動は，依然として対面ではなくオンラインで実施されている。

　以上の点からわかるとおり，出願書類や選抜プロセスを通じて，外部試験が実施されないことが志願者に不利に働かないよう配慮されており，また，選抜における資格の成績以外の要素について，デジタル・リソースの活用が促されている。さらには，面接試験や入試広報についても従来の対面式ではなく，オンラインで実施されている。しかしながら，本稿を執筆する段階では，実際にこれらの大学が選抜プロセスにおいてどのように志願者に配慮しているのか，また，面接試験での機器のトラブル等にどのように対応しているのかまでは情報を得ることができなかった。それゆえ，今後はそれらの実態と，コロナ禍の状況の変化とともにそれがどのように変化しているのかに

22　University of Oxford, "Prospective undergraduates FAQs for prospective undergraduate applicants"（Last updated: Monday, 28 September 2021）.https://www.ox.ac.uk/coronavirus/applicants/prospective-under-graduates（2021年11月12日）

ついて，追加で情報を得ていく必要があると考える。この点は今後の課題としたい。

◆◇◆
第5節　おわりに

　以上を踏まえ，イギリスの大学入学者選抜の特質と課題について検討する。日本の大学入試制度との相違点という視点から見たイギリスの大学入試制度の特徴として，以下の4点が挙げられる。これらのうちいくつかの点は，コロナ禍における入試対応とその結果生じた問題点に深く関係する。

① 　大学入試制度が資格制度の一部として位置づけられている。
② 　資格の成績は科目別・段階別表示となっており，取得した資格の科目・成績に基づき入学者選抜が行われる。なお，出願の際には見込みの成績が利用される。
③ 　コースの最終段階で実施される一度限りの筆記試験だけでなく，日常の学習活動や課題について評価するコースワーク評価が成績全体の2割程度を占めており，直接合否の結果を左右する。
④ 　③の評価方法の信頼性を向上させるために，モデレーションと呼ばれる手続きが存在する。

　イギリスでは，GCE-A レベルが「ゴールド・スタンダード」として，長らく大学入学資格として利用されてきた。しかし，コロナ禍の影響で GCE-A レベルの外部試験が実施されず，校内評価に基づく成績評価が行われることとなった。日本の大学入学者選抜では，相対的に厳密な客観性が重視されるためこのような対応は難しいと考えられるが，イギリスでは Ofqual の手法に異論があったにせよ，なぜこのような代替措置に基づく大学入学者選抜の実施が可能であったのだろうか。それには，元来イギリスの中等教育段階の資格では，外部試験（筆記試験）のみならず，中等学校の教員による生徒の日常の学習活動や課題の評価（コースワーク評価）が成績評価における重要な位置を占めていることが関係していると考えられる。コースワーク評価

は，資格授与機関により評価基準が統一されており，さらにはモデレーションという評価の信頼性を向上させるための仕組みをもつため，日本の調査書（評定）を用いた選抜とはかなり性質が異なる。

　イギリスにおいては「評価が困難であるから評価しない」のではなく，「評価すべきものを評価する」という価値観が社会に浸透しており，それが大学入学者選抜における公平性・公正性に対する価値観にも表れているように見える。ただし，常に校内評価の妥当性・信頼性や水準の維持に関する議論が存在する点に注意する必要がある[23]。直近では，コロナ禍の代替措置による成績インフレの問題が顕在化しており，A以上の成績を獲得した者の増加により，GCE-Aレベルが従来のように志願者の選抜において十分に機能しなくなる（なっている）可能性がある。

　このような成績インフレを含む成績評価に関する問題への対応は喫緊の課題である。例えば，面接や書類審査など，GCE-Aレベルの成績以外で合否を左右する要素の評価の質をいかに向上させるかが重要なポイントとなるだろう。その点において，オックスフォード大学のように大規模な面接をこれまでも実施してきた（すなわち，人的・物的・財政的リソースを確保でき，ノウハウの蓄積がある）大学は，オンライン面接の成否の影響を受けるものの，GCE-Aレベルの成績インフレの問題にある程度対応できるかもしれない。その一方で，リソースや経験の違いにより大学間で格差が生じる可能性がある。

　高大接続が目指される現在の日本は，従来の大学入試における公平性・公正性の捉え方を問い直す時機にあると言えるが，その意味において本章で検討したイギリスの制度や取り組みは，その問題点や課題も含めて示唆に富む。最後に，本稿を執筆する段階では，各大学が打ち出したコロナ禍への対応策（成績インフレの問題への対応を含む）について，それを実行する上でどのような問題を抱えているのか，またそれをどのように克服しようとしているのかについて，十分な情報やデータを得ることはできなかった。この点については，今後，現地の大学教職員へのオンライン・インタビュー調査等により明らかにしていきたい。

23　例えば，2000年代初頭の「Aレベルスキャンダル」（A-level scandal）などが挙げられる（Bright & McVeigh, 2002）。

文　献

Bright, M., & McVeigh, T.（2002）. How the A-level scandal caught fire. *The Observer*, September 22, 2002. Retrieved from https://www.theguardian.com/politics/2002/sep/22/uk.alevels20022（2021年12月27日）

Explore education statistics（2021）. A level and other 16 to 18 results（Academic Year 2020/21）. GOV.UK. Retrieved from https://explore-education-statistics.service.gov.uk/find-statistics/a-level-and-other-16-to-18-results/2020-21#dateBlock-0e068ble-68dc-4288-b6ec-8798156a4c59-tables（2021年12日27日）

GOV.UK（2020）. Coronavirus（COVID-19）in the UK. GOV.UK. Retrieved from https://coronavirus.data.gov.uk/（2021年12月27日）

Hubble, S., & Bolton, P.（2020）. A level results in England and the impact on university admissions in 2020-21（Briefing Paper, No. 8989）. House of Commons Library. Retrieved from https://researchbriefings.files.parliament.uk/documents/CBP-8989/CBP-8989.pdf（2021年12月27日）

International Baccalaureate Organization（n.d.）. 国際バカロレアを大学入学審査に生かす：The International Baccalaureate: Guide to University Recognition in Japan. International Baccalaureate Organization. Retrieved from https://www.ibo.org/globalassets/publications/guide-to-universit-recognition-in-japan-jpn.pdf（2021年12月27日）

文部科学省（2017）. 英国（グレートブリテン及び北アイルランド連合王国）＜イングランド＞（世界の学校体系（ウェブサイト版）） 文部科学省 Retrieved from https://www.mext.go.jp/component/b_menu/other/__icsFiles/afieldfile/2017/10/02/1396864_007_1.pdf（2021年12月27日）

Office for National Statistics（2021a）. Population estimates. Office for National Statistics Retrieved from https://www.ons.gov.uk/peoplepopulationandcommunity/populationandmigration/populationestimates（2021年12月27日）

Office for National Statistics（2021b）. Standard Area Measurements（Latest）for Administrative Areas in the United Kingdom. Office for National Statistics. Retrieved from https://www.arcgis.com/sharing/rest/content/items/1d1d783368d2403d92ad0d61c7d24caf/data（2021年12月27日）

Roberts, N., & Danechi, S.（2021）. Coronavirus: GCSE, A Levels and Equivalents in 2021 and 2022, House of Commons Library. Retrieved from https://researchbriefings.files.parliament.uk/documents/CBP-9045/CBP-9045.pdf（2021年12月27日）

The Office of Qualifications and Examinations Regulation（2021a）. Provisional entries for GCSE, AS and A level: summer 2021 exam series. GOV.UK. Retrieved from https://www.gov.uk/government/statistics/provisional-entries-for-gcse-as-and-a-level-summer-2021-exam-series/provisional-entries-for-gcse-as-and-a-level-summer-2021-exam-series（2021年10月31日）

The Office of Qualifications and Examinations Regulation（2021b）. Summer 2021 results analysis and quality assurance-GCSE and A level. GOV.UK. Retrieved from https://assets.publishing.service.gov.uk/government/uploads/system/uploads/attachment_date/file/1010044/6828-2_Summer_2021_results_analysis_and_quality_assurance_GCSE_and_

A_level.pdf（2021年12月27日）

Universities and Colleges Admissions Service（2014）. *Introducing a New Tariff – Proposal: Technical Briefing Document*. UK: UCAS.

Universities and Colleges Admissions Service（2016）. *UCAS Tariff Tables: New Tariff Points for Entry to Higher Education from 2017*. UK: UCAS.

Universities and Colleges Admissions Service（2021a）. UCAS UNDERGRADUATE: TYPES OF OFFER. Universities and Colleges Admissions Service. Retrieved from https://www.ucas.com/undergraduate/after-you-apply/ucas-undergraduate-types-offer（2021年12月27日）

Universities and Colleges Admissions Service（2021b）. CALCULATE YOUR UCAS TARIFF POINTS. Universities and Colleges Admissions Service. Retrieved from https://www.ucas.com/ucas/tariff-calculator（2021年12月27日）

第 **5** 章

コロナ禍で揺れるアメリカの大学入学者選抜

福留　東土・川村　真理

◆◇◆
第 1 節　Covid-19による入学動向の変化

1．パンデミックがアメリカの大学に及ぼした影響

　2021年11月末現在，世界の Covid-19関連死者数は500万を超え，欧州を中心として第 5 波ともいわれる感染再拡大に見舞われている。オーストリアでは 4 度目となる全土ロックダウンが開始され，オランダやドイツでは飲食店等の営業時間制限が行われるなど，再び様々な規制強化の動きが活発化している。これまでに80万人を超える犠牲者を出したアメリカにおいても，北東部や西部を中心に感染再拡大の動きがみられるが，これに対する反応は欧州とは大きく異なる。2021年 7 月に全米50州中48州でそれまで 1 年以上継続されていたロックダウン等の規制が解除され，"fully-reopened"（完全再開）となったアメリカでは，約 1 年半にわたる経済停滞により国内経済に大きな混乱が生じている。このため，感染は拡大してももうロックダウンに戻るべきではない，あるいは経済活動を止めるべきではないという意見がビジネス部門のみならず政府や疾病予防管理センター（Centers for Disease Control and Prevention: CDC）等の公的部門からも発表されている。また一方ではワクチン接種も積極的に進められており，アメリカ全体では感染拡大防止に努めながら経済活動を続ける共存戦略が採られている様子がうかがわれる。

　またこれと同様の動向は大学のキャンパスでも見られる。2021年の新学期はデルタ変異株の感染拡大が伝えられる中で始まったが，2020年のような完全なキャンパス閉鎖をしている大学はほとんどない（National Association for College Admission Counseling, 2021a）。多くの大学は，州や各大学の定めた衛生ガイドラインに従い，"In-class In-person"（対面授業）が実施できなくて

も"On-campus In-person"（キャンパス再開）を目指すなど，少なくとも表面的には"back to normal"（正常化）へ向けた動きが進められている。こうした動きの背景には，キャンパスや寮生活などの学生生活，学生経験を通じた成長を重視するアメリカならではの価値観が存在している。しかしそれ以上に，機関収入のおよそ半分を授業料等からの収入に依存する多くの大学が，パンデミックによって生じた経済的停滞による収入減が続くことを望まなかったという経済的な要因も大きい。実際，州高等教育責任者協会（State Higher Education Executive Officers Association: SHEEO）がまとめた2020年の報告書によれば，4年制州立大学の機関収入に占める授業料収入の平均割合は53.2％と半分を上回っており，特にアラバマ，アリゾナ，コロラドをはじめとする7つの州では75％以上を授業料収入が占めている（State Higher Education Executive Officers Association, 2021）。こうした授業料収入への依存度の高い州立大学や大きな基金をもたない私立大学を中心として，差し迫った大学経営上の危機への対応という点からも"back to normal"を進めるインセンティブが強く働いていたものと見ることができる。

2．Covid-19による学部入学動向の変化

　Covid-19パンデミックがアメリカの大学入試に与えたインパクトの1つとして，学生の入学動向の変化が挙げられる。全米学生情報研究センター（National Student Clearinghouse: NSC）が半期ごとにまとめている調査レポートでは，パンデミック前と比較した学部入学者数は州立，私立を問わず全てのセクターで減少していることがわかる（図5-1）。

　中でも最も大きな影響を受けたのは州立2年制のコミュニティ・カレッジで，パンデミック前と比較して−14.8％と急減している。また営利大学でも全体の1割程度の学生を失っており，全てのセクターを通じて入学者の減少傾向が継続していることが分かる。公立であるコミュニティ・カレッジの多くでは，前年度の在籍登録者数を基準として翌年の州運営補助金が決定される仕組みとなっているため，登録者数の低下はカレッジの経営に直接的な影響を与えることになる。この負のスパイラルを断ち切るため，現在多くのコミュニティ・カレッジでは，授業料割引をはじめとする様々なインセンティブプログラムを提供することを通じて学生をキャンパスに呼び戻す方策がと

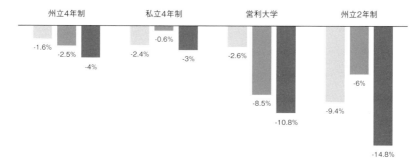

図5-1. 2019-2021年度機関別前年度比入学者割合（秋学期）
（National Student Clearinghouse Research Center, 2021 1. Overview の Figure 1.
Enrollment Changes by Award Level, Sector and Gender より作成）

られている。

　次に，入学者動向を学生類型別で見てみると，留学生（－17.1％）の減少
率が最も大きく，次いでネイティブアメリカン（－15.2％），黒人（－
12.0％）の順となっている（図5-2）。NSCでは，パンデミックに伴う渡航
制限等により多くの外国人学生が留学を断念ないし延期した影響に加え，ネ
イティブアメリカンや黒人等比較的低所得者の多い層を中心として，経済停
滞を背景とする家計困窮や，授業のオンライン化移行に伴うブロードバンド
接続環境への未対応といった理由により進学をあきらめる学生が増加したも
のと分析している。

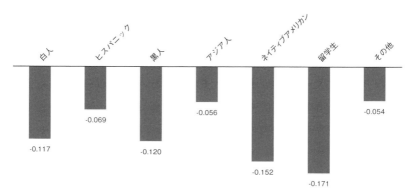

図5-2. 2019-2021年度学生類型別入学者割合（秋学期）
（National Student Clearinghouse Research Center, 2021 4. Student Demographics の Figure 14.
Undergraduate Enrollment Changes by Sector, Race/Ethnicity, and Gender（Estimates）より作成）

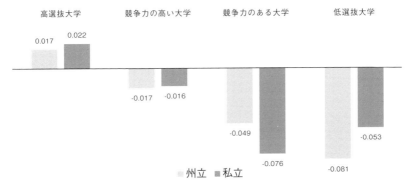

図5-3. 2019-2021年度機関類型・入学選抜性別入学者割合（秋学期）
(National Student Clearinghouse Research Center, 2021 1. Overview の Figure 3. Undergraduate Enrollment Changes at Four-Year Institutions by Selectivity, Sector and Gender より作成)

ところが，こうした動きをさらに大学の選抜性の面から見てみると，やや異なる側面も見えてくる[1]。志願者の3分の1以下しか受け入れない高選抜型の大学では，この期間に，州立（+1.7%），私立（+2.2%）とわずかではあるが入学者を増やしている（図5-3）。しかし，それ以下の大学群では，州立では選抜性が低くなればなるほど入学者が減少している。

また私立大学でも，低選抜大学の減少ポイントに違いがあるもののほぼ同様の傾向を示している。アイビーリーグ[2]や州立旗艦大学など選抜性の高い大学は，少なくとも入学者数の点においてパンデミックによる影響を大きく受けていないことが分かる。高選抜型の大学で入学者が増加した要因としては，パンデミックに伴って採用されたテスト・オプショナルの影響が大きいと言われている。これについては後章で詳細に論じる。

3. 大学院における入学動向の変化

学士課程では多くの大学が入学者を失った一方，大学院は営利大学を除くすべてのセクターで入学者が増加している（図5-4）。特に州立大学の大学院は2019～2021年の期間を通じて7.7%と大きく入学者数を伸ばしている。

---

1 Barron's Selectivity Index の分類による。同分類では教育機関の競争力を合格率，SAT（Scholastic Assessment Test）スコア，GPA（Grade Point Average），高校のクラスランク等いくつかの入学要因に基づいて分類している。
2 ハーバード大学，イェール大学，ペンシルベニア大学，プリンストン大学，コロンビア大学，ブラウン大学，ダートマス大学，コーネル大学の総称である。

アメリカでは大学院の進学時平均年齢は30歳前後と社会人学生が多いことから，大学院段階においては比較的雇用の安定しているアーリーキャリア層を中心として，リモートワーク等で生じた時間的余裕を自己投資の好機として大学院進学者が増加したものとNSCでは分析している。

　アメリカではパンデミック以降，経済的に安定した層が大学院等への進学を拡大した一方，経済的に困窮する層は進学そのものを断念ないし延期するといった動きが継続しており，国内における格差が静かに進行していることをうかがわせる調査結果となっている。

第2節　パンデミック以前のアメリカの大学入学者選抜

1．アメリカの大学入学者選抜の種類

　アメリカの学士課程では入学後に学部や学科を決定することが一般的である（福留，2018）。そのため，入学者選抜は学部ではなく，大学システムや各機関の定めた要件に従って実施されることが多い。学生募集から合否判定までの業務のほとんどを入学事務局（admissions office）が担当する。入学審査は面接が行われる場合もあるが，基本的には書類審査となっており，学生

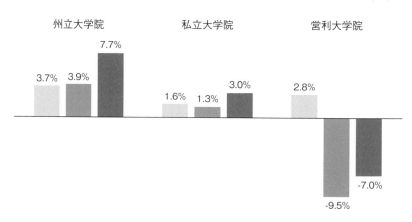

図5-4．2019-2021年度機関類型別大学院前年度比入学者割合（秋学期）
（National Student Clearinghouse Research Center, 2021 1. Overview の Figure 1.
Enrollment Changes by Award Level, Sector and Gender より作成）

の提出する申請書や高校の成績，推薦状等をもとに総合的に評価される。近年では出願のオンライン化が進んでおり，すでにパンデミックが広がる以前から9割以上の大学でオンラインでの入学願書受付や選考が実施されていた。また，オンラインンプラットフォームを利用した入学願書の共通化も進められており，約800大学100万人以上の学生が利用する"Common Application"や，アイビーリーグ8校が採用する"Coalition Application"など，複数の大学に共通して利用できるアプリケーションサービスを採用する大学も増加している。

　入学者選抜に使用される評価指標は大学によって多様であるが，大きくは機関の種別によって総合判定型，基準以上入学型，開放型の3通りに分けることが可能である（表5-1）。総合判定型はアイビーリーグをはじめとする有力私立大学や州立旗艦大学等志願者が定員を大幅に上回る競争力の高い大学で行われているもので，ハイスクール（高校）の平均成績得点（Grade Point Average: GPA）のほか，SAT（Scholastic Assessment Test），ACT（American College Testing）といった標準化テスト（standardized test）と呼ばれるテストスコア，推薦状，課外活動等の要素を総合的に考慮して判定される。

　基準以上入学型は州立4年制大学等で行われているもので，高校のGPAを中心に大学の定めている基準を満たしている者を入学させる。開放型は州立2年制のコミュニティ・カレッジで主に行われている方法で，高校卒業等一定の資格を満たしていれば入学を許可するが，看護やIT系等人気の高い分野ではSAT等のスコアを要求される場合もある。

　合否判定の材料となるデータの扱いは大学によって異なるが，一般的には"The significant six"と呼ばれるGPA，SAT・ACTスコア，エッセイ，推薦状，課外活動，面接等が判断材料とされている。図5-5はパンデミック

表5-1．アメリカの学部入学者選定の種類
（文部科学省, 2021 p.61より作成）

入試タイプ	総合判定型（競争型）	基準以上入学型	開放型
特徴	志願者が定員を大幅に上回る競争率の高い大学で実施。成績，テストスコア等で総合的に判定。	ハイスクールの平均成績得点（GPA）を中心に大学の定めた基準を満たしたものを入学させる。	全てのハイスクール卒業あるいは同等の資格を有する者は原則として入学を認められる。
実施機関	アイビーリーグなど有名私立大学，州立旗艦大学	州立4年制大学など	コミュニティーカレッジ，一部4年制大学

以前の2018〜2019年度に全米大学入学カウンセリング協会（National Association for College Admission Counseling: NACAC）が実施した入学者選抜調査の結果である（Clinedinst, 2019）。これを見ると，高校の成績やその水準，SAT，ACT 等のテストスコアについては「非常に重視」，「比較的重視」を併せて80％を超えており，GPA に次いで SAT 等のテストスコアが重視されていることが分かる。

　また，近年こうしたテストに加えて重要視されるようになっている要素として，アドバンストプレースメント（Advanced Placement：AP）やインターナショナルバカロレア（International Baccalaureate：IB）と呼ばれる，高校で履修可能な大学準備課程プログラムの成績が挙げられる。AP プログラムの場合，履修した科目のテストに合格すると大学レベルの単位として振り替えできるという利点もあるため，進学を希望する学生にとって魅力ある選択肢の１つとなっている。IB は K11および K12学年（日本の高校２，３年生にあたる）で受講できる難易度の高いプログラムで，こちらも大学入学後に大学の単位として振り替えることができる。また成績優秀者向けのオナーズ（Honors）コース等も成績換算の際に難易度がプラス評価される。いずれにしてもアメリカの大学入学者選抜においては，入学時点での学力だけでなく，

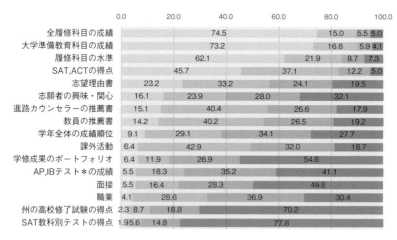

（注）*AP: Advanced Placement , IB: International Baccalaureate

図５−５．４年制大学入学者選抜で重視される要素（2018-2019）
（Clinedinst, 2019 p.15 Table 7 より作成）

第1部　世界編

高校でのプログラムへの取り組みや達成度（achievement），コミュニティへの貢献を含む課外活動といった要素なども重要な判断材料となっている。

2．SAT，ACT の概要

　SAT とは前述のように Scholastic Assessment Test（大学能力評価試験）の略で，非営利団体である College Board が主催し，毎年200万人程の学生が利用しているテストである。テストスコアは大学入学者選抜の参考資料として利用されるほか，奨学金の獲得や入学後のクラス分け等の参考にされることがある。テストの種類は主に英語，数学，小論文で構成される SAT と，歴史や理科，語学等計20科目から必要な科目を選んで受験する SAT Subject Test の 2 つがある（表 5 - 2 ）。また ACT は American College Testing の主催するテストで構成等は SAT と似ているが，2019年度における市場シェアでは SAT が55％と若干優位となっている。

　SAT Subject Test は STEM 教育[3]に力を入れる大学や工学系の学部を有する大学を中心に利用されており，学生の STEM 系科目への適性を見極める判断材料の 1 つと考えられている。SAT，ACT は全国の高校やコミュニティ・カレッジを受験会場として利用していたが，2020年以降はパンデミックの影響によりテスト会場の閉鎖や試験の中止等が相次ぎ，150万人以上の学生が影響を受けるなど大きな混乱が生じた。このため，2020～2021年度入試ではマサチューセッツ工科大学（Massachusetts Institute of Technology：MIT），カ

表 5 - 2．SAT，ACT の概要
（文部科学省, 2021 p.66 表 7 より作成）

	SAT	ACT	SAT Subject Test
実施団体	College Board	American College Testing	College Board
テスト構成	読解，記述，言語，数学の 4 部門＋小論文	英語，数学，読解，理科の 4 部門＋小論文	5 教科20種類の科目テスト（英語，数学，理科，歴史等）
点数	4 部門は400～1600点 小論文は 2 ～ 8 で評価	4 部門は 1 ～36点 小論文は 2 ～12で評価	200～800点
実施回数	年 7 回（2019年度）	年 7 回（2019年度）	6 回（2019年度）
受験料	4 部門：$49.5 4 部門＋小論文：$64.5	4 部門：$49.5 4 部門＋小論文：$64.5	登録料：$26，受験料 $22 リスニング付き外国語：$26

3　STEM は science, technology, engineering, mathematics の頭文字で，科学・技術・工学・数学の教育分野の総称である。

リフォルニア工科大学（California Institute of Technology：Caltech）やアイビーリーグをはじめとする全米の多くの大学で，出願時のSAT，ACTのスコア提出を選択制とする"Test Optional"（テスト・オプショナル）の方針が採用されている。

第3節　アメリカにおける近年の入学者選抜トレンドの変化

1．包括的入学者選抜（holistic admission; holistic review）の台頭

　これまでに述べてきたように，アメリカの入学者選抜においては，従来高校の成績やSAT等のテストスコアが重視されてきたが，近年では学業成績だけではなく，申請者の経験，属性，社会への貢献といった非学術的要因を含む多面的な指標を用いて評価を行う包括的入学者選抜を採用する大学が増加している。包括的入学者選抜については，特に医療分野等において，マイノリティの人々の医療やサービスへのアクセスの面で，医療従事者が言語的，文化的に患者と類似した背景をもっていることにより，より多様な医療ニーズに対応できるといった理由等で，30年以上前から研究が進められてきた（Conrad, Addams, & Young, 2016）。包括的入学者選抜の研究を継続的に行っている全米医科大学協会（Association of American Medical Colleges; AAMC）では，包括的入学者選抜について「経験，属性，学業面の指標をバランスよく統合的に考慮し，医学生又は将来の医師としてその個人がどのような価値をもたらすかを考慮する」（Association of American Medical Colleges, 2013）と定義しており，入学時点での学力に代表されるハードスキルに加え，学生の属性や経験，将来的な機関や大学への貢献の可能性といった，より幅広いソフトスキルまでを含めた能力を評価するものとしている（図5-6）。

　包括的入学者選抜の目標は，基本的には各機関の使命や目標と深く結びついているが，共通する主要な目的の1つとして人種，民族，性別，経験，社会経済的地位といったより幅広い背景をもつ学生の確保が挙げられる。これは，多様な学習環境がすべての学生に利益をもたらし，均質的な環境では得られない教育・学習の機会を提供しているとする研究結果（Milem, 2003）や，多様性（diversity）を重視する近年の社会政治的な動きを反映したもの

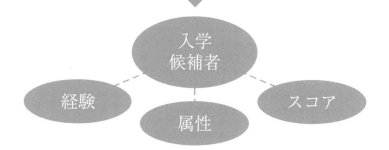

図5-6. 包括的入学者選抜の観点
(Association of American Medical Colleges, 2013より作成)

といえる。上記の AAMC や Urban Universities for Health 等が2014年にまとめた医療分野の大学を対象とした調査では，包括的入学者選抜の実施によって学生の卒業率や大学院 GPA 等が上昇したといった結果が報告されており，入学者選抜においてテストスコア以外の要素を重視する動き自体は，パンデミック以前から高まっていたものと言える。しかし，テストスコアなど測定可能なハードスキルと比較すると，経験などのソフトスキルは評価測定が難しく，運用によっては入学選抜プロセス自体が一層不透明になる可能性もある。実際に，2017年に311人の入学担当官を対象として包括的入学者選抜を定性的に調査した研究においては，社会経済的地位の低い申請者の合格率が不釣り合いに高かったとして，入学者選抜のブラックボックス化に警鐘を鳴らす内容となっている（Bastedo, Bowman, Glasener, & Kelly, 2018）。

2．レガシー選抜（legacy admissions）廃止の動き

　多様性，公平性の観点から近年変化している入学者選抜のもう1つのトレンドとして，レガシー選抜，あるいはレガシー選好（legacy preferences）と呼ばれる方法がある。レガシー選抜は，その大学の卒業生の子弟や縁者を優先的に考慮する選考方法である。この慣行自体は1920年代にはすでに存在しており，記録としては1922年にダートマス大学で正式に採用されていたことが分かっている（Coe & Davidson, 2011）。またイェール大学では，1930年代に入学した学生の約3分の1がイェール大学の卒業生の子弟だったと言われて

いる。また1992年に U.S. News & World Report のまとめた調査では，当該年のランキングトップ75校のうち Caltech を除く74校でレガシー選抜を実施していたことが分かっている。社会的，経済的レガシー選抜で選抜される学生は，白人，プロテスタント，アメリカ市民，私立高校出身で親が裕福である傾向が高いとされている。実際，2019年のハーバード大学のクラスではレガシー選抜による入学生の70％が白人であり，うち41％の学生は両親の年間収入が50万ドル以上であった。しかしこうした選抜方法について，近年では多様性や公平性を重視する観点から見直しを行う州や大学が増加している。

　2021年10月，全米最高峰のリベラルアーツカレッジの１つであるアマーストカレッジ（Amherst College）は，同校の長年の慣行であったレガシー選抜制度を廃止することを発表した（Amherst College, 2021）。アマーストカレッジは学生１人当たりの寄付金額がハーバード大学を上回る潤沢な寄付金をもつ大学で，それまで各クラスのおよそ11％をレガシー選抜による入学生が占めていた。アマーストカレッジの学長であるビディ・マーティンは，声明の中で「経済的背景や親族状況に関係なく，できるだけ多くの学問的に才能のある若者のためにできる限り多くの機会を作りたい」と述べており，レガシー選抜の廃止と併せて経済援助プログラムを年間7,100万ドルに増額し，中低所得学生への援助強化を打ち出している。

　これまでレガシー選抜は，私立の高選抜型大学を中心として幅広く行われてきた（図5-7）。しかし，アマーストカレッジと同様の動きは全米に広がりを見せている。もともとレガシー選抜を採用していないと表明している Caltech に加え，MIT，プリンストン大学といった有力私立大学でもレガシー選抜の廃止が発表されている（Daily Princetonian, 2021）。また，州立大学においても，1990年代にレガシー選抜を廃止したカリフォルニア大学や2021年に州全体でレガシー選抜の禁止を定めたコロラド州をはじめ，多くの大学でレガシー選抜の廃止が決定されている。

　レガシー選抜については，卒業生の寄付額との間に相関関係はないとする研究結果もある（Coffman, O'Neil, & Starr, 2010）ものの，卒業生が生涯にわたって受ける社会的，経済的利益等を考慮すれば，公平とは言い難い制度であることは間違いない。ハーバード大学やイェール大学といった伝統的な私立大学では現在でもレガシー選抜を継続しているが，学生団体等からは廃止

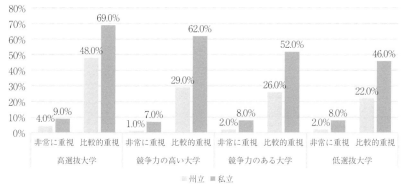

図5-7．レガシー選抜を実施している大学
（Bussey et al., 2021 p.42より作成）

を求める声も上がっている。レガシー選抜廃止を求めるこうした動きは，今後も拡大することが予想される。

第4節　コロナ禍における大学入学者選抜の動向

1．標準化テストの受験およびその利用に関する変化

　前述した通り，アメリカではコロナ禍の中で，SAT，ACT 等の標準化テストを安定的に運営・実施することが困難となった。地域によって標準化テストの実施自体が不可能になったり，試験当日に実施が中止になったりするケースもあった。大学入学志願者らの標準化テスト受験機会が制限されたことで，多くの大学が，出願者による標準化テストのスコア提出を必須化しない措置を取るようになった。この措置に伴い，大学入学者選抜を巡って大きな変化が生じている。

　各大学がテストスコアを要求しない形態には大きく2つがある。1つはテスト・オプショナルと呼ばれる形態であり，志願者はテストスコアを提出することは可能であるが，スコアを提出しなくても出願することができる。大学はテストスコアを評価指標の1つとして選抜を行う。もう1つは，"Test Blind"（テスト・ブラインド）または "Test Free"（テスト・フリー）と呼ばれる形態であり，大学は志願者にテストスコアの提出をまったく求めず，仮

に志願者がスコアを提出してきたとしても，大学はそのスコアを見ずに選抜を行う（Jaschik, 2021a）。

　もっとも，このような動きは，コロナ禍によって顕在化した動きではあるものの，コロナ禍とともに始まったものではない。それ以前より，テスト・オプショナル等の方針を取る大学が少なからず存在していたからである。つまり，アメリカではコロナ禍以前より，標準化テストを評価指標として用いることが，大学による入学者選抜にとって有用かどうかについては議論となっていたのである。そして，それまでにあった議論を，コロナ禍が加速させる形で，入学者選抜のあり方を巡る議論が全米に広がっているのが現状である。さらに，このような動向は，入学者選抜を巡る公平性や平等性を巡る議論とも関連している。2020年に奇しくも，コロナ禍とほぼ時を同じくして“Black Lives Matter”を中心とする人種・民族的な公平・平等を訴える動きが全米に広がりを見せ，大きなうねりとなった。この動きは，大学における人種，社会階層間の平等のあり方についての議論を活発化させたが，大学入学者選抜を巡る議論にも間接的な影響を与えている。

2．テスト・オプショナルの動向

　標準化テストの利用に反対している The National Center for Fair and Open Testing（以下，FairTest）のデータに従って，標準化テストを巡る動向をまとめると以下のようになる。コロナ禍以前からすでに1,000大学以上がテスト・オプショナルの方式を採用していた。コロナ禍以降は，それらに加えて，さらに600校以上がテスト・オプショナルを採用するようになった。2022年度秋学期に向けた入学者選抜では，1,815校以上がテストスコアの提出を求めない決定をしており，これは4年制大学の8割近くに上る（The National Center for Fair and Open Testing, 2021）。

　前出の Common Application 利用者のデータに基づけば，2021年度秋学期の選抜用にテストスコアを提出した学生は44%であった。この数値は2020年度に向けた選抜では77%であったため，テストスコア提出者の割合は1年間でおよそ半減している。テスト・オプショナルの拡大に伴い，大学による入学者選抜の主要な指標は，高校での履修科目，およびその成績を中心とする方向にシフトしている。2021年秋学期における大学の入学者選抜動向に

ついて尋ねた調査によれば，志願者の評価指標として最も重視度が高まっている項目は，志願書，高校の履修記録と成績，エッセイであった。また，それ以外に，課外活動，推薦状，ポートフォリオについても若干重視度が高まっているという結果であった（Maguire Associates, 2021）。

3．標準化テストを巡る見解の相違

コロナ禍によって標準化テストの実施が不安定になる中で，入学者選抜へのテストスコアの利用を回避する大学が増加していることは理解しやすいが，アメリカでテストを巡って生じている現象は，大学入学者選抜の根本的なあり方に関わるより大きな論点を含んでいると言えそうである。では，なぜこうした動向が生じているのか，アメリカでの標準化テストを巡るいくつかの見解を見ていこう。

上でも触れた FairTest は，標準化テストの利用に反対する見解を，主に3つの論点にわたって提起している（The National Center for Fair and Open Testing, 2012）。①標準化テストのスコアは，学生が大学に入学して以降のパフォーマンスの予測値とはならない。高校の成績や，高校でのレベルの高い科目の履修記録のほうが入学後のパフォーマンスとの相関が高い。②標準化テストでは，受験者が効率的な試験準備を行ったり，複数回受験したりすることによって高得点をあげることが可能である。経済的に余裕のある社会階層の子弟であればあるほど，そのような行動を取ることが容易となる。すなわち，テストスコアの利用は，入学者選抜における社会経済的背景の影響を大きくしてしまう。③標準化テストでは，表面的な問題に対して素早い回答を行う能力が高く評価されやすい。ある問題について深く考えたり，創造的に思考したりする能力を測ることには向いていない。そのため，標準化テストが重視されると，狭い範囲のカリキュラムや時代遅れの指導方法など，高校の教育方法について有害な慣行を助長しやすい。

これに対して，SAT の実施機関である College Board は正反対の見解を提起している。SAT が利用されなくなれば，大学入学者選抜の評価指標は，上でも触れたように，高校の成績，エッセイ，課外活動，推薦状などに依存することになるが，これら指標のほうが，経済的に恵まれた家庭や様々なコネクションを有する家庭の子弟に有利に働きやすいという見解を取っている。

SATの利用は大学入学者の多様性の向上に寄与することが実証されているというのである（Jaschik, 2021b）。

テスト・オプショナルの現象は社会からどのように受け止められているのだろうか。リベラル系シンクタンクであるNew Americaが公表している調査によると，2021年度秋の入学者に対して，多くの大学がテスト・オプショナルを採用していることに対して，全体として67%が賛成，32%が反対している。ただし，回答者の人種や支持政党によって賛同者の比率はかなり異なる。例えば，民主党支持者では78%が賛成しているのに対して，共和党支持者の賛同者は50%に過ぎない。また，人種別に賛同者の比率を見ると，黒人80%，ヒスパニック70%，アジア系68%，白人63%となっている。テスト利用に関する見解は，政治信条や人種による影響を受けていることが分かる（Fishman, Johnson, Nguyen, & Romo-Gonzalez, 2021）。

図5-8は，New Americaの調査において，テスト・オプショナルへの賛同者が考える今後の標準化テストのあり方についての回答を示したものである。「テストを指標として用いるべきだが，高校の成績など他の指標（例えば課外活動，エッセイなど）と組み合わせて用いるべきだ」，および「テストはオプショナルに留めるべきであり，高校の成績など他の指標と組み合わせて用いるべきだ」という2つの選択肢への回答が多く，両者を合わせると回答者の4分の3を超えている。すなわち，高校の成績など他の指標と組み合わせてテストスコアを用いるべきであると考える回答者が多いということであ

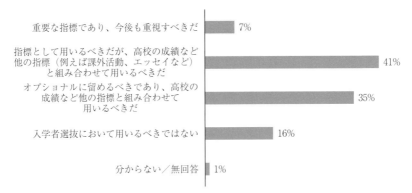

図5-8．テスト・オプショナルへの賛同者が考える今後の標準化テストのあり方
（Fishman et al., 2021 p.35より作成）

る。このデータは，テスト・オプショナルへの賛同者による回答ということもあってか，「テストスコアを選抜に用いるべきでない」という回答が16%あり，「テストが重要な指標であり今後も重視すべきである」という意見（7%）を約10ポイント上回っている。とは言え，この結果からは，標準化テストを巡るアメリカ社会における認識が一様ではないことがうかがわれる。

　テスト・オプショナルの今後の見通しについてであるが，2022年度秋学期入学者向けにはもう1年，テスト・オプショナルの継続をすでに表明している大学が多い。しかし，2023年度以降の措置についてはまだ決定していない大学が多く，今後のテスト・オプショナルの行方は現時点では不透明である[4]。

4．コロナ禍の大学入学者選抜に何が起きているか

　上では，主に標準化テストを巡る状況を見てきたが，それと関連しつつ，コロナ禍以降のアメリカの大学入学者選抜に何が起きているのかを見ていきたい。

　上記のテスト・オプショナルに伴って生じている動向の中で最も大きなものは，選抜度の高い大学群に対する出願者数の増加である。例えば，ハーバード大学では前年度比で志願者が43%もの増加を見せた。コロンビア大学では同じく51%の増加が見られた。この動向は，これまでであれば，テストの結果を見て，入学許可を得られる可能性が見込めないと考えていた志願者層が，テストスコアの提出がオプションとなったことで，選抜度の高い大学への志願意欲を高めたためであると考えられている（Adams, 2021）。

　そうした動向の中，高等教育へのアクセスに関して大きな変化が生じている。全体として，志願者および入学許可者に占めるマイノリティ，低所得者層，第一世代学生の比率が上昇しているのである（Jaschik 2021b; O'Malley & Bohanon, 2021）。上でも触れた Maguire Associates による調査によれば，志願者については，黒人，ヒスパニックなどの人種的マイノリティの比率が増加した大学は，州立大学で56%，私立大学で45%という数字となっている。

---

[4]　2022年度秋学期入学者の選抜については，公立大学の62%と私立大学の54%がテスト・オプショナル，公立大学の9%，私立大学の8%がテストフリーと回答している（「未決定」は各々14%と15%）。これに対して，2023年度秋学期入学者については公立大学の49%，私立大学の50%が「未決定」と回答している（テスト・オプショナル32%と23%，テストフリーは7%と8%）（Maguire Associates, 2021）。

入学者について見ると，マイノリティの入学者が増加した大学は，州立大学で52％，私立大学で38％となっている（Fishman et al., 2021）。入学許可を得たマイノリティの比率は，志願者の比率よりは若干下がるものの，多くの大学でマイノリティの入学者が増加していることが分かる。こうした動向は，高等教育へのアクセスの「改善」と見なされており，アメリカの高等教育にとって望ましい傾向と受け止められている。大学経営層からは，多様で幅広い学生層を受け入れて教育できることを歓迎する声が上がっている（Adams, 2021）。また，こうした動向が生じていることを受けて，これまでの選抜方法は，社会的弱者による，とりわけ選抜度の高い大学への応募を抑制してきたのではないかとの見方も提起されるようになっており，大学入学者選抜を巡る議論の高まりを呼んでいる（Hoover, 2021a）。

　これらの動向は，高等教育のアクセスに関する正の側面と言えるものに見えるが，もともと入学者選抜とは，言わば限られた機会の奪い合いという性格があり，正の側面に対してはそれと表裏一体となった負の側面が付きまとう。志願者の増加という上記の動向とうらはらに生じているのは，入学許可者の比率の低下である。入学許可者の比率は多くの大学で過去最低を記録している。例えば，ハーバード大学では2020年度秋学期入学者の合格率が5％であったのに対して，翌2021年度は3.4％へと低下した。同様に，イェール大学では7％から4.6％へ，コロンビア大学では7％から3.7％へ，いずれも，元々相当に低かった入学許可者比率がさらに低下する事態となっており，少なくとも見かけ上の入学困難度が高まっている（O'Malley & Bohanon, 2021）[5]。

　この現象には，志願者数の増加とともに，コロナ禍特有の現象が影響を及ぼしている。Covid-19の感染拡大により，大学のキャンパスや学寮の多くが閉鎖され，対面授業がオンライン授業へと転換される中で，大学への入学を見合わせる者が多く出ているのである。2020年度秋学期に大学入学予定だった者の一部は，ギャップイヤー（gap year）を取ることで，当該大学への入学資格を保持したまま，入学時期を延期する選択をしていた（Adams, 2021）。スタンフォード大学，ハーバード大学，イェール大学では入学予定者の20％前後がギャップイヤーを取得していたとされる（Hussain & Gaines,

---

5　2019年度の数値は，アメリカ連邦教育省教育統計センター（National Center for Education Statistics）が提供するCollege Navigatorのデータによる。

2021; Lu & Tsotsong, 2021）。彼らの大部分は，当初の入学予定から1年後となる2021年秋に大学に戻ることが見込まれていた。そのため，多くの大学で同年度の1年次生の人数が極端に増えることを防ぐため，2021年度の入学許可者数を抑制する選択をしたのである。上記，入学許可者比率の低下の背景にはこうした要因も関係していた。

　アイビーリーグをはじめとする選抜性の高い大学では，低所得者層を中心に経済的支援が手厚いことで知られる。これら私立大学は授業料がきわめて高額であるが，それは言わば額面上の価格（"Sticker Price" と呼ばれる）であり，実際に支払う授業料（実質価格）は入学者により異なる。各大学が蓄積する基金（endowment）を基盤にした独自奨学金を出すことにより，実質的な授業料を割り引く方策が取られているからである。これら大学は，特に経済的必要度に応じて高額の奨学金を拠出することで，経済的に恵まれない層による大学へのアクセスを確保していることを誇っている。すなわち，そうした経済的支援が手厚く，かつ教育の質も高いとされる大学へ入学するチャンスは，一見高まったように見えるものの，元々低かった合格率はさらに低下し，いっそう狭き門となっているのである。

　さらに，テスト・オプショナルの動向に付随する現象として，各大学のアドミッション業務の負担増加が挙げられる。上述したような「包括的入学者選抜」を重視するアメリカのアドミッション業務では，多様な指標に関わる書類を志願者一人ひとりについて丹念に検討するコストを掛けて選抜を行うことに特徴があるが，志願者数の増加により，その作業に伴うアドミッションスタッフの負担が深刻化している。また，志願動向が例年から大きく変動する中で，入学許可者がどのくらい当該大学に入学するかという歩留まり率（yield rate）の予測が困難となっている（Jaschik, 2021b）。Maguire Associatesによる調査では，調査に回答した州立大学の85%，私立大学の89%が，入学許可者による歩留まり率の予測の困難さが増したと回答している。

　また，テスト・オプショナルの動向に対しては，順調な進級や卒業といった入学後の学生の成功に対して，テストスコアがないことで，その予測が立てにくくなったとの声が聞かれるという（Jaschik, 2021b; Maguire Associates, 2021）。上述したように，テストスコアは入学後の学生のパフォーマンスと相関が低いとの研究成果があるものの，大学スタッフによる現場の実感レベ

ルでは，それとは異なる見解が見られるのである。こうした現象がどのように，かつどの程度生じているのかという点もテスト・オプショナルを巡る議論の焦点の1つである。

　テスト・オプショナルは，スコアを提出した志願者のテストスコアは選抜の考慮に入れるが，スコアを出さない志願者のテスト結果は問わないという，ある意味曖昧な措置である。志願者の立場からすれば，スコアを出す場合と出さない場合で，どちらが自分を有利な立場に置くことができるのか，あるいは出さないことで不利に扱われることはないのか，選抜の内部プロセスは外からは窺い知れないところであり，様々な憶測や疑心暗鬼を呼ぶ要因ともなる。こうした問題への対処として，NACAC はテストスコアを提出しないことで学生が不当に扱われないことを確約した大学のリストを公表している（National Association for College Admission Counseling，2021b; Moody，2020）。2021年12月時点で567の大学名がリストに掲載されている。

　もう1つ，コロナ禍においてアメリカ高等教育界で進行しつつあると考えられる深刻な問題がある。大学の類型や威信による格差がこれまで以上に拡大しているのではないかという危惧である（福留・長沢・川村・佐々木・蝶，2021; 福留・川村・長沢・佐々木・蝶，2022）。地方に立地する公立大学や小規模な私立大学は，主要大学でテスト・オプショナルの措置が広がる中，志願者獲得や入学許可者の歩留まり率の確保に苦労している。これらの機関は歴史的に，テストスコアが低いことにより，主要大学への出願を見送った志願者たちを集めることで学生数を確保してきた面があるからである（Maguire Associates，2021）。現時点では，この点について詳細に議論する材料が揃っていないが，本章の第1節で論じた内容と合わせて，今後のアメリカ高等教育の全体構造に影響を及ぼしうる問題として注視する必要があると考えられる。

5．入学者選抜の変容に関連する動向

　以上見てきたように，アメリカの大学入学者選抜を巡ってはコロナ禍に伴って大きな変容が見られ，今後の推移が注目されるところである。さらに，それに関連して複数の重要な動きが生じており，以下ではそのうちいくつかについて触れておく。

　1点目は，大学ランキングへの影響である。アメリカにおいて大学ランキ

ングは，大学入学志願者の志願先選択に大きな影響力をもっており，とりわけ US News & World Reports 社が毎年刊行する多様な分類ごとのランキングは広く活用されている。同ランキングはその評価指標の1つとして，各大学への入学者の標準化テストの平均スコアを用いている。そうした現状に対して，テスト・オプショナルの動きが広がる中で，先述の FairTest や NACAC など11の入学者選抜関連団体が連名で，US News & World Reports 社に対して，テストスコアをランキングの指標から外すことを要求した（New America's Higher Education Team, 2021）。これに対して，US News & World Report 社側は，これまでのところ，テストスコアをランキング指標から外してはいないものの，総合ランキングに占める比重を下げるなど，いくつかの対応を見せている（Hoover, 2021b）。

　また，アメリカで大学志願者向けの主要な大学ガイドブックである "Fiske Guide to Colleges" は，各大学合格者の標準化テストスコア範囲を掲載しないことを決定した（Hoover, 2021c）。Fiske Guide の最新版ではこの決定の理由について以下のように説明している。「公表されているスコアの範囲が，テストを受験することができ，スコアを提出することを選んだ新入生だけでなく，すべての新入生のスコアを反映したものでない限り，受験者の入学可能性と大学の勉学の環境に適合するかどうかの両方を評価するスコア範囲の有用性は著しく損なわれる。不完全で誤解を招くようなスコアは誰のためにもならない」。

　他方，標準化テストのスコアは，入学者選抜の指標として用いられるだけでなく，各大学が提供するメリットベースの奨学金の指標としても用いられてきた。選抜度の高い大学は，標準化テストを加えた指標が優れている学生に対して高額の奨学金オファーを出し，自大学への入学の誘因としている。この点は，経済的に困窮していない学生を支援することによる軍拡競争であるとの批判も行われてきたところである。これまでのところ，テスト・オプショナルに伴うこの点への影響は不透明であるとされている（Moody, 2021）。

　最後に，テスト・オプショナルの動向の中で重要性が高まっている高校の成績評価について触れておきたい。大学では，コロナ禍での学習環境の変化に伴い，成績判定方法に大きな変化が生じた。オンライン教育への移行によって不本意な学期を送らざるを得なかった学生たちが GPA 換算で不利益

を受けることを抑えるため，緊急措置として従来のレターグレードと呼ばれる A〜F で表される成績判定に代えて，合格／不合格のみを記載する pass/fail 方式が150以上の大学で導入された（福留・川村，2021）。全米の多くの高校でもこの二元指標（binary scheme）による成績判定が導入された。この措置は生徒たちが受ける不利益を抑える利点を持つ反面，学生の成績評価を曖昧にする要素も孕んでいる（例えば，St, George, 2020）。上記の通り，入学者選抜における高校の成績評価の重要性が相対的に高まる中で，この問題をどのように適正にクリアできるのかも今後検討が必要な点であると考えられる。

◆◇◆
第 5 節　今後の予測と検討課題

　コロナ禍が始まってから 2 年が経ったものの，何度も訪れる変異株の脅威により，未だ収束へ向けた見通しは立っていない。しかし，コロナ禍が長期化する中で，様々な面で人々が新型コロナウィルスへの対応を学んできたことも事実であり，今後，感染予防と活動正常化への的確なバランスの取り方が課題となる。2021年における社会の対応は，2020年のそれとは様々な面で異なっており，2022年以降はさらに変化していくことだろう。

　一方，標準化テストを大学の入学者選抜にどう位置付けるのかについては，コロナ禍と関連する問題であると同時に，すでに述べたように，大学入学者選抜のより根本的なあり方に深く関係する問題でもある。テストに対する異なる見解についてさらに考察を深める上では，個人の信条との関係やテスト活用の有無によって想定される効果などとともに，より重要な観点として，標準化テストを巡る実証的な研究成果などを含めて議論が進められる必要があるだろう。とは言え，そこにはテストの社会的位置付けや大学入学者選抜を巡る社会情勢なども関係してくるため，両者を単純に切り分けることはできない面もある。今後の行方を見守りつつ，引き続き検討を行いたい。

　アメリカで生じている動向をもとにした日米比較研究は我々にとって先の研究課題となるが，アメリカでのテストの功罪を巡る議論は，大学入学者選抜において試験による評価が重視されてきた日本の状況に照らしても，そこ

に投げ掛ける意味は小さくない。コロナ禍の一時的動向という側面を越えて，今後入学者選抜一般のあり方に関わってさらに検討が深められるべき点であると言えるだろう。

文　献

Adams, S.（2021）. How college admissions have changed during covid. Forbes. Retrieved from https://www.forbes.com/sites/susanadams/2021/04/07/how-college-admissions-have-changed-during-covid/?sh=383674b62c90（2022年 7 月13日）

Amherst College（2021）. Amherst College to end legacy preference and expand financial aid investment to \$71 million. Amherst College. Retrieved from https://www.amherst.edu/news/news_releases/2021/10-2021/amherst-college-to-end-legacy-preference-and-expand-financial-aid-investment-to-71-million（2021年12月28日）

Association of American Medical Colleges（2013）. Holistic Review. Association of American Medical Colleges. Retrieved from https://www.aamc.org/services/member-capacity-building/holistic-review（2022年 1 月 3 日）

Bastedo, M. N., Bowman, N. A., Glasener, K. M., & Kelly, J. L.（2018）. What are we talking about when we talk about holistic review?: Selective college admissions and its effects on low-SES students. *Journal of Higher Education*, *89*, 782-805.

Bussey, K., Dancy, K., Gray Parker, A., Peters, E. E., & Voight, M.（2021）. *The most important door that well ever open : Realizing the mission of higher education through equitable admisson policies*. Institute for Higher Education Policy.

Clinedinst, M（2019）. 2019 State of college admission. National Association for College Admission. Retrieved from https://www.nacacnet.org/globalassets/documents/publications/research/2018_soca/soca2019_all.pdf（2022年 7 月13日）

Coe, D. L., & Davidson, J. D.（2011）. The origins of legacy admissions: A sociological explanation. *Review of Religious Research*, *52*, 233-247.

Coffman C., O'Neil, O., & Starr, B.（2010）. An empirical analysis of the impact of legacy preferences on alumni giving, affirmative action for the rich legacy preferences in college admissions. In R. D. Kahlenberg（Ed.）, *Affirmative action for the rich: legacy preferences in college admissions*（pp. 101-121）. New York: Century Foundation Press.

Conrad, S., Addams, A., & Young, G.（2016）. Holistic review in medical school admissions and selection. *Academic Medicine*, *91*, 1472-1474.

Daily Princetonian（2021）. An end to legacy admissions? Princeton should follow Amherst College's lead. Retrieved from https://www.dailyprincetonian.com/article/2021/11/princeton-legacy-admissions-amherst-college-opinion（2021年11月30日）

Fishman, R., Johnson, E., Nguyen, S., & Romo-Gonzalez, M.（2021）. Varying Degrees 2021: New America's Fifth Annual Survey on Higher Education. New America. Retrieved from https://files.eric.ed.gov/fulltext/ED617150.pdf（2022年 7 月13日）

福留　東土（2018）. 学士課程における専攻選択プロセスの日米比較　大学経営政策研

究，*8*，19-36.

福留 東土・長沢 誠・川村 真理・佐々木 直子・蝶 慎一（2021）．COVID-19がアメリカの大学にもたらした影響：2020年上半期の報告　東京大学大学院教育学研究科紀要，*60*，605-631.

福留 東土・川村 真理（2021）．コロナ禍とアメリカの大学教育　IDE・現代の高等教育，*635*，52-56.

福留 東土・川村 真理・長沢 誠・佐々木 直子・蝶 慎一（2022）．COVID-19によるアメリカの大学への影響——大学の価値・経済・国際化・キャンパスライフ——　東京大学大学院教育学研究科紀要，*61*，585-611.

Hoover, E.（2021a）. The endless sensation of application inflation. The Chronicle of Higher Education. Retrieved from https://www.chronicle.com/article/the-endless-sensation-of-application-inflation（2022年7月13日）

Hoover, E.（2021b）. 'U.S. News' keeps ACT and SAT scores in the mix -for now. The Chronicle of Higher Education. Retrieved from https://www.chronicle.com/article/u-s-news-keeps-act-and-sat-scores-in-the-mix-for-now?utm_source=naicu（2022年7月13日）

Hoover, E.（2021c）. Why this popular college guide will stop publishing ACT and SAT score ranges. The Chronicle of Higher Education. Retrieved from https://www.chronicle.com/article/why-this-popular-college-guide-will-stop-publishing-act-and-sat-score-ranges（2022年7月13日）

Hussain, M., & Gaines, L.（2021）. Stanford admit rate drops to record-low 3.95% for the Class of 2025. The Stanford Daily. Retrieved from https://stanforddaily.com/2021/10/14/stanford-admit-rate-drops-to-record-low-3-95-for-the-class-of-2025/（2022年7月13日）

Jaschik, S.（2021a）. Two-thirds of 4-year colleges will not require tests for admissions. Inside Higher Ed. Retrieved from https://www.insidehighered.com/admissions/article/2021/08/09/two-thirds-4-year-colleges-will-not-require-tests-admissions（2022年7月13日）

Jaschik, S.（2021b）. Mixed report on test-optional admissions. *Inside Higher Ed.* Retrieved from https://www.insidehighered.com/admissions/article/2021/07/19/survey-colleges-finds-mixed-reactions-test-optional-admissions（2022年7月13日）

Lu, V. E., & Tsotsong, D. T.（2021）. Harvard College accepts record-low 3.43% of applicants to Class of 2025. The Harvard Crimson. Retrieved from https://www.thecrimson.com/article/2021/4/7/harvard-admissions-2025/（2022年7月13日）

Maguire Associates（2021）. The Future of Test-Optional: Survey Results. Maguire Associates. Retrieved from https://f.hubspotusercontent10.net/hubfs/1940013/MKTG/Thought%20Leadership/Whitepapers/Maguire%20Associates%20Test-Optional%20Survey%20Results%20Report.pdf（2022年7月13日）

Milem, J.（2003）. The educational benefits of diversity: Evidence from multiple sectors. In M. J. Chang, D. Witt, J. Jones & K. Hakuta（Eds.）, *Compelling interest: Examining the evidence on racial dynamics in higher education*（pp. 126-169）. Stanford: Stanford University Press.

文部科学省（2021）．諸外国の高等教育　明石書店

Moody, J.（2020）. Navigating test-optional admissions amid covid-19. US News and World Report. Retrieved from https://www.usnews.com/education/best-colleges/articles/how-thecoronavirus-is-pushing-colleges-to-go-test-optional.（2022年 7 月13日）

Moody, J.（2021）. How recent events reshaped college admissions. US News and World Report. Retrieved from https://www.usnews.com/education/best-colleges/articles/how-recent-events-reshaped-college-admissions（2022年 7 月13日）

National Association for College Admission Counseling（2021a）. Pulse report on college admission. National Association for College Admission Counseling. Retrieved from https://www.nacacnet.org/news--publications/Research/pulse-on-college-admission-may-june-2021/pulse-on-college-admission-full-report/（2022年 7 月13日）

National Association for College Admission Counseling（2021b）. Test-Optional Means Test-Optional. Retrieved from https://www.nacacnet.org/news--publications/newsroom/test-optional-means-test-optional/（2020年12月 3 日）

National Student Clearinghouse Research Center（2021）. Fall 2021 Enrollment（As of October 21）. Retrieved from https://nscresearchcenter.org/stay-informed/（2022年 1 月 3 日）

New America's Higher Education Team（2021）. An open letter to the editors of US News and World Report's best colleges rankings. New Americana. Retrieved from https://www.newamerica.org/education-policy/edcentral/to-the-editors-of-us-news-and-world-reports-best-colleges-rankings/（2021年12月22日）

O'Malley, L., & Bohanon, M.（2021）. Pandemic has surprising effects on diversity in elite college admissions. Insight into Diversity. Retrieved from https://www.insightintodiversity.com/pandemic-has-surprising-effects-on-diversity-in-elite-college-admissions/（2022年 7 月13日）

State Higher Education Executive Officers Association（2021）. State higher education of finance FY2020. State Higher Education Executive Officers Association Retrieved from https://shef.sheeo.org/wp-content/uploads/2021/05/SHEEO_SHEF_FY20_Report.pdf（2020年12月 3 日）

St. George, D.（2020）. Letter grades get erased from school, with little consensus on how to replace them. The Washington Post. Retrieved from https://www.washingtonpost.com/local/education/montgomery-county-grades-coronavirus/2020/04/25/7bbfd8ce-7b3d-11ea-b6ff-597f170df8f8_story.html（2022年 7 月13日）

The National Center for Fair and Open Testing（2012）. What's wrong with standardized tests? FairTest. Retrieved from https://www.fairtest.org/facts/whatwron.htm（2021年12月28日）

The National Center for Fair and Open Testing（2021）. More than 1,830+ schools do not require ACT/SAT scores from current high school seniors applying for fall 2022. FairTest. Retrieved from https://www.fairtest.org/more-1815-schools-do-not-require-actsat-scores-cur（2021年12月28日）

第**2**部

日本編

コロナ禍の下での大学入学者選抜を振り返る
——主として令和3年度（2021年度）入試に関連して——[1]

倉元　直樹・宮本　友弘・久保　沙織

第1節　はじめに

　令和元年（2019年）末頃から流行が始まったとされる新型コロナウイルス感染症（以後，COVID-19と表記する）が本格的に日本に上陸し，組織的な対応が始まったのは令和2年（2020年）2月末頃であった。同年度をもって最後の実施となる大学入試センター試験や国公立大学の個別試験の前期日程の実施が終了して，令和2年度（2020年度）入試[1)]が最終段階に差し掛かった時期に当たる。その結果，令和2年度（2020年度）入試に対するCOVID-19の本格的な直撃は辛うじて避けられた。大学入試への影響は皆無ではなかったものの局所的かつ限定的なものに留まった。その結果，必然的に翌年の令和3年度（2021年度）入試がCOVID-19と本格的に対峙する最初の年度となった。

　本稿は主として，令和3年度（2021年度）入試に対するCOVID-19の影響について，令和3年度（2021年度）下半期に差し掛かった時点で公刊された論考に基づいて振り返ったものである。

　結果論に見えるかもしれないが，令和3年度（2021年度）入試における大学入学者選抜のCOVID-19対策はほぼ完璧に行われたと総括できるだろう。なぜならば，大学入試の実施がCOVID-19のクラスター発生源として報道されたケースが1件も発生しなかったからである。本格的な大学入学者選抜

1　本稿は，巻末「初出一覧」のとおり，倉元・宮本・久保（2022）のタイトルを本書のスタイルに修正して再録したものである。要旨を削除し，本書の編集方針のもと，一部の表現について加筆修正を加えた。なお，原典の投稿が受理された令和3年（2021年）12月の時点に基づく表現となっている部分があるが，原則として，再録に当たって表現の修正は行っていない。

実施の時期まで，少なくとも数ヵ月の猶予が与えられたことは僥倖であった。今でこそ，COVID-19の感染メカニズムがある程度明らかになっているとともに，日本国内ではワクチン接種が広範に行き渡っており，特効薬も開発されつつある。COVID-19感染対策の見通しは格段に明るくなっている。しかし，初めてCOVID-19環境下で入学者選抜が実施された令和３年度（2021年度）入試においては，COVID-19の感染機序に関する知識も不足しがちで，手探り状態で様々な試行錯誤を繰り返しながら進まざるを得なかった。適度な水準の対応に落ち着くまでにはある程度の時間が必要だった。

　COVID-19は令和２年（2020年）１月末頃から話題に上り始めたが，４月に入って年度が改まる頃にはすでに日本社会全体を挙げてのCOVID-19との戦いが本格化していた。２月28日には全国一斉臨時休業の通知が発出され，高校までの児童生徒が学校に登校できない状況で新学期が始まった。地域によっては新年度開始後も休校期間が２ヵ月ほどの長期間に渡った。それは大学でも同様であった。授業開始が遅れ，授業や会議のオンライン化が強力に進められた。

　大学教育への影響は広範かつ長期に渡ったが，次年度の入試への影響もそれに負けず劣らず大きなものであった。一般社会では日常業務が急遽テレワークに移行していったが，大学も例外ではなかった。大学入学者選抜の準備業務は機密事項が多いため，ほとんどの作業が対面でなければ遂行できない。この時期，令和３年度（2021年度）入試の準備は停滞した。例年であれば，５月中に文部科学省高等教育局長名で発出される大学入学者選抜実施要項（以後，要項と略記する）に基づいてその年度の入学者選抜が行われる。入試日程などの基本的な事項はそれ以前に詳細にわたって決まっていなければ準備に取り掛かることができない。ところが，５月に入った段階で９月入学への移行の議論が盛んに行われたこともあって，要項の通知が６月19日までずれ込んだ（文部科学省高等教育局長，2020a）。そこに入試日程の変更が盛り込まれたことから，段取りの組み換えが必須となり，例年と比べて入試に向けた業務が著しく遅れることとなった。さらに，試験場やバックヤードにおけるCOVID-19感染防止対策，感染者や濃厚接触者及び感染が疑われる症状が出た受験生への配慮など，前例のない特別な対応を模索しながら大学入学者選抜の準備が進められた。

入試日程変更の影響は甚大であった。まず，要項に先立って文部科学省から高等教育局長名で総合型選抜に関わる通知が発出され，志願受付開始日が例年と比べて2週間遅れに設定された（文部科学省高等教育局，2020b）。大学入学共通テストの追試験日程も例年より1週間遅くなり，学習が遅れた受験生のためのいわゆる第2日程[2]とその追試験である特例追試が特別に設けられた。各大学とも入試日程の再調整には大変な苦労があったと推察される。さらには，一般選抜個別試験においても，特別に追試験の実施が要請されるなど，選抜を実施する大学側から見た場合には例年にはない負荷が高い業務が突如として課せられることとなった。国立大学では前年に通知されていた「国立大学の2021年度入学者選抜についての実施要領（以後，国立大学要領と略記する）」の修正を待って入試日程の変更を決定する必要があったが，後述のように通知は7月19日までずれ込んだ。

　本来であれば，COVID-19環境下のこれらの困難な入試実施を総括する研究が待たれるところだが，いまだ多くの研究論文が見られるには至っていない。したがって，本稿で取り上げる論考や報告は必ずしも「論文」としての体裁が整っていないものも多く含まれる。さらに，まとまった研究報告における主題としては，COVID-19の影響下におけるオンライン入試広報が多くを占めることとなった。その理由として，以下の3つの背景要因が挙げられる。

　1つめは大学入試研究という学問分野の特殊事情である。元来，大学入試という分野を研究対象としてきた研究者は極めて例外的な存在で，この分野を学問化（科学化）したいという志向性は，むしろ，戦後の文部行政の中に根強く存在していた。課題は大学入試分野を専門に研究する研究者の受け皿であったが，平成11年（1999年）から国公立大学にアドミッションセンター[3]が設置されるに至って，当時の文部省の構想が半ば実現した形となっている（鴫野，2003/2020）。したがって，現在，この分野の研究の多くは大学等のアドミッション部門に所属する研究者が機関研究として実施しているのが主流である。しかし，特に私立大学ではAO入試の実施機関という別の流れでアドミッションセンターが成立しており，その結果，大学入試研究を行う主体は国公立大学に偏っている（林・伊藤・田栗，2008/2020）。私立大学からの情報は，主として事務職員の手による実践報告が中心である。また，国公

立大学においても大学に附置されたアドミッションセンターは実施や入試広報に関する業務を抱えており，大学入試センター研究開発部を除いて純粋に入試研究のみを行う大学の組織は存在しない（倉元，2016/2020）。多くのアドミッションセンターは実施業務に追われ，本格的な確認検証作業にまで手が回らない状況と思われる。

　2つめは，昨今，アドミッションセンターに強く求められるようになっている機能に関わる問題である。それが入試広報活動である。入試広報には受験生獲得のためのPRと同時に志願者やその関係者に対する当該年度の入試の情報提供という役割がある。大学入試に関わる研究論文を俯瞰した場合，かつては入試広報活動の研究はさほど大きな比重を占める分野ではなかった（林他，2008/2020）。ところが，最近は入試広報に関わる研究報告が量産されるようになっている。現に令和3年（2021年）5月に2年ぶりにオンラインで開催された全国大学入学者選抜研究連絡協議会（以後，入研協と略記する）第16回大会では，6つのオープンセッションのうち2つが「入試広報」をテーマとするものであった。本稿で紹介する入試広報に関わる研究報告のうちの12編は同大会で発表されたものである。大学入試データの分析やその後の追跡調査に関わるような伝統的な大学入試研究は，機関にとっても機密度が高く，取扱いに神経を使う個人データを分析する内容が多く含まれる。その点，入試広報はデータの機密保持や入試の実施に与える影響にそこまで神経を使わなくてもよいので，早い段階で発表が可能という事情があるのかもしれない。なお，私立大学連盟の機関紙である『大学時報』では，これまで数回にわたってコロナ対応特集や小特集が組まれてきたが，そのうちの1つは入試広報をテーマとしたものであった。

　3つめは令和3年度（2021年度）入試が，元々，例年にないエポックメイキングな年になるはずだったことにある。すなわち，本来は高大接続改革構想によって，大学入学者選抜がドラスティックに変化を遂げる予定の年度であった。ところが，令和元年（2019年）末頃から英語民間試験の導入，大学入学共通テストへの記述式問題の導入，主体性評価のためのポートフォリオの導入，といった改革の3本柱が次々と撤回された。結局，新機軸として残ったのが「大学入試センター試験」の廃止と，それに代わる「大学入学共通テスト」の導入となった[4]。まさに，その混乱の年にCOVID-19が襲う巡

り合わせとなったのである。したがって，令和 3 年度（2021年度）入試の検証，といったテーマを設けた場合，高大接続改革の方針転換と COVID-19 の影響に関わる分析が入り混じることになる。例えば，『IDE 現代の高等教育』No.632，2021年 7 月号では「2021年入学者選抜」というテーマで特集が組まれたが，サブタイトルは「改革論議とコロナ禍の中で」となっており，多くの論考が高大接続改革関係の議論に割かれている。本稿では，コロナ禍の影響に触れた 8 編の論考を紹介する。

◆◇◆
第 2 節　初期の論考

　先述のように，令和 2 年（2020年）5 月頃は 9 月入学の議論が勃発し，令和 3 年度（2021年度）入試の先行きが極めて不透明になっていた時期である。その状況下で，倉元（2020a/2022）は大幅な変更を行わずに，すでに公表されている選抜方法で予定通りの入試を行うべく努力する必要性を説いた。その理由として，受験生は入試に向けて長期間努力を重ねていること，令和 3 年度（2021年度）入試の受験生は，高大接続改革とその頓挫によって翻弄された特別なジェネレーションであることを挙げている。多久和（2020）も，私立大学の入学者選抜は多くの受験生が「各自の夢や目標を目指すためのセーフティネットとして機能している」ことを指摘し，国公立大学とともに「大学全体で将来に対して育てるべき次世代の学生たちを大きな網で支えている」とした。その上で，「今年度も変わらず大学の入学者選抜を着実に行うことが全体の利益でもあり，個々の大学にとっての利益にもなる」と説いた。

　4 月にピークを迎えた COVID-19 の第 1 波は 5 月末頃までには収まり，8 月には第 2 波を迎えた。その頃に執筆されたのが倉元（2020b/2022）である。高大接続改革の方針転換を教訓として，COVID-19 を口実に大学入試を根底から変えようとする動きをけん制した内容となっている。横浜国立大学が 7 月末に一部を除いて個別試験の中止を公表したことも大きなインパクトがあった。結果的には追随する大学は少数に留まり，横浜国立大学は受験生を大幅に減らすこととなった。その一方で，必ずしも全学の方針と同一歩調を取らなかった教育学部は選抜方法をオンライン化しながらもなるべく例年

に近い選抜を行おうとした（鈴木，2021）こともあり，当事者としては不透明な状況下での苦渋の決断だったことがうかがわれる。

　COVID-19の流行がいったん落ち着いた9月には，例年は5月に行われている「東北大学高等教育フォーラム」が対面とオンラインのハイブリッド方式で開催された。テーマは「大学入試を設計する——『大学入試研究』の必要性とその役割——」といったタイトルに表される内容であったが，倉元（2020c）は，「大学入試学」の応用という位置づけで，コロナ対応に関する高校調査の中間集計結果について言及した。具体的な内容は最終集計結果（倉元・宮本・長濱，2022）に触れた部分で述べることとするが，この時期は最初の総合型選抜（AO入試Ⅱ期）の出願を目前に控えたタイミングであった。先行きが不透明で確定的な情報が伝えられない中，受験生を預かる高校側に目前に迫った入試の方向性が看取できる材料を与えようとした試みと言える。

第3節　大学入試の実施場面におけるコロナ対応

1．試験場等における感染対策

　入学者選抜の実施における感染対策のガイドラインは，最初に6月19日付の要項の別添資料として示された（文部科学省高等教育局長，2020a）。4ヵ月ほど経過したのち，10月29日には無症状の濃厚接触者の受験等について見直した改正版が通知された（文部科学省高等教育局長，2020c）。大学入学者選抜の実施に当たる実務者にとって，現実的に実施可能で感染防止に効果を発揮する指針が具体的に示されたことには大きな意義があった。通知の時期や内容に多少の不満があったとしても，ガイドラインの存在によって，個別大学が入試の実施計画を実質的に進めていくことが可能となったからである。

　『大学時報』では，7月に発行されたNo.399で「コロナ禍における入試実施」という特集が組まれており，その中で個別大学の具体的な対応事例がいくつか紹介されている。近畿大学では，令和2年度（2020年度）入試が2月に行われた際には10年前の新型インフルエンザ対策の記録を大いに活用した

という[2]。令和3年度（2021年度）入試では，地方会場の確保が難航したとのことであった（古久保，2021）。法政大学では，5月下旬の時点では入学試験の実施に懐疑的であったが，文部科学省のガイドラインによって万全な対策を講じれば，実施できるものと考えられるようになったという。一般選抜では，試験場の確保，人員の確保，感染症対策の具体策などで苦労があった。一般選抜の実施においては，COVID-19特有の問題や問い合わせに苦慮したとのことであった（金子，2021）。武蔵野大学では，面接試験をオンラインとし，筆記試験が実施できない場合のシミュレーションも行っていた（飯山，2021）。東北学院大学では要項で示されたガイドラインを受けて，入学者選抜を所管する関係者による定例会を組織してCOVID-19への対策やマニュアル作りを行い，様々な状況を想定したプランを用意したという（七海，2021）。

2．オンライン入試

　大学入試の実施における究極の感染対策は試験場を設けないことである。そのため，受験生を1ヵ所に集めることなく選抜試験を行うことが可能となるオンライン入試に注目が集まった。大学入試の試験実施におけるオンライン技術の活用については研究が進んでおらず，実施に必要な通信環境も整っていない。倉元・林（2021）は，令和2年（2020年）8月に実施された大学の授業における期末考査の機会を利用して，少人数を対象としたオンラインによる筆記試験の実現可能性について検討した。単純に試験監督のみをリモートで行うという発想で実施したところ，特段の問題なく試験を終えることができた。その反面，ハイステークスな入学者選抜の場面に応用するには様々な課題があることが指摘されている[3]。

　それでも，コロナ禍で県境をまたいだ移動が制限され，人が密集する状況が避けられる中，窮余の一策として，急遽オンライン入試の導入を検討した大学は多かったであろう。積極的に全面的なオンライン入試に踏み込んだ叡智大学のような事例もあった（大野，2021）が，多くの大学はあくまでも緊

2　東北大学大学入試研究シリーズ第6巻　コロナ禍に挑む大学入試（1）緊急対応編第9章に「平成22年度入試における東北大学における新型インフルエンザ対策について」が採録されている。
3　「初出一覧」で示した通り，本書第8章に再録されている。

急避難的な措置としての検討までで留まったと思われる。例えば，松山大学ではオンライン実施の可能性について事前周知を行うまでに至ったが，感染状況が小康状態となったために対面実施が可能となった旨を，改めて高校と受験者に案内したという（森脇，2021）。

　大学院の入学者選抜は学士課程の入試とは時期が異なる。大学院では検討の時間の余裕もなくCOVID-19環境下の入試実施に突入したケースが多かったと思われる。COVID-19の感染リスクを十分に把握できない状況で万全の対策を取るために，準備が不十分なままに手探りで入試を実施せざるを得ない状況であった。オンライン入試に踏み込んだ大学は，そのような大学院入試での経験を生かした面もあるようだ。例えば，九州大学では，早期に筆記試験のオンライン化が困難であるという認識を共有し，8月に行われた大学院入試でノウハウを蓄積しながら，10月にはオンライン入試のガイドラインを作成したという。実際，1月の緊急事態宣言下で行われた総合型・学校推薦型選抜では，多くの選抜で面接や口頭試問がオンラインで実施された（立脇，2021）。北海道大学では，2月に行われた私費外国人留学生入試の2次試験を全面的にオンラインで実施し，全ての学部で問題なく終えることができたとしている（藤田・池田，2021）。

　一方，トラブルも報告されている。大正大学では，総合型選抜，学校推薦型選抜等で対面かオンラインかを受験生が選択できる入試を導入した。オンラインの試験内容には，プレゼンテーションやCBT（Computer Based Testing）といった多様な評価尺度が含まれ，面接のみの試験と比べると格段に高度な技術水準が要求される。対面とオンラインを同一の試験とすることができないため，募集人員を分けるなどの工夫がなされたが，実施の場面では，事前接続テストの周知，通信環境の不適合，アクセスのトラブル等，様々なアクシデントが発生したという（井上，2021）。岡田遼介（2021）は，法政大学では外国在住の受験生に対する渡航制限を考慮し，外国人留学生入試の面接をオンラインで実施することとしたが，機器の正常稼働，事前接続テスト，当日のトラブル対応などに課題があることから「リスク等の十分な把握なしに安易に導入すべきではない」と警告している。

　倉元他（2022）は，東北大学に一定数以上の志願者，合格者を輩出した実績がある全国の高等学校及び中等教育学校325校を対象に，東北大学で実施

する 2 回の AO 入試（総合型選抜）と一般選抜の実施方法に対する意見について 8 月に調査を行った。「県境をまたいだ行動制限が実施されている」状況を想定して実施方法に関する希望を調査したところ，入試区分や段階によって意見が分かれた。11 月実施の AO 入試Ⅱ期は第 1 次選考で筆記試験，第 2 次選考で面接が課される。単純集計に基づく結果では，第 1 次選考に関しては「地方会場の設置」が41.2% と最も多く，次いで「予定通り実施」が23.9% であった。第 2 次選考は「オンライン等で実施」が43.6% を占め，次いで「面接試験中止」が17.8%，「予定通り実施」が17.0% と相半ばした。大学入学共通テストを第 1 次選考で課すため，2 月に実施される AO 入試Ⅲ期の第 2 次選考については「中止（共通テスト及び提出資料による選抜）」が59.5%，一般選抜では「地方会場」が39.0%，次いで「予定通り実施」が28.3%，「個別試験中止」が23.9% と相半ばした。「募集取り止め」は皆無であった。面接試験ならばオンライン入試も受容される，というのがこの時点での高校教員サイドの反応であった。地方会場の設置が最も期待された対策であったが，各受験生に対応する会場を設けるのは個別大学単独では不可能である。なお，質問によって回答選択肢数が異なるので，異なる質問相互に数値の比較はできない。

　大野・花堂・播磨（2022）は，突如としてオンライン入試に直面した受験生の反応について調査した。九州工業大学では「総合型選抜Ⅰ」の第 1 段階選抜，第 2 段階選抜をすべてオンラインで実施した。面接のみならず，記述式問題，選択式問題による筆記試験等が含まれる高度な技術が要求される試験形式である。秋に行われたこの試験の合格者に対し，翌年 2 月に質問紙調査が実施された。慣れ親しんだ場所で移動を伴わずに受験できたことが利点として挙げられていた半面，不正行為や接続及び端末操作に対する不安が見られた。事前のオンライン接続テストの経験は受験生の不安軽減に寄与したが，受験当日の予期せぬトラブルや不正行為への懸念は払しょくしきれなかった。また，評価手法が制約されることも課題として残ったとしている[4]。

4　「初出一覧」で示した通り，後日，再構成された論文が本書第 9 章に再録されている。

第 4 節　入試広報活動における COVID-19 の影響

　先述のように，極めて変則的な形で進行することとなった令和 3 年度（2021年度）入試について，各大学は受験生やその関係者に具体的な状況の説明をするように迫られた。松山東雲女子大学のように学内での大議論の末に感染症対策を徹底してオープンキャンパス開催に踏み切った例もあった（石川，2020）が，まれなケースと思われる。予定されていた対面の広報活動のほとんどは中止になった。コロナ禍によって通常行われている対面での入試広報活動が事実上不可能となったことから，対面からオンラインによる入試広報活動へのシフトチェンジが急速に進んだ。

　不確定要素が多い状況では，志願者の不安を軽減するために早期に正確な情報提供が求められる。しかし，先行き不透明な状況下での情報発信の「早さ」と「正確さ」は二律背反の関係にある。その結果，入試広報に携わる側には情報発信のタイミングと内容について難しい判断が迫られることとなった。

　倉元・宮本・久保・南（2020）は東北大学における入試広報活動に関して毎年発行される朝日新聞出版の『大学ランキング』で全国 1 位となった経緯を記すとともに，令和 2 年度（2020年度）の広報活動をオンライン化したプロセスについて触れた。具体的には，従来からの入試広報活動をオンライン化する形で高校教員対象の「オンライン入試説明会」，高校生，受験生及び保護者向けの「オンライン進学説明会・相談会」，さらに対面型のオープンキャンパスに代わる「オンラインオープンキャンパス」が立ち上がった。

　オンライン入試説明会については，久保・南・樫田・宮本（2021a）が実施概要と成果を報告している。令和 2 年（2020年）7 月13日（月）〜 8 月 7 日（金）の期間にビデオ会議システムによる説明会が計41回実施され，194校から226名の参加があった。事後アンケートでは，いずれの項目においても肯定的な回答が 9 割以上を占め，実施方法や内容についての適切性が示唆されている。オンライン進学説明会・相談会については，久保・南・樫田・宮本（2021b）が特設サイト構築までの作業工程と実装されたコンテンツの概要，さらに，アクセス数とアンケートの途中経過及びそれらに基づく課題，久保（2021）が最終的な成果と課題について報告している。令和 2 年（2020

年）6月1日から令和3年（2021年）3月31日までの開催期間中の延べページビュー数は153,162，延べ訪問者数は52,077であった。コンテンツは総じて高い評価を得ていたが，双方向のやり取りによる相談会としての機能強化が課題となった。オンラインオープンキャンパスについては，久保（2021）が実施概要と成果を報告した。実施側は総計35の部局が参加し，従来は不参加の片平キャンパスにある附置研究所が新たに参加するといった新機軸の企画も加えられた。令和2年（2020年）7月29日から令和3年（2021年）3月31日までの開催期間中の延べページビュー数は271,613，延べ訪問者数は76,278であった。令和3年度（2021年度）入学者対象のアンケートの分析結果からは，オンラインであっても，これまでと同様にオープンキャンパスの参加が東北大学を志望する決め手となって機能していたことが示唆された。

　東北大学の事例は，従来から実施してきた対面型広報をそのままオンラインに移行するというコンセプトに基づき，比較的短期間にコロナ対応の入試広報を実現させたケースである。さらに，いち早く研究論文の形でその状況を発信したことが成果と言える。

　令和3年度（2021年度）入試の志願者等に向けた入試広報活動に関する報告が相次いだのは，令和3年（2021年）5月の入研協第16回大会であった。三宅・大野・山路・中村・和田（2021）は，電気通信大学で行われている出張講義をオンライン化した取り組みを報告した。信州大学の事例を報告した一之瀬・木村・海尻・平井（2021）は参加者の出願実績の分析から，オンラインによる説明会が情報提供という面で一定の効果を発揮したと総括している。吉田・並川・坂本（2021）は，新潟大学ではオンライン個別相談会への相談者は多くなかったものの，県外からの相談者が比較的多く，受験を前向きに考える相談者が多かったとしている。前年度に行われた対面イベントとの比較を報告した広島大学の例（三好，2021; 永田・三好・竹内・杉原，2021）では，遠距離に居住する参加者にとって，オンライン情報の満足度が高く，より幅広い地域で進学希望の変化に影響を与えていたと分析している。同様に，田中・山田・浦崎（2021）及び山田・田中・浦崎（2021）は，琉球大学においても，対面の方が満足度は高いものの，大学の情報提供機会としては双方とも高い満足度と志願意欲の向上が見られたとしている。

　その一方で，コロナ環境下における入試広報活動のオンライン化に苦慮し

た事例の報告も見られた。岡本（2021）は受験生への情報提供が不十分だったことから，オンライン授業を体験した１年次学生のアンケートを通じて，在学生から高校生に対するメッセージを集める試みを報告している。雨森（2021）は，入試広報の変化について記録を残し，失敗談を共有することを目的とした報告を行った。特に技術的な留意点とともに意味のある大学間連携の重要さを指摘している。

永野・橘・寺嶌・石井（2021）が実施した国立大学対象のアンケートに対する分析結果では，回答に応じた中では44大学がオンライン相談会を開催したが，効果はあってもオンラインだけでは不十分，という結果が多く寄せられたという。Twitter の利用分析からも社会的な影響力は強くなかったことが示唆されている（寺嶌・永野・橘・石井，2021）

なお，入研協では国立大学の発表が多くを占めたが，それに先立って１月に発行された『大学時報』No.396の「小特集　コロナ禍における入試広報」には私立大学の取組みが紹介されている。法政大学ではオンライン化によって移動時間や出張費の削減のみならず，受験生へのアクセス数の増加と多様化，録画データを活用することによる広報機会の最大化というメリットが得られたという（岡田遼介，2021）。その一方で，オンライン化の課題や対面型広報のメリットを再確認したという報告も見られた。東京農業大学では前年度までのオープンキャンパスアンケートから参加者のニーズを確認したうえで「イベント型オンラインオープンキャンパス」を実施したが，受験生の様々な要望に対応する上でのマンパワー的な困難や通信トラブルなどの課題があったことが挙げられている（小林，2021）。共立女子大学ではすでに進められていた入試広報のデジタルシフトを強化したが，逆に対面による入試広報の必要性に気づかされたという（村上，2021）。関西学院大学では説明会やオープンキャンパスをオンラインに切り替えたものの，キャンパスを体感してもらうためにキャンパスツアーが必要と判断して企画したところ，約2,000名の参加があったとしている（岡田隆，2021）。

コロナ禍をきっかけに急速に普及したオンラインによる入試広報であるが，その本格的な展開や対面型入試広報との機能分担は，総じてこれからの課題と言える。なお，同様のことは入学前教育にも言える。森川・山田・藤井（2021）は鳥取大学で総合型選抜及び学校推薦型選抜合格者に対して行って

いた合宿研修を Web 利用に変更したケースについて報告している。

第 5 節　様々な立場の関係者による振り返り

　『IDE 現代の高等教育』No.632では，大学入学者選抜に関係する様々な団体やメディアの関係者が令和 3 年度（2021年度）入試の振り返りを行った。先述の通り，高大接続改革の方針転換と COVID-19の発生が同時に起こる極めて難しい年度であったが，そのうち，本稿では COVID-19に関係する部分について取り上げることとした。

　国立大学協会入試委員会では，COVID-19に関連する事項は委員長，中長期的な課題については副委員長を座長とする WG を設けて検討を進めた。文部科学省から発出された 2 つの通知（文部科学省高等教育局長，2020a，2020b）に基づき，すでに各国立大学に通知されていた国立大学要領について改訂を行い，7 月13日付で通知した（国立大学協会，2020）。3 月22日に一般選抜前期日程・後期日程の追試験を設定すること，各大学のアドミッション・ポリシーに基づき出題方法等の配慮に必要な措置を最大限講じること，COVID-19対策のガイドライン等に基づき，各大学で追試験の対象者を判断することが強調点であった。その結果，すでにタイトであった入試日程がさらに厳しくなり，試験場の衛生管理体制も加わり，現場の対応は苦慮の連続であったとしている（岡，2021）。芝井（2021）は私立大学の立場から，受験生の安全を考えた措置であったとしても個別試験をとりやめて大学入学共通テストのみで合否判定を行った大学の判断には疑問が残った，としている。高大接続改革に関わる混乱も相まって，一般入試で志願者が前年比 6 割程度に落ち込んだ大学なども現れた。「突然にルールやゴールを動かす愚行が，再び繰り返されないことを期待する。最も大事なことは，受験生から信頼を寄せてもらえる安定した入試制度でなくてはならない」と結んでいる。

　一方，全国高等学校長協会は，全国一斉臨時休業後の学校再開時期のばらつきを懸念し，全校対象のアンケート調査を行った結果，約 3 割の高校から大学入試日程の後ろ倒しを希望する結果を得た。それを受け，文部科学省に要望書を提出したが実現には至らず，代わりに大学入学共通テストに第 2 日

程が設定された。オンライン入試については，総合型選抜や学校推薦型選抜で通信不良による面接の打ち切りの際に再試験に応じない大学の対応等について文部科学省に伝えたところ，文部科学省から大学あてに特段の配慮を求める通知が発出された。3月中旬に実施したアンケート調査には，入試方法等の変更によって生徒が動揺したこと，オンライン入試による公平・公正の担保に課題が見られたこと，等の意見が寄せられたという（萩原，2021）。日本私立中学高等学校連合会は全国高等学校長協会の対応には不満を示しながらも，個別試験の中止に対しては同様に批判的な見解を示した。「受験生の一年間の努力を無にするような突然の変更は避けるべきであったのではないだろうか」と述べている（吉田，2021）。

いわゆる受験産業の分析としては，旺文社教育情報センターの石井（2021）が「不安と混乱の入試」という総括をした。受験生には安全志向と地元志向が非常に強く作用し，私立大学の志願者数大幅減につながったという。

文部科学省は初めての大学入学共通テストの実施に際して，感染症に罹患しても受験機会を確保すること，安心して受験できる環境の確保，学業の遅れへの配慮など，例年にない対応を行い，関係各省庁とも連携して受験に伴う宿泊や移動時の感染症対策等，受験生が安心して受験できる環境の確保に努めた。県境を越えない試験場で実施する共通テストの役割の重要性が改めて多くの関係者に認識されたであろう，としている（前田，2021）。

マスメディアからは増谷（2021）が，安倍晋三首相（当時）の指示による全国一斉臨時休業の実施と授業再開時期のばらつきが問題を複雑にし，「9月入学」の議論によって文部科学省が早期に対応策を出せなかったことを指摘した。以下，河合塾との共同調査「ひらく　日本の大学」調査結果から，少なくとも106大学が入試方法を変更したことが分かったが，感染防止を最優先にしたために苦しい対応になったとしている。大学側は共通テストや個別試験での「感染症リスクを配慮した試験運営（89%，81%）」に最も不安を感じたと回答しており，次いで「合格率の歩留まり予測（81%）」，「志願者数の減少（79%）」等が続いた。特に私立大学での比率が高かった。また，面接等でオンライン入試を行う大学の76%が不安を抱えながらの実施であった。学長は政府の「入試についての対応」の評価が37%に留まり，他の方針や支援策に比較して厳しい評価だったとしている。志望動向について

は，コロナ禍で注目を集めた医療系学部や資格系，工学系などが人気を集め，海外渡航や留学への環境が厳しくなったことから国際・外国語系，経済経営系などの人気が落ちたとしている。また，受験のための長距離移動を避ける傾向から，大都市の私立大学の一般方式の志願者減が目立ったとしている。

◆◇◆

第6節 コロナ対応の国際比較等

　少ないながらも海外の大学入学者選抜におけるコロナ対応や国際比較を試みた研究も散見されている。

　南（2021）は日本・中国・韓国の共通試験を対象に，コロナ対応に関する比較を行った。これらの3ヵ国は大学入学者選抜に大規模な共通試験を用いていること，従来から計画されていた改革の年にCOVID-19が襲った点で共通点があるとしている。なお，中国は9月入学，韓国は3月入学，日本は4月入学である。中国では2月中にCOVID-19感染の急拡大があったが，その後は強力に抑え込んでいる。共通試験である高考は例年6月7，8日の両日に行われる[5]。それに対して，中国教育部は3月31日に1ヵ月延期を発表した。2020年の高考受験者は過去最高の1,071万人に達したが，感染症対策が功を奏し，大きな混乱や問題は発生しなかったとしている。韓国は2月と8月にCOVID-19感染拡大が起こったが，11月にはそれ以上の感染の波が訪れている。韓国の共通試験である大学就学能力試験は12月の第2週木曜日に実施されるが，当初予定の11月19日から2週間後の12月3日に変更された。感染確定の受験生も隔離中の病院や生活治療施設で受験できるようにするなどの特別措置が取られた。執筆時点では日本の共通試験である大学入学共通テストはまだ未実施であったが，第2日程が設けられ，追試験に関する特別措置が用意されたことが示されている。これら3ヵ国の共通試験における対策の特徴は，コロナ禍の中にあっても試験を中止することなく，日程の変更等で対応したという点であろう[6]。

　一方，英国（イングランド）のコロナ対応はそれとは対照的であった。3

5　6月9日までの3日間で実施する省なども ある。
6　「初出一覧」で示した通り，本書第1章に再録されている。

月23日にロックダウン（都市封鎖）が開始され，31日には例年5～6月に行われるGCSE（中等教育修了一般資格）試験やAレベル（GCE-Aレベル資格）試験の実施見送りが発表された。代替措置として，それまで受験した模擬試験，宿題や授業の課題等の成果物に基づき各学校の教師が評価を行い，試験団体が最終的な成績を付けて資格を付与することとした。評価に対するガイダンス，成績付けのプロセスの標準化，試験・資格規則機関（kk）開発のAIによる調整などの手続きが取られたが，社会経済的立場が不利な地域や公立校の生徒の成績が下がる事態が発生し，混乱を招いたという（古坂，2020）。

　翁・立脇（2022/2022）の研究は国際比較には当たらないが，コロナ環境下における留学生の受験条件について扱ったという意味でユニークな研究である。我が国の国立大学における私費外国人留学生選抜におけるCOVID-19特別対応を調べたところ，受験に対する特別措置が十分ではなかったとしている。具体的には，日本留学試験の受験機会の減少やTOEFLの代替措置に対する対応が不十分であること，渡航制限が課される中にあっても2次選考に関する変更が施されず，レジデンストラック[5]の誓約書も発行されていなかったことが挙げられていた。その結果，受験の希望があっても断念した者が多く生み出されたであろうと推測している[7]。

◆◇◆
第7節　まとめ

　COVID-19の流行は拡大と沈静化の波を繰り返しながら現在に至っており，いまだに落ち着いた状況にはなっていない。したがって，将来，振り返って現在までの対応を評価した際にはより包括的な視点が得られるであろうし，ここまでの歩みは最善とは言えないと総括されるかもしれない。それを踏まえた上でも，暫定的な知見としては以下のことが指摘できるのではないだろうか。

　1つは緊急対応時の原則についてである。もちろん，感染症の抑え込みは

7　「初出一覧」で示した通り，後日，再構成された論文が本書第7章に再録されている。

前提となるだろうが，大学入学者選抜の社会的重要性を鑑みると公正な選抜の実施と感染対策の徹底はトレードオフの関係にならざるを得ない。その中で，いみじくも複数の関係者が指摘していたポイントは「事前に予告していた通りの選抜を実現する」ことの重要性である。実際，公刊された論考からは多くの大学で「変更を加えない」ことに腐心した様子が読み取れる。直前に選抜方法に変更を加えるのは，あくまでも他に方法がない緊急避難である。我が国の「大学入試」は量的に高等教育へのユニバーサルアクセスが実現した現在でもハイステークスであり，公共的な営みと言える。コロナ禍にあったとしても「受験生保護の大原則（倉元，2020d）」をおろそかにできないという無意識の規範が入学者選抜の実施担当者には行き届いているように見える。入学者選抜における「感染症対策」と「技術的進歩」や「オンライン化，DX 化」の可能性は切り離して考えるべきだろう。COVID-19 が大学入学者選抜に関わる業務のオンライン化を促すきっかけとなったことは間違いない。また，オンライン化が将来的に進むべき方向性であることも明白である。しかし，あくまでも，受験生が何を努力して長年積み重ねていくか，大学入試で何を評価するべきか，という議論が大前提となる。COVID-19 環境下におけるオンライン技術の利用は「大学入試で評価すべき資質」をできるだけ変えないために導入されたと考えるべきだろう。逆に言えば，入試広報に関しては，オンライン化の利点が広く認識されたものと思われる。利点と欠点について対面による広報活動と比較されながら，今後も引き続き推進され，定着していくだろう。

　2 つ目は緊急対応の意思決定に誰が関わるのかということである。文部科学省が大方針を決め，場合によっては中間団体がそれを一部具体化するものの，最終的には大学の裁量が大きかったと言える。暗黙のうちに，構造化されている通常時の連携関係がそのまま機能して，混乱が比較的小さく抑えられたと言えるのではないだろうか。もちろん，最終的に大学によって対応が異なり，一律にならなかったことで受験者に戸惑いを与えたことは事実だが，逆に言えば，様々な対応の結果から，何をすべきで何をすべきでないかの学習は進んだと言えるのではないだろうか。COVID-19 のみならず，今後も未知の感染症対策が必要となる環境下で大学入学者選抜を行う場面が訪れる可能性があると考えるならば，この経験の蓄積は大きい。課題はそれを記録し

て集積し，将来に生かしていくことであろう。古久保（2021）が指摘していたように，記憶に新しい過去の教訓としては平成22年度（2010年度）入試における新型インフルエンザ感染症流行時の対応記録であった。本学でも倉元・安藤（2011/2022）が参考となったが，公刊された資料はあまりない。地味に見えても，将来に向けて記録を残しておくことは重要である。

　最後に，我が国の大学入学者選抜における COVID-19対策の課題について述べる。古坂（2020）に記録された英国の混乱状況と対比すると，我が国の大学入学者選抜における COVID-19対策は全体として社会的に受容され，次年度の入試の準備にも大きな混乱を引きずる状況は生じていない。COVID-19感染状況の深刻さに違いがあるがあるとは言え，南（2021）からも，それが我が国特有のことではなく，韓国，中国にも共通する，東アジア各国の特徴であったことが指摘できる。国際比較的な観点から，我が国で行われた対応は総じて評価に値すると言えるだろう。半面，それは国内の志願者，受験者に向けたものであって，海外から日本の大学に進学しようという，いわゆる留学生は取り残されてしまったことは否めない。翁・立脇（2021）はその点を指摘したという意味で重要である。簡単に解決できるものではないが，取り組むべき課題である。

謝　辞

本研究は JSPS 科研費21H04409の助成を受けたものである。

注

1）入学者選抜における「年度」表記は当該受験生が入学する年度を指す。したがって，「令和2年度（2020年度）入試」とは，令和2年度（2020年度）に入学する学生の選抜を目的とした入試であり，そのほとんどは4月入学者を対象としたものである。

2）「新型コロナウイルス感染症の影響に伴う学業の遅れを在学する学校長に認められた者」が受験することができる，とされた特別措置を指す。実施日は追試験と同日で，追試験と同じ問題が用いられた。

3）事務職員以外の構成員を含む大学入試を専管する組織の総称。実際には様々な名称がある（倉元，2014）。

4）もちろん，コンセプトに違いがあり，試験問題の内容にはある程度反映されているものの，受験生から見た場合には受験の仕組みが大きく変わったわけではない。その点では，倉元（2013）が指摘した共通第1次学力試験から大学入試センター試

験への移行と類似している。

5）入国制限の中，例外的に日本への入国が認められるが，入国後の14日間の自宅等待機が必要となる。「受入企業・団体（個人は不可）による誓約書」の提出が求められる。

文　献

雨森 聡（2021）．コロナ禍で変わる入試広報——静岡大学全学入試センターの実践報告—— 全国大学入学者選抜研究連絡協議会第16回大会研究発表予稿集（オープンセッション用），41-46.

藤田 修・池田 文人（2021）．北海道大学におけるオンライン入試の事例 IDE: 現代の高等教育，*632*，53-56.

古久保 潤一（2021）．第3ピリオドを目前にして——近畿大学入学試験での感染症対策のこれまで—— 大学時報，*69*（399），36-37.

萩原 聡（2021）．高校から見た2021年春の入学者選抜 IDE：現代の高等教育，*632*，45-49.

林 篤裕・伊藤 圭・田栗 正章（2008）．大学で実施されている入試研究の実態調査 大学入試研究ジャーナル，*18*，147-153. ［林 篤裕・伊藤 圭・田栗 正章（2020）．大学で実施されている入試研究の実態調査 倉元 直樹（編）「大学入試学」の誕生（pp.78-89） 金子書房］

一ノ瀬 博・木村 健・海尻 賢二・平井 佑樹（2021）．コロナ禍における信州大学アドミッションセンターの入試広報活動 全国大学入学者選抜研究連絡協議会第16回大会研究発表予稿集（オープンセッション用），47-52.

飯山 晴信（2021）．コロナ下での大学入試準備，実施を振り返る 大学時報，*69*（399），54-57.

井上 隆信（2021）．オンラインを活用した入試の実施と可能性——総合型選抜，学校推薦型選抜での活用事例を通して—— 大学時報，*69*（399），58-65.

石井 塁（2021）．2021年春入試の実態 IDE: 現代の高等教育，*632*，62-65.

石川 さゆり（2020）．コロナ禍でのオープンキャンパス 学生確保か，安全保持か 大学時報，*69*（393），80-85.

金子 大輔（2021）．「実践知」を体現したコロナ禍の入試 大学時報，*69*（399），38-47.

小林 順（2021）．オンラインオープンキャンパスの可能性 大学時報，*69*（396），70-73.

国立大学協会（2020）．国立大学の2021年度入学者選抜についての実施要領 改訂令和2年7月13日 国立大学協会 Retrieved from https://www.janu.jp/wp/wp-content/uploads/2021/03/2021_200713.pdf（2021年11月8日）

古阪 肇（2020）．海外大学最新事情 デジタル時代におけるイングランドのコロナ対応——大学入試からオンライン授業まで—— IDE：現代の高等教育，*626*，63-67.

久保 沙織（2021）．オンラインを活用した東北大学入試広報活動の新たな展開 東北大学高度教養教育・学生支援機構・国立大学アドミッションセンター連絡会議（編）新時代の大学教育を考える［18］検証 コロナ禍の下での大学入試 第34回

東北大学高等教育フォーラム報告書, 22-39.

久保 沙織・南 紅玉・樫田 豪利・宮本 友弘（2021a）．オンラインによる高校教員向け大学入試説明会の実践と評価　大学入試研究ジャーナル, *31*, 394-400.

久保 沙織・南 紅玉・樫田 豪利・宮本 友弘（2021b）．オンラインによる入試広報の展開――「オンライン進学説明会・相談会」の実践を通して――　東北大学高度教養教育・学生支援機構紀要, *7*, 57-65.

倉元 直樹（2013）．大学入試センター試験における対応付けの必要性　日本テスト学会誌, *9*, 129-144.

倉元 直樹（2014）．アドミッションセンターの役割――大学入試に関する研究機能を中心に――　繁桝 算男（編）新しい時代の大学入試（pp.130-152）　金子書房

倉元 直樹（2016）．国立大学におけるアドミッションセンターの組織と機能　大学入試研究ジャーナル, *26*, 89-96.［倉元 直樹 (2020)．国立大学におけるアドミッションセンターの組織と機能　倉元 直樹（編）「大学入試学」の誕生（pp.58-71）　金子書房］

倉元 直樹（2020a）．今年の大学受験生を「ロスト・ジェネレーション」にするな！　「こころ」のための専門メディア note（ウェブコラム）金子書房 Retrieved from https://www.note.kanekoshobo.co.jp/n/nda0a8c35dd00（2021年11月5日）［倉元直樹（2022）．緊急提言　今年の大学受験生を「ロスト・ジェネレーション」にするな！　倉元直樹・宮本友弘（編）　コロナ禍に挑む大学入試 (1) 緊急対応編（pp.2-6）　金子書房］

倉元 直樹（2020b）．「コロナ禍」の下での大学入試――高大接続改革の方向転換から見えてきた課題と展望――　現代思想10月号, 特集　コロナ時代の大学――リモート授業・9月入学制議論・授業料問題――, 112-121.［倉元直樹（2022）．「コロナ禍」の下での大学入試――高大接続改革の方向転換から見えてきた課題と展望――　倉元 直樹・宮本 友弘（編）コロナ禍に挑む大学入試(1)緊急対応編（pp.7-18）　金子書房］

倉元 直樹（2020c）．「大学入試学」の淵源と展開――個別大学の入試関連組織と入試戦略――　東北大学高度教養教育・学生支援機構（編）新時代の大学教育を考える [17] 大学入試を設計する――「大学入試研究」の必要性とその役割――　第32回東北大学高等教育フォーラム報告書, 9-20.

倉元 直樹（2020d）．受験生保護の大原則と大学入試の諸原則　倉元直樹（編）「大学入試学」の誕生（pp.6-17）　金子書房

倉元 直樹・安藤 朝夫（2011）．平成22年度入試における東北大学の新型インフルエンザ対策について　大学入試研究ジャーナル, 21, 149-157.［倉元 直樹・安藤 朝夫（2022）．平成22年度入試における東北大学の新型インフルエンザ対策について　倉元 直樹・宮本 友弘（編）コロナ禍に挑む大学入試 (1) 緊急対応編（pp.138-151）　金子書房］

倉元 直樹・林 如玉（2021）．大学入試における少人数を対象としたオンライン筆記試験の可能性――大学の授業における期末考査をモデルケースとして――　大学入試研究ジャーナル, *31*, 338-344.［本書第8章］

倉元 直樹・宮本 友弘・久保 沙織・南 紅玉（2020）．東北大学における入試広報活動の「これまで」と「これから」――頂点への軌跡からオンライン展開への挑戦へ

　　　── 教育情報学研究，*19*，55-69.

倉元 直樹・宮本 友弘・長濱 裕幸（2022）．COVID-19蔓延下における個別大学の入試に関する高校側の意見　大学入試研究ジャーナル，*32*，1-8.

前田 幸宣（2021）．初めての大学入学共通テストを終えて　IDE：現代の高等教育，*632*，66-70.

増谷 文生（2021）．2021年度入学者選抜を振り返る──「ひらく　日本の大学」調査結果から──　IDE：現代の高等教育，*632*，24-29.

三宅 貴也・大野 裕子・山路 浩夫・中村 裕樹・和田 光司（2021）．電気通信大学における出張講義の取り組み──　With / After コロナを見据えた高大接続──　全国大学入学者選抜研究連絡協議会第16回大会研究発表予稿集（オープンセッション用），24-29.

三好 登（2021）．COVID-19禍における高校生の進学希望の変化に与えるオンラインオープンキャンパスの効果研究　全国大学入学者選抜研究連絡協議会第16回大会研究発表予稿集（オープンセッション用），71-78.

文部科学省高等教育局長（2020a）．令和 3 年度大学入学者選抜実施要項（通知）2 文科第281号，令和 2 年 6 月19日　文部科学省 Retrieved from https://www.mext.go.jp/a_menu/koutou/senbatsu/mxt_kouhou02-20200619_1.pdf（2021年11月 7 日）.

文部科学省高等教育局長（2020b）．高等学校等の臨時休業の実施等に配慮した令和 3 年度大学入学者選抜における総合型選抜及び学校推薦型選抜の実施について（通知）2 文科第161号，令和 2 年 5 月14日　文部科学省 Retrieved from https://www.mext.go.jp/content/20200514-mxt_kouhou01-000004520_5.pdf（2021年11月 8 日）.

文部科学省高等教育局長（2020c）．令和 3 年度大学入学者選抜に関わる新型コロナウイルス感染症に対応した試験実施のガイドラインの一部改正（通知）　2 文科第694号，令和 2 年10月29日　文部科学省 Retrieved from https://www.mext.go.jp/content/20201030-mxt_daigakuc02-000005144.pdf（2021年11月 7 日）.

森川 修・山田 貴光・藤井 正（2021）．コロナ禍における入学前教育──鳥取大学における令和 3 年度入試合格者の事例──　全国大学入学者選抜研究連絡協議会第16回大会研究発表予稿集（オープンセッション用），85-90.

森脇 裕美子（2021）．コロナ禍における入学試験の実施について　大学時報，*69*（399），48-53.

村上 隆（2021）．コロナ禍と入試広報──デジタル・対面・学生参加──　大学時報，*69*（396），74-77.

永野 拓矢・橘 春菜・寺嶌 裕登・石井 秀宗（2021）．オンラインを用いた大学相談会に関する一考察──国立大学へのアンケート結果から──　全国大学入学者選抜研究連絡協議会第16回大会研究発表予稿集（クローズドセッション用），80-87.

永田 純一・三好 登・竹内 正興・杉原 俊彦（2021）．オンライン入試広報活動の課題と展開──広島大学を事例に──　全国大学入学者選抜研究連絡協議会第16回大会研究発表予稿集（オープンセッション用），65-70.

七海 雅人（2021）．コロナ禍における入学者選抜の実施──東北大学院大学の対応──　大学時報，*69*（399），66-71.

南 紅玉（2021）．大学入試における各国のCOVID-19対策──日本，中国，韓国の共

通試験を事例に——　日本テスト学会誌, *17*, 61-74.［本書第1章］

岡田　遼介（2021）．コロナ禍における「入試業務」のオンライン化　大学時報, *69*（396），80-83.

岡田　隆（2021）．その時，入試広報の現場では——緊急事態宣言からポストコロナへ——　大学時報, *69*（396），78-79.

岡　正朗（2021）．大学入学者選抜改革へのスタンス　IDE：現代の高等教育, *632*, 29-33.

岡本　崇宅（2021）．令和2年度の入学性の入学初年度を振り返って「オンライン授業を中心とした授業等の感想，後輩へのメッセージ」（自由記述アンケート調査結果）全国大学入学者選抜研究連絡協議会第16回大会研究発表予稿集（クローズドセッション用），13-16.

翁　文静・立脇　洋介（2022）．国立大学における新型コロナウイルス感染症の対応について——2021年度私費外国人留学生選抜（4月入学）を中心に——　大学入試研究ジャーナル, *32*, 114-121.［本書第7章］

大野　真理子・花堂　奈緒子・播磨　良輔（2022）．オンライン入試の意義と課題——九州工業大学における総合型選抜Ⅰの事例をもとに——　大学入試研究ジャーナル, *32*, 106-113.［本書第9章］

大野　義文（2021）．叡智大学のオンラインによる入試および一般選抜の教科・科目試験のCBT試験の実施に関する報告　全国大学入学者選抜研究連絡協議会第16回大会研究発表予稿集（オープンセッション用），119-126.

芝井　敬司（2021）．コロナ禍の大学入試——信頼回復に向けて——　IDE：現代の高等教育, *632*, 38-44.

鴫野　英彦（2003 /2020）．国立大学におけるアドミッション・オフィスの系譜　倉元直樹（編）東北大学大学入試研究シリーズ第1巻　「大学入試学」の誕生（pp.18-37）　金子書房

鈴木　雅之（2021）．大学入試における教員としての資質・能力の評価　東北大学高度教養教育・学生支援機構・国立大学アドミッションセンター連絡会議（編）新時代の大学教育を考える［18］検証　コロナ禍の下での大学入試　第34回東北大学高等教育フォーラム報告書，65-73.

多久和　英樹（2020）　大学入学者選抜の着実な実施に向けて　大学時報, *69*（393），76-79.

田中　光・山田　恭子・浦崎　直光(2021)．沖縄県内の高校を対象としたオンライン大学説明会の効果　全国大学入学者選抜研究連絡協議会第16回大会研究発表予稿集（オープンセッション用），53-58.

立脇　洋介（2021）．コロナ禍における個別大学の入学者選抜——令和3年度選抜を振り返って——　東北大学高度教養教育・学生支援機構・国立大学アドミッションセンター連絡会議（編）新時代の大学教育を考える［18］検証　コロナ禍の下での大学入試　第34回東北大学高等教育フォーラム報告書，11-21.

寺嶌　裕登・永野　拓矢・橘　春菜・石井　秀宗（2021）．オンラインでの入試に関する情報の利用と伝達についての一考察　全国大学入学者選抜研究連絡協議会第16回大会研究発表予稿集（クローズドセッション用），88-93.

山田 恭子・田中 光・浦崎 直光（2021）．オンライン型大学説明会と対面型大学説明会のアンケート調査に基づく比較　全国大学入学者選抜研究連絡協議会第16回大会研究発表予稿集（オープンセッション用），59-64.

吉田 章人・並川 努・坂本 信（2021）．オンラインによる入試広報の実践　全国大学入学者選抜研究連絡協議会第16回大会研究発表予稿集（オープンセッション用），35-40.

吉田 晋（2021）．高校から見た2021年大学入学者選抜と大学入試改革　IDE：現代の高等教育, *632*, 49-52.

第7章

国立大学における新型コロナウイルス感染症の対応について
――令和3年度（2021年度）私費外国人留学生選抜（4月入学）を中心に――[1]

翁　文静・立脇　洋介[1)]

第1節　はじめに

　令和元年（2019年）末から，新型コロナウイルス感染症（以下，COVID-19という）が世界中に広がり，社会の様々な局面で甚大な被害をもたらした。COVID-19は令和3年度（2021年度）の大学入学者選抜にも大きな影響を与えた。各大学における日本人学生を対象とする一般選抜，総合型選抜，学校推薦型選抜では，追試験やオンライン試験など，選抜方法を一部変更して実施された。しかし，それ以上に，COVID-19の影響を受けたのは外国人留学生たちであった。海外からの入国が制限される中で，受験すら困難な留学生もいた。以下では，留学生の数のもっとも多い私費外国人留学生選抜（4月入学）を取り上げ，その現状と課題及びCOVID-19のもたらす影響について確認する。

　日本学生支援機構（2021a）によると，日本の大学などに正規生として入学するためには，以下の7つのステップがある。①情報収集，②学校選択，③（基礎学力と語学を測る大規模）テストを受ける，④出願，⑤（面接，筆記試験など各大学が課す試験を）受験，⑥入学手続き，⑦渡航準備，である。これらのうち，③と⑤からは，日本における外国人留学生の選抜方法が，基礎学力と語学を測る大規模な試験（各大学の1次選抜の審査資料となる）及び，各大学で実施される独自の試験（2次選抜）から構成されることを示し

1　本稿は，巻末「初出一覧」のとおり，翁・立脇（2022）のタイトルを本書のスタイルに修正して再録したものである。要旨を削除し，本書の編集方針のもと，一部の表現について加筆修正を加えた。なお，原典の投稿が受理された時点に基づく表現となっている部分があるが，原則として，再録に当たって表現の修正は行っていない。

ている。

　まず，日本留学に利用されている各種の大規模な試験について，日本学生支援機構（n.d.）が以下の4種類をあげている。①日本留学試験（Examination for Japanese University Admission for International Students，以下 EJU という）[2]，②日本語能力試験，③大学入試センター試験（現大学入学共通テスト），④その他の試験（英語能力試験と海外の中等教育修了の学力を証明するものなど）である。多くの大学は，これらの試験のいずれかの1つのみを利用しているのではなく，組み合わせて課している。例えば，西原（2011）は，日本の大学が留学生に期待する言語能力は英語と日本語の両方であると指摘している。つまり，2つの言語のいずれかが選ばれるというわけではなく，日本の大学のグローバル化を目指す目的で英語を重視する路線に組み込まれた留学生には，2つの言語で高等教育を受けることが要求される。そのため，留学生受け入れを決定する際には，TOEFL（Test of English as a Foreign Language），あるいは IELTS（International English Language Testing System）のような英語能力テストと，日本語試験と基礎学力試験によって構成されている EJU を同時に参考とすることになる。また，翁・立脇（2021）は，各国立大学が公開した令和2年度（2020年度）の私費外国人留学生選抜（4月入学）の募集要項を調べた結果，ほとんどの募集単位で EJU が利用されており，また，英語能力試験のスコアの提出を求める募集単位も半数ほどを占めることを報告している。

　次に，各大学で実施される2次選抜に関して，文部科学省（2018）は，「諸外国の大学では留学先に渡航することなく，現地で入学許可を出す渡日前入学許可が一般的であるが，日本の大学では，渡航を必要とし，対面による面接審査や筆記審査により入学許可を出すのが一般的である」と指摘している（文部科学省，2018，p.7）。また，太田（2008）は，日本における留学生の入学選考を入試（各大学で実施される外国人留学生入試を指す）偏重であり，「入試が課せられる限り，志願者は来日しなければならず，その負担は大きい」と述べている（太田，2008，p.4）。翁・立脇（2021）は，各国立大学の行った令和2年度（2020年度）選抜を調べた結果，独自の選考方法として，面接，小論文，学力試験があり，9割ほどの募集単位で対面による面接が課されていたことなどを明らかにした。

　以上のように，日本の大学，特に国立大学では留学生を選考する際に，志願者の基礎学力や語学力を判断するため，1次選抜の審査資料としてEJUと英語能力試験を利用していることが多く，加えて2次選抜では対面による面接や学力試験などの試験も課している。こうした現行の私費外国人留学生選抜は，書類審査を主体とする欧米の入学審査に比べて，志願者に経済的，精神的，時間的に余分な負担を強いることだけではなく，入学前にこれだけの高いハードルを課すことは，留学先としての日本の魅力を低下させ，優秀な学生を獲得することが困難である（太田，2008; 太田，2015; 芦沢，2012）。

　なお，先行研究（太田，2015; 芦沢，2012）の用法に従い，本稿では，私費外国人留学生選抜の志願者・受験者にとっての出願と受験のしにくさを「出願と受験のハードル」と表記する。

第2節　COVID-19の影響による大規模な試験の変更

　先述の通り，私費外国人留学生選抜（4月入学）は，EJUと英語能力試験の成績を利用する1次選抜と対面による面接，小論文，学力試験といった2次選抜によって構成されている。両者ともにCOVID-19によって影響を受けている。1次選抜においては，基礎学力と語学力を測る大規模な試験（EJU，英語能力試験を含む）が中止・変更となり，一方，2次選抜においては，国境を超えた移動が厳しく制限され，対面式の面接が困難となった。

　ここでは，EJU及び英語能力試験の中で多くの大学が利用しているTOEFL，TOEIC（Test of English for International Communication），IELTSの概要及びCOVID-19による変更をまとめる。

1．EJUの概要とCOVID-19による変更

　EJUとは，日本学生支援機構が日本の大学等に入学を希望する外国人留学生を対象に実施している試験である。令和4年度（2022年度）に実施されたEJUの出題科目は，日本語，理科（物理・化学・生物），総合科目及び数学（コース1とコース2）であり，出題言語は日本語と英語があり，出願時に選択できる。試験は通常年2回の6月と11月に，日本国内及び国外で実施

され，7 月または12月下旬に試験の成績が通知される（日本学生支援機構，2021b）。

COVID-19による EJU の主な変更は，令和 2 年（2020年）に実施予定だった第 1 回 EJU 中止と追試験である。日本学生支援機構は，令和 2 年（2020年）5 月13日に「2020 年度日本留学試験（第 1 回）実施の中止について」を公表した（日本学生支援機構，2020a）。令和 2 年（2020年）の第 1 回 EJU は中止となったが，第 2 回 EJU は予定通り，11月 8 日に国内外（スリランカ，フィリピンを除く）において実施された。また，COVID-19等により11月 8 日の第 2 回 EJU を受験できなかった応募者を対象に，11月24日に追試験（日本国内のみ）が行われた（独立行政法人日本学生支援機構，2020b）。

2 ．TOEFL の概要と COVID-19による変更

TOEFL は，1964年に米国非営利教育団体 ETS（Educational Testing Service）が英語を母語としない人々を対象に開発した世界基準の英語能力測定試験である。令和 3 年（2021年）11月時点では，日本において，ETS Japan 合同会社が TOEFL を運営しているが，令和 3 年（2021年）6 月までは，CIEE（Council on International Educational Exchange）国際教育交換協議会が運営事務局として事業を展開していた（ETS Japan，2021a）。TOEFL テストはペーパー版の TOEFL PBT テスト（1964～2017），コンピュータ版の TOEFL CBT テスト（1998～2006）を経て，現在多くの国でインターネット版の TOEFL iBT テストが実施されている（ETS Japan，2021b）。

COVID-19による TOEFL の変更は主に，各国における試験の中止と，TOEFL iBT の自宅受験 TOEFL iBT Special Home Edition（現 Home Edition）の実施である。例えば，ETS は令和 2 年（2020年）3 月23日に TOEFL iBT Special Home Edition が 9 カ国と行政区での利用が可能と発表した（Educational Testing Service，2020a）。その中，日本では令和 2 年（2020年）4 月より，TOEFL iBT Special Home Edition を実施した（CIEE 国際教育交換協議会，2020a）。

なお，中国本土とイランは TOEFL iBT Special Home Edition を利用することができなかった。ETS は中国本土における TOEFL iBT が再開されるまで，中国向けの TOEFL ITP Plus for China（初回のテストが 5 月30日）を提供し

た（CIEE 国際教育交換協議会，2020b）。TOEFL ITP Plus for China は団体向け TOEFL ITP テスト（Level 1）と Video Speaking Interview を組み合わせた形式で実施されるが，Video Speaking Interview の結果についてはスコアに換算されない（Educational Testing Service，2020b）。

3．TOEIC の概要と COVID-19による変更

TOEIC は，国際ビジネスコミュニケーション協会（The Institute for International Business Communication：略称 IIBC）により運営されている。

令和 3 年（2021年）11月時点では，TOEIC Program には TOEIC Tests と TOEIC Bridge Tests という 2 つのテストブランドがあり，合計 5 つのテストが実施されている。TOEIC Tests は日常生活やグローバルビジネスにおける活きた英語の力を測定するテストであるが，TOEIC Bridge Tests は英語学習初級者から中級者を対象とした，日常生活における活きた英語の力を測定するテストである。TOEIC Tests は，聞く・読む力を測る TOEIC Listening & Reading Test と，話す・書く力を測る TOEIC Speaking & Writing Tests と，話す力のみを測る TOEIC Speaking Test に分けられる。TOEIC Bridge Tests は，聞く・読む力を測る TOEIC Bridge Listening & Reading Tests と，話す・書く力を測る TOEIC Bridge Speaking & Writing Tests という 2 種類のテストがある（IIBC, n.d.）。

日本の大学が最も多く課しているのが TOEIC Listening & Reading Test（以下 TOEIC L&R という）であるため，以下，TOEIC L&R についてまとめる。鈴木（2021）によると，令和 2 年度（2020年度）8 月の時点では，IIBC が運営し，全国の指定会場で通常年 8 ～10回実施される TOEIC L&R の「公開試験」に加え，企業や団体が任意の日時や会場を設定し運営を手がける団体受験「IP テスト」も行われていた。

COVID-19による TOEIC L&R の変更は主に，TOEIC L&R の中止と TOEIC L&R IP テスト（オンライン）の実施である。日本の場合は，令和 2 年（2020年）3 月から 6 月までの 4 回分の TOEIC L&R が中止された（IIBC, 2020）。TOEIC L&R IP テスト（オンライン）は令和 2 年（2020年）3 月に導入の発表がされ，教育機関や企業などが 4 月より実施しはじめた。TOEIC L&R IP テスト（オンライン）の問題形式は従来と変わらないが，より短時

間でスコア算出を行う試験設計へ変更が加えられている（IIBC, 2021）。

4. IELTS の概要と COVID-19による変更

IELTS は海外留学・進学・移住など英語力証明のグローバルスタンダードテストである。令和3年（2021年）11月時点では，ブリティッシュ・カウンシル，IDP：IELTS オーストラリア，ケンブリッジ大学英語検定機構が共同運営している。日本においては，日本英語検定協会が実施運営及び広報活動をしている（日本英語検定協会, n.d.）。

IELTS の共同所有者である IDP Education（本社：オーストラリア・メルボルン）によると，IELTS はアカデミックとジェネラル・トレーニングの2つのモジュール（種類）があり，アカデミック・モジュールは，英語圏の留学，特に大学，大学院などへの入学申請の際に使われる（IDP Education, 2020a）。

COVID-19による IELTS の変更は主に，各国における試験の中止と IELTS Indicator（アカデミックのみ）の実施である。IELTS Indicator は，自宅で受験できるオンラインテストであり，Speaking テストは Zoom を使用して試験官と対面形式で行われる。COVID-19のために通常の IELTS 試験が中断されている間のみ実施される。また，IELTS Indicator はあくまでも指標スコアのみを提供するため，すべての組織で受け入れられるわけではない（IELTS, 2021）。

日本では，令和2年（2020年）4月4日と5日の東京都内の全会場の実施が中止された（日本英語検定協会, 2020）。また5月4日に，緊急事態宣言の延長が発令されたことを受け，日本国内の IDP Education 公式テストセンターでの5月31日までの試験中止が決定した。6月に入り，日本国内で会場での IELTS 試験が再開したことを受け，日本からの IELTS Indicator の受験申込は終了された（IDP Education, 2020b）。

◆◇◆
第3節　目的

本稿の目的は，令和3年度（2021年度）の私費外国人留学生選抜（4月入学）において，EJU を利用する国立大学を対象に，大学の COVID-19に関する対応を明らかにすることである。それに基づき，COVID-19による私費外

国人留学生選抜（4月入学）における「出願と受験のハードル」の変化の有無について考察する。

　具体的には，令和2年度（2020年度）及び令和3年度（2021年度）の各国立大学が公開した私費外国人留学生選抜（4月入学）の募集要項を比較する。また，入国に関する例外措置であるレジデンストラックについて，各大学の対応を調べる[3]。

第4節　方法

　各大学が公開した令和2年度（2020年度）と令和3年度（2021年度）選抜の募集要項を調べ，比較する。今回対象としたデータは，52大学の募集要項であり，令和2年度（2020年度），令和3年度（2021年度）選抜ともに667の募集単位である。比較項目の具体的な内容は，下記の通りである。

・「出願条件として認められたEJUの回数」と「科目・得点要件」の変更
・TOEFLなどの「英語能力試験のスコアの提出」の変更
・選考方法（各大学が個別に実施する面接，小論文，学力試験など）の変更
　また，各大学が公開したレジデンストラックついての通知の有無やその内容についても調べる。

第5節　結果

1．EJUに係る特別措置

　令和2年度（2020年度）選抜と比べて，令和3年度（2021年度）選抜の「出願条件として認められたEJUの回数」の変更を表7-1にまとめた。令和3年度（2021年度）選抜では667の募集単位のうち，入試そのものが中止となったのが3募集単位（0.4%）であった。また，「出願条件として認められたEJUの回数」について，令和2年度（2020年度）選抜と同じように「過去2年分」としている募集単位は441（66.1%）であった。しかし，令和

2年度（2020年度）EJU（第1回）が中止となったため，これらの募集単位は実質的に前年度と比べて1回減少することになった。

また，「出願条件として認められたEJUの回数」が令和2年度（2020年度）選抜と同じ募集単位は25募集単位（3.7%）であった。一方，「出願条件として認められたEJUの回数」を増やした募集単位も193（28.9%）あり，全体の約3割を占めていた。最後に，EJUを課さない募集単位も5（0.7%）であった。

次に，EJUの「科目・得点要件」の変更について見てみた。令和2年度（2020年度）と比較し，令和3年度（2021年度）選抜の各大学のEJUの「科目の変更」は見られなかった。しかし，令和2年度（2020年度）にEJUの「得点要件」を設けている募集単位287のうち，8募集単位が令和3年度（2021年度）選抜で変更を行った。そのほとんどが基準を上げていた。

2．「英語能力試験のスコアの利用」の変更

「英語能力試験のスコアの利用」は募集単位によって異なるが，TOEFL，TOEIC，IELTSの順に多く利用された。これらの英語能力試験のスコアを利

表7-1．令和2年度（2020年度）選抜と令和3年度（2021年度）選抜の変更点①
出願条件として認められたEJUの回数の変更

	中止	減少	同様	増加	今年度のみ課さない
募集単位数	3	441	25	193	5
割合	0.4%	66.1%	3.7%	28.9%	0.7%

表7-2．令和2年度（2020年度）選抜と令和3年度（2021年度）選抜の変更点②
英語能力試験のスコアの利用の変更

試験名	変更なし	オンラインテスト可	今年度のみ課さない	合計
TOEFL	196 （49.7%）	192 （48.7%）	6 （1.5%）	394
TOEIC	217 （97.3%）	0 （0.0%）	6 （2.7%）	223
IELTS	96 （85.7%）	15 （13.4%）	1 （0.9%）	112

（注）令和2年度（2020年度）選抜でそれぞれの英語能力試験のスコアを利用した募集単位の合計である。

用する募集単位は667のうち402あり，全体の60％に達していた。以下では，令和３年度（2021年度）選抜におけるそれぞれの英語能力試験のスコアの利用の変更状況を見てみた（表７‐２）。

　まず，令和２年度（2020年度）選抜で TOEFL を課した募集単位は394あった。令和３年度（2021年度）選抜になると，変更なしの募集単位が196（49.7％）であった。COVID-19の影響で，192（48.7％）の募集単位で自宅受験の TOEFL iBT Special Home Edition を認めるようになった。また，TOEFLのスコアの提出を出願要件から削除した募集単位は６（1.5％）であった。

　TOEIC に関しては，令和２年度（2020年度）選抜で TOEIC を課した募集単位は223あった。令和３年度（2021年度）選抜になると，TOEIC L&R IPテストオンラインを認める募集単位は見当たらないが，TOEIC のスコアの提出を出願要件から削除した募集単位は６（2.7％）であった。

　最後に，令和２年度（2020年度）選抜で IELTS を課した募集単位は112あったが，COVID-19による令和３年度（2021年度）選抜での変更は15募集単位（13.4％）で自宅での受験ができるオンラインテスト IELTS Indicator を認めたことであった。また，IELTS のスコアの提出を出願要件から削除した募集単位は１（0.9％）であった。

３．選考方法の変更

　ここでは，各大学が個別に実施する試験，面接，小論文，学力試験の変更を調べた（表７‐３）。

　令和２年度（2020年度）と比較し，令和３年度（2021年度）選抜において，

表７‐３．令和２年度（2020年度）選抜と令和３年度（2021年度）選抜の変更点③

各大学の個別試験の変更

	対面 （変更なし）	インター ネット	インター ネットも 可能	中止／中止の 可能性あり	書類の 提出	事前 提出	その他	合計
面接	491 (78.9％)	77 (12.4％)	35 (5.6％)	16 (2.6％)	3 (0.5％)	0 (0.0％)	0 (0.0％)	622
小論文	136 (81.4％)	0 (0.0％)	0 (0.0％)	24 (14.4％)	1 (0.6％)	2 (1.2％)	4 (2.4％)	167
学力試験	277 (90.8％)	2 (0.7％)	0 (0.0％)	23 (7.5％)	0 (0.0％)	2 (0.7％)	1 (0.3％)	305

（注）令和２年度（2020年度）にそれぞれの選考方法を課した募集単位の合計である。

変更なしの募集単位は，面接が491募集単位（78.9％），小論文が136募集単位（81.4％），学力試験が277募集単位（90.8％）であった。

一方，令和２年度（2020年度）に面接を課していた622の募集単位のうち，77募集単位（12.4％）が令和３年度（2021年度）選抜ではインターネット面接へと変更，35募集単位（5.6％）がインターネット面接も可能となり，16募集単位（2.6％）が面接の中止，３募集単位（0.5％）が書類の提出へと変更した。令和２年度（2020年度）に小論文を課している167募集単位のうち，令和３年度（2021年度）選抜で，小論文を取りやめた募集単位は24（14.4％）あり，郵送による小論文の事前提出は２つ（1.2％），小論文の代わりに，出願理由書の提出を求めた募集単位が１つ（0.6％）あった。令和２年度（2020年度）に学力試験を課している305募集単位のうち，令和３年度（2021年度）選抜では，23募集単位（7.5％）が学力試験を中止，２募集単位（0.7％）がインターネットによる学力試験，２募集単位（0.7％）が事前に学力試験を提出へと変更した。また，令和３年度（2021年度）選抜で追試験を実施したのは109募集単位であった。

４．各大学のレジデンストラックに係る対応の結果

令和３年度（2021年度）の667の募集単位のうち，レジデンストラックについて通知したのが６大学，計80募集単位であった。その中の５校（55募集単位）の通知の内容は主に，「日本国外から日本国内へ入国する際の手続き（レジデンストラック）に必要な『誓約書』の発行は行いません」，「レジデンストラック（短期商用査証）の取得にあたり，現地在外公館にて『受入企業・団体による誓約書』の提出が求められておりますが，本学が受入団体となることはできません」といったものであった。１大学（25募集単位）で「本学を受験のために入国を希望する場合は，○○入試課へ e-mail にてお問い合わせください」と記載されていた。

◆◇◆

第６節　考察

日本の国立大学における私費外国人留学生選抜（４月入学）は，志願者・

受験者から見て，その「出願と受験のハードル」が下がったか否かについて考察したい。以下，EJU，英語能力試験，及び各大学で実施される2次選抜に分けてまとめる。

　まず，令和3年度（2021年度）選抜で各大学の課したEJUについて，志願者に配慮し，今年度のみ出願から除外した募集単位は1%未満であった。一方，「出願条件として認められたEJUの回数」が前年度より減少した募集単位は，全体の66%に上っている。「出願条件として認められたEJUの回数」の減少は志願者にとって，よりよい試験スコアを選択する幅を狭めることになる。また，「出願条件として認められたEJUの回数」が減少した募集単位の中には，令和2年（2020年）11月8日に国内外で実施した第2回EJUのみを利用した募集単位も少なくない。さらに，第2回EJUはスリランカ，フィリピンにおいては実施されなかった。スリランカ，フィリピンの志願者を考慮した（書類の提出，申し出）募集単位はわずか3つであった。その結果として，スリランカ，フィリピンの志願者は，令和3年度（2021年度）選抜の受験資格さえも得られなくなった恐れがある。

　次に，令和3年度（2021年度）選抜で各国立大学の課したTOEFL，TOEIC，IELTSの状況を見てみる。いずれの試験も中止され，代わりに，自宅受験できる試験，あるいは企業や団体が実施するオンライン試験が開発，実施されていた。志願者に配慮して，今年度のみ出願から除外した募集単位は1～3%に過ぎなかった。代替的な試験の利用に関して，TOEFLを課している募集単位のうち約半数が，代替的な試験も許可したが，IELTSを課している募集単位のうち15（13.4%）募集単位で代替的な試験を認め，TOEICの代替的な試験を認める募集単位はゼロであった。

　一方，前年度どおりの英語能力試験のスコアを課していた割合がもっとも高かった（TOEFLは49.7%，IELTSは85.7%，TOEICは97.3%）。

　なお，TOEFL iBT Special Home Editionに関しては，中国本土とイランは利用することができなかったため，ETSは中国向けのTOEFL ITP Plus for Chinaを提供した。しかし，TOEFL ITP Plus for Chinaを認める募集単位はわずか19である。TOEFLを受験し，出願しようとする中国の志願者は出願自体を諦めるか，急遽慣れない他の英語能力試験を受験するかのどちらかの選択に追い込まれた。

2次選抜に関しては，受験者に配慮して，インターネットを利用した試験に変更したり，試験を課さなくしたりした募集単位は2割程度であった。一方で，変更なし，つまり対面での実施を行った募集単位が全体の8〜9割であった（面接78.9%，小論文81.4%，学力試験90.8%）。さらに，ほとんどの募集単位でレジデンストラックの誓約書を発行していない。2次選抜の対面実施と誓約書の未対応は，渡日できず，受験を諦めてしまう者を数多く生み出したと考えられる。

　このように，令和3年度（2021年度）選抜においても，日本の国立大学の多くが前年度どおりの選抜を実施していた。つまり，COVID-19の下では，志願者・受験者から見て，事実上，「出願と受験のハードル」が上がったことが推察される。しかし，COVID-19のもたらした入学者選抜への影響が大きいにもかかわらず，なぜ多くの大学が既存の選抜制度を維持したのであろうか。その一因は私費外国人留学生選抜制度そのものにあると考えられる。

　芦沢（2012）は日本の高等教育機関での入学選抜は旧来から，特定の日に試験を実施し，受験者の学力審査をしたうえで合格者を決定するという入試システムが確立しており，留学生に対しても，旧来型の入試制度に対応できる学生のみを受け入れてきたと指摘している。また，横田（2012）は，昭和58年（1983年）に留学生10万人計画を打ち出されてから，日本の政府も大学も根本的な制度改革をせず，小手先の体制整備で留学生を求めた。その理由は，日本対応のシステムを世界対応に切り替える時間がなかったことと，当時は門戸を開けばいくらでも日本に留学したい学生がいたからである。

　こうした芦沢と横田の指摘は，多くの国立大学が前年度通りの選抜方法で実施した令和3年度（2021年度）選抜にもあてはまる。つまり，突如として発生したCOVID-19に短時間内で根本的な対応ができないことと，前年度どおりの選抜でも，出願・受験できる学生のみを受け入れたいと考える大学が数多くあるということである。

　しかし，COVID-19の長期化によって，外国人の入国がたびたび禁止され，志願者の減少を引き起こした。また，文部科学省が指摘したとおり，世界的な留学生交流数の伸びが平成22年（2010年）ごろを境に緩やかになり，各国による優秀な留学生の獲得競争が激化する一方でもある（文部科学省，2018）。留学生の量的拡大と質的向上に向けて，今後日本の大学が積極的な対応をし

なければならない状況にある。

　COVID-19に対応するため，対面ではなく，インターネットを利用した試験などを課した募集単位もあった。COVID-19に対応した一時的な応急措置であるものの，海外からの留学生が受験しやすくなり，世界中の優秀な留学生の獲得につながる可能性がある。その際に，学力の担保やオンライン選抜の課題，例えば，不正防止の対策や通信環境の整備などを入念に検討しなければならない。

注

1）本論文の作成にあたって，第1著者は計画立案・データ収集・考察ならびに本文の執筆を，第2著者は全体監修・分析を分担した。
2）日本の大学の50％以上，国立大学では90％以上が入学選考にEJUの成績を利用している（日本学生支援機構，2021a）。
3）日本政府はCOVID-19に関する水際対策の中，外国人の上陸拒否，航空機の到着空港の限定，「特段の事情」による入国などの措置を講じている。「特段の事情」による入国の1つの制度はレジデンストラックである（外務省，2021a）。レジデンストラックとは例外的に相手国または本邦への入国が認められるものの，相手国または本邦入国後の14日間の自宅等待機は維持されるスキームで，主に駐在員の派遣・交代等，長期滞在者用であるが，令和2年（2020年）10月1日から，ビジネス上必要な人材等に加え，順次，留学，家族滞在等のその他の在留資格も対象とし，新規入国を許可することになった（外務省，2021b）。しかし，レジデンストラックは受入企業・団体が責任をもつ制度であるため，受入企業・団体に「誓約書」の作成などを求められている。

文　献

芦沢　真五（2012）．留学生受入れと高度人材獲得戦略——グローバル人材育成のための戦略的課題とは——　日本学生支援機構　ウェブマガジン留学交流　2012年1月号，*10*, 10-11. Retrieved from https://www.jasso.go.jp/ryugaku/related/kouryu/2011/__ics-Files/afieldfile/2021/02/18/shingoashizawa.pdf（2021年11月19日）

CIEE 国際教育交換協議会（2020a）．日本における TOEFL iBT Ⓡテストの自宅受験「TOEFL iBT Special Home Edition 開始のご案内」　ETS Japan Retrieved from https://www.toefl-ibt.jp/dcms_media/other/info_20200403.pdf（2021年11月19日）

CIEE 国際教育交換協議会（2020b）．新型コロナウイルスの影響による TOEFL iBT テスト実施中止に伴う中国本土在住受験者向け「TOEFL ITP　Plus for China」開始のお知らせ．ETS Japan Retrieved from https://www.toefl-ibt.jp/dcms_media/other/info_20200519.pdf（2021年11月19日）

Educational Testing Service（2020a）．Now Available Worldwide: ETS Offers At-Home Solutions for TOEFL iBT Ⓡ Test and GRE Ⓡ General Test Amid Coronavirus Pandemic. ETS

Insights Retrieved from https://news.ets.org/press-releases/now-available-worldwide-ets-offers-at-home-solutions-for-toefl-ibt-test-and-gre-general-test-amid-coronavirus-pandemic/（2021年11月17日）

Educational Testing Service（2020b）. TOEFL ITP® Plus for China Solution. ETS Insights Retrieved from https://www.ets.org/s/cv/toefl/institutions/itp-plus-china/（2021年11月17日）

ETS Japan（2021a）. TOEFL® テストを提供する ETS Japan 設立に関するお知らせ TOEFL テスト日本事務局 ETS Japan Retrieved from https://www.toefl-ibt.jp/dcms_media/other/release20210615.pdf（2021年11月19日）

ETS Japan（2021b）. TOEFL® テストの歴史 TOEFL テスト日本事務局 ETS Japan Retrieved from https://www.toefl-ibt.jp/test_takers/toefl_ibt/history.html（2021年11月19日）

外務省（2021a）. 新型コロナウイルス感染症に関する水際対策の強化に係る措置について 外務省 Retrieved from https://www.mofa.go.jp/mofaj/ca/fna/page4_005130.html（2021年11月28日）

外務省（2021b）. 国際的な人の往来再開に向けた段階的措置について 外務省 Retrieved from https://www.mofa.go.jp/mofaj/ca/cp/page22_003380.html（2021年11月28日）

IDP Education（2020a）. IELTS には2種類ある！ アカデミックとジェネラルの違いを徹底解説 IDP IELTS Retrieved from https://ieltsjp.com/articles/ielts-test-module/（2021年11月19日）

IDP Education（2020b）. お知らせ IDP IELTS Retrieved from https://ieltsjp.com/notice/（2021年11月19日）

IELTS（2021）. What is IELTS Indicator? IELTS Retrieved from https://www.ieltsindicator.com（2021年11月19日）

IIBC（n.d.）. TOEIC® Program とは IIBC 国際ビジネスコミュニケーション協会 Retrieved from https://www.iibc-global.org/toeic/toeic_program.html（2021年11月19日）

IIBC（2020）. TOEIC® Listening & Reading 公開テスト実施における新型コロナウイルス感染症対応について（3月〜12月） IIBC 国際ビジネスコミュニケーション協会 Retrieved from https://www.iibc-global.org/info/administration/collected-tlr.html（2021年11月19日）

IIBC（2021）. IP テスト（オンライン）の導入により応募者の受験率97％を達成 IIBC 国際ビジネスコミュニケーション協会 Retrieved from https://www.iibc-global.org/iibc/activity/iibc_newsletter/nl142_feature_02.html（2021年11月19日）

文部科学省（2018）. ポスト留学生30万人計画を見据えた留学生政策について 文部科学省 Retrieved from https://www.mext.go.jp/b_menu/shingi/chukyo/chukyo4/043/siryo/__icsFiles/afieldfile/2018/05/28/1404629_4_1.pdf（2021年11月26日）

日本英語検定協会（n.d.）. IELTS の特徴とメリット 日本英語検定協会 Retrieved from https://www.eiken.or.jp/ielts/merit/（2021年11月19日）

日本英語検定協会（2020）. IELTS 4月4日（土）, 4月5日（日）の東京会場中止のお知らせ 日本英語検定協会 Retrieved from https://www.eiken.or.jp/ielts/students_info/2020/0330_01.html（2021年11月19日）

日本学生支援機構（2020a）. 2020 年度日本留学試験（第1回）実施の中止について

日本学生支援機構 Retrieved from https://www.jasso.go.jp/about/press/1193018_2581.html（2021年11月19日）

日本学生支援機構（2020b）．2020年度日本留学試験（第2回）実施結果の概要　日本語教育振興協会 Retrieved from https://www.nisshinkyo.org/news/pdf/D-2020-03-2.pdf（2021年11月19日）

日本学生支援機構（2021a）．Study in Japan 基本ガイド（2021-2022）　日本学生支援機構 Retrieved from https://www.studyinjapan.go.jp/ja/_mt/2021/07/study_in_japanJP.pdf（2021年11月19日）

日本学生支援機構（2021b）．2022年度（令和4年度）日本留学試験 実施要項　日本学生支援機構 Retrieved from https://www.jasso.go.jp/ryugaku/eju/about/__icsFiles/afieldfile/2021/11/08/20211108_j_eju_guidelines_1.pdf（2021年11月15日）

日本学生支援機構（n.d.）．日本留学に利用されている各種試験　日本学生支援機構 Retrieved from https://www.studyinjapan.go.jp/ja/planning/examination/（2021年11月19日）

西原　鈴子（2011）．日本留学のあり方と大規模テストの可能性　日本語教育，*148*，4-12.

太田　浩（2008）．外国成績・資格評価（Foreign Credential Evaluation）システムと留学生の入学審査　留学交流，*20*（8），2-5.

太田　隆文（2015）．内なるグローバル化 海外からの留学生受け入れの現状と課題　日本貿易会月報，*737*，8-11. Retrieved from https://www.jftc.or.jp/shoshaeye/pdf/201506/201506_08.pdf（2021年11月26日）

翁　文静・立脇　洋介（2021）．募集要項から見る留学生受け入れの現状——国立大学4月入試を中心に——　大学入試研究ジャーナル，*31*，105-110.

鈴木　瑛子（2021）．新型コロナウイルス感染症の感染拡大下における民間英語試験の新たな実施形態　東京海洋大学研究報告，*17*，72-77.

横田　雅弘（2012）．日本における留学生受入れの現状と展望　学術の動向，*17*（2），8-9. Retrieved from https://www.jstage.jst.go.jp/article/tits/17/2/17_2_74/_pdf/-char/en（2021年11月19日）

第  章

大学入試における少人数を対象とした
オンライン筆記試験の可能性
——大学の授業における期末考査をモデルケースとして——[1]

倉元　直樹・林　如玉

第1節　問題

1．新型コロナウイルス感染症と大学入試

　日本において令和2年（2020年）に入って突然猛威を振い始めた新型コロナウイルス感染症（以下，COVID-19と表記する）は，社会の様々な局面で甚大な被害を及ぼしている。大学を含む学校教育も大きな影響を受けた分野である。欧米と比較するとCOVID-19による被害が抑えられてきた我が国でも，3月2日から始まった全国一斉の休校措置を皮切りに，4月の新年度開始後もその影響は各所に及んでいる。令和2年度（2020年度）において，初中等教育に関わる諸学校は休校措置のための通常の年度より短い授業日数，代替となるオンライン授業や分散登校，夏休みなどの長期間休暇の短縮など，非常事態と言うべき異例の学校運営を強いられてきた。

　大学でもCOVID-19の影響は甚大である。日本国内の大学はほぼ例外なくキャンパス封鎖やオンライン授業への移行を余儀なくされた。国公私立大学と高等専門学校を対象とした文部科学省の調査によれば，5月12日の時点で新年度の授業開始を延期したのは930校（86.9％）に達し，ほぼ全て（99.6％）が遠隔授業を実施または検討していた。7月1日時点でも，面接授業のみは173校（16.2％）に過ぎず，全面的に面接授業を開始する予定時期も検討中が535校（59.7％）と約6割を占める状況で，影響が通年に及ぶことは

1　本稿は，巻末「初出一覧」のとおり，倉元・林（2021）を再録したものである。要旨を削除し，本書の編集方針の下，一部の表現について加筆修正を加えた。なお，原典が投稿された令和2年（2020年）8月の時点に基づく表現となっている部分があるが，原則として再録に当たって表現の修正は行っていない。

確実となっている（文部科学省，2020a，2020b）。教職員の勤務形態も一時期は在宅勤務が主体となった。

　COVID-19の最初の拡大期は日本では3月下旬から始まった。令和2年度（2020年度）入試がほぼ終了した時期であり，大学入試については全国的な影響は生じなかった[1]。しかし，COVID-19の影響が長期化する中，今後の大学入学者選抜への影響が懸念されている。令和3年度（2021年度）入試については，全国高等学校総合体育大会や全国高等学校総合文化祭の中止を受け，5月に総合型選抜，学校推薦型選抜に関して配慮を求める通知が発出された（文部科学省高等教育局長，2020a）。さらに，例年5月下旬頃の日付で通知されるのが通例の大学入学者選抜実施要項の公表も6月19日まで遅れた（文部科学省高等教育局長，2020b）。各大学はそこから準備を加速し，7月末の公表期限に向けて入学者選抜要項の詰めの作業を行うこととなった。

　本来，令和3年度（2021年度）入試は高大接続改革初年度となるはずであったが，令和元年（2019年）末になって英語民間試験の延期，大学入学共通テストへの記述式問題導入の見直し等，大きな変更があった。大学進学希望者の受験準備に対する影響に加え，大学側も在宅勤務で活動が制約される中，例年通りの入試の準備に加え，高大接続改革の方針転換とCOVID-19拡大防止への対応を同時に迫られている。

2．大学入試のオンライン化検討の必要性

　自由な移動が制限された中での入試の実施は大きな課題である。広域の移動に関して，緊急事態宣言[2]下では県境を超えた移動が原則禁止となった。

　国境を越えた移動は，本稿執筆時点（令和2［2020年］8月）でも原則的に厳しい制限下にある。本来，「事前に公表された入試方法は，大学が受験生に向けた契約書と言える」ものであり，大学のアドミッション・ポリシーを受験生に伝えるためのメッセージである。したがって，コロナ禍の移動制限の下であっても「受験会場への移動は『要』であり『急』である」と社会に認めてもらいたい（以上，倉元，2020/2022）。

　その一方で，本稿執筆時点のCOVID-19の蔓延状況を前提として考えた場合，全ての状況で一律に同じ方法が可能なわけではない。例えば，渡航制限が課せられた海外に在住している受験生に対し，来日して試験場に来場さ

せた上で他の受験生と同じ条件で一斉試験を課すことを要求するのはどう見ても無理がある。実質的に不可能だったり，受験生を大きな危険にさらしたり，著しく高コストな条件を課すのは，当該の受験生に対して酷であると同時に制度として著しく公正性を欠くことになる。したがって，次善の策として準備すべきことは，手続き的公平性を保ったまま一斉試験とほぼ同等の方法で入試を実施する工夫である。

　その1つのアイデアが本稿で検討する入試のオンライン化ということになる。ただし，オンライン形式の入試方法を最初から設計，構築するためには，それを目的とする研究の積み上げと膨大な実証研究が必要となる。本稿はあくまでもコロナ禍の下での緊急対応として，通常は対面形式[3]で行われる試験の代替実施をオンラインで行うことについて検討したものである。

3．オンライン筆記試験の条件

　通常，対面形式で行われる大学入試の選抜方法には，筆記試験，面接試験，実技試験が考えられる。面接試験や実技試験においては同時に評価される受験生が1名，あるいは，複数名でも比較的少人数であることが特徴として挙げられる。試験時間も長くとも数十分程度と比較的短い場合が多い。したがって，オンラインで実施した場合でも，対面形式と遜色ない条件を設定することはさほど難しいことではないかもしれない。

　一方，筆記試験をオンラインで対面形式と同等の条件で行うにはいくつか障壁があると思われる。以下，『テスト・スタンダード』（日本テスト学会，2007）を参照しつつ，オンライン筆記試験の条件について述べる。

　1つは「テスト用具の管理」に関わることである。『テスト・スタンダード』では「テスト実施責任者は，質問冊子などのテスト用具を，関係者以外が扱ったり触れたりすることがないように厳重に管理する（p.71）」とされている。当然の常識だが，試験の内容が事前に外部に漏れたり，受験者に知られたりしてはならない。

　受験者が不慣れな形式の試験という点に配慮すると「実施前の受検者への説明（pp.73-74）」も必要となる。さらに「手順どおりの実施と不測の事態への対処」は重要だ。特に，受験者が複数存在し，受験場所が個別に異なるような状況の場合には，「同一条件での実施」をどのように確保するかが課

題となる。「不測の事態への対処」，特に「不正行為や妨害行為への対処」も対面形式と比較すると著しく困難となるだろう（pp.74-78）。

　以上の条件を満たし，公正な選抜方法として成立させるには，具体的な実施上の工夫が必要となる。

第2節　目的

　本研究の目的は，少人数受験者を想定した場面における筆記試験のオンライン実施方法を探ることである。

　具体的には，大学の授業における期末考査を対象に実施したオンライン期末考査の場面を利用する。オンラインで期末考査の受験を希望した一部の学生に対して，大学入学者選抜でも耐えうるような条件を想定した厳密な管理の下に試験を実施した。その結果から，実際にオンライン筆記試験を実施する場合の条件や困難，留意点について検討を行う。

第3節　方法

1．研究対象

　本研究の対象は，令和2年度（2020年度）にA大学において第1著者が担当した講義の期末考査である。セメスター制の前期に開講されており，5月からオンラインで実施された。事前収録された授業をオンデマンド配信し，受講者は自由な時間に視聴することができる形式である。学部生と大学院生，聴講生を合わせて10数名の受講登録者があり，全員が期末考査を受験した。

　期末考査は8月上旬に行われた。この時期，A大学の当該学部ではCOVID-19の感染拡大防止措置を採ることを条件に一部で対面授業が許可されていた。そこで，対面形式による期末考査を基本としながら，対面受験が困難な受講者に対する代替措置として，オンライン期末考査を実施したものである。

　本研究で分析対象とするデータは，希望者に対して行ったオンライン期末考査の記録である。

2．期末考査の実施形式

　期末考査の実施時間は，例年，80分としている。一切の資料参照を禁止する紙筆形式の記述式テストであり，大学入学者選抜で一般的な個別学力検査に近い実施形式である。

　本研究で分析の対象とするオンライン期末考査は，試験問題に関する情報のやり取りを防ぐために，通常の対面形式の期末考査と時間的に並行して行われた。ただし，同時に指示を出すのは難しいため，開始及び終了時刻にはタイムラグが生じる。試験問題と解答用紙は対面形式の期末考査と同じものを用いた。

　2名の実施者は，対面形式の期末考査が実施される教室に，開始時刻の45分前を目途に集合した。対面形式の試験に加えてオンライン期末考査を実施するためにノートパソコンが2台準備された。

　オンライン期末考査は，対面の期末考査が始まる26分前に開始し，対面の期末考査が終わる26分前に終了した。試験開始後は主に第2著者がオンライン期末考査，第1著者が対面形式の主監督を務めた。なお，当該の授業がオンデマンド形式のオンライン授業で行われたため，受験者は準備セッションまで，いずれの監督者とも直接接する機会はなかった。

　対面形式の受験者にもオンライン期末考査の受験者が同時並行で同じ試験を受験することを事前に周知していた。したがって，対面形式の受験者がオンライン受験者に向けた指示を混同することはなかった。

3．オンライン期末考査の実施手順

3.1．受験希望者の募集と応募

　受講者全員に，当初のシラバスに記載した通りの期末考査を行うことを通知した。ただし，COVID-19感染拡大防止の観点から「(1) 対面での受験ができない者」，「(2) 対面での受験に躊躇を感じる者」を対象として，特別措置としての代替手段の位置づけでオンライン期末考査を実施することを通知した。その際に付した環境条件は以下の図8-1の通りである。

　図8-1の内容から分かるとおり，本研究のオンライン期末考査は試験場が教室外に設定されており，ビデオ会議システム Zoom を利用するものの，教室環境における対面形式の筆記試験と同等の環境設定による試験実施を

> **日時**：期末考査（対面実施）とほぼ同時刻
> **場所**：任意（ただし，室内に他人がいない［出入りもしない］静謐な場所）
> **テレビ会議システム**：Zoom（事前に通信テストを行う）
> **必要設備・装備，環境等**：
> 　パソコン，パソコンを設置する台，Zoom が利用可能な良好な通信環境
> （オンライン授業の受講ができる程度），ウェブカメラ（パソコン内蔵
> 可），答案作成可能な環境（机，紙，鉛筆，その他の筆記用具），試験問
> 題と解答用紙の開封及び答案の封入が可能な環境

図 8-1.　オンライン期末考査の実施条件

狙ったものである。結果的に 2 名の受講者がオンライン期末考査の希望を申
し出た。該当する理由は上述の（1），（2）がそれぞれ 1 名ずつであった。

3.2.　オンライン期末考査実施方法の概要

　本研究で実施したオンライン期末考査の基本設計は，試験監督業務のみを
オンラインで行う，というものである。すなわち，ウェブカメラを通して遠
隔から試験監督を行うところが「オンライン」であることの意味を成す。逆
に言えば，それ以外の部分をどのようにして対面形式に近づけるかに工夫が
必要となる。

　試験問題，解答用紙等と答案の授受は，宅配便を用いることとした。封入
物は，図 8-2 のとおりである。

　試験問題は試験開始時に初めて受験者の目に触れるように，中封筒に入れ
ることとした。今回実施した期末考査においては，通常，解答作成に必要と
する解答用紙は 2 ～ 4 枚程度であるが，後述するように，万が一の事故が起
こった際に行う再試験実施の可能性も視野に入れて，多めに封入した。なお，
解答用紙の右下には個人と通番が識別できるように赤字で記号番号を付した。
答案封入用の茶封筒には口糊加工が施されたものを利用した。また，返送用
封筒は見た目が異なる青色，マチ付きのものを利用した。

3.3.　マニュアルの作成

　あらかじめ「オンライン期末考査の手続き」と称する受験者用の実施マ

```
１．封入物一覧（本状）
２．オンライン期末考査の手続き
３．試験問題入り封筒
４．解答用紙（10枚）
５．答案封入用茶封筒
６．返送用封筒（青色，マチ付き）
７．送付状（着払）
```

図 8 - 2．郵送物内容一覧

ニュアルを作成した（図 8 - 2 参照）。以下，マニュアルに従って実施手順を
概説する。

3.4. 概要説明

　最初にオンライン期末考査の概要説明が記載されている。対面実施の期末
考査と同等の内容であること，適正に実施されたことを証明するために厳密
に手順を定めること，当日はあらかじめ定められた手順に従うこと，手続き
に違反する行為があった場合，不正行為と認定される場合があることが説明
されている。

　実施については以下のとおりである。試験問題等は宅配便[4]で送付される
こと，封筒の開封から答案等の封入までの様子について Zoom を用いて送受
信し，録画すること，答案等の返送は送付された封筒に同封されている返送
用封筒を利用することが記載されている。

　試験問題等の受領における注意点としては，試験前日に配達指定で送付さ
れること，追跡可能な送付状コードが知らされること，該当の郵便物が到着
したら速やかに電子メールで実施者に通知すること，試験実施前には絶対に
開封しないこと，郵便物等を開封する可能性がある人物にもその旨を伝えて
おくことである。

3.5. オンライン期末考査の事前準備

　次は受験日当日に行う事前準備である。期末考査の受験に必要な物品を事
前に用意しておくこと，オンライン期末考査の通信開始前に通信状況が良好

であることを確認すること，となっている。なお，試験中はウェブカメラで映る範囲外への移動は禁止とされている。

通信の開始に当たっては，以下の注意が与えられた。パソコンとウェブカメラを用いること，開始の少し前に通信可能な状況にすること，開始直前に電子メールでミーティングIDとパスワードが通知されること，ミーティングへ入室許可が出されたらただちに参加すること，表示名を受験者氏名とすること，通信開始から終了までカメラとマイクをオンにすること，ヘッドセットやイヤホン等の外部接続機器の使用を禁止することである。さらに，意図的にマイクやカメラをオフにした場合や使用禁止のデバイス等を利用した場合には不正行為とみなされる，といった内容も加えられた。

オンライン期末考査は対面形式と並行実施だが，少し早く開始，終了する予定であること，試験監督はヘッドセットを利用し，後述の通り，必要な場合を除き，試験時間中は原則的にマイクとカメラをオフにすること，2名が交替で務めることが記載されている。

3.6. 試験環境の確認

次の記載内容は，試験環境の確認についてである。受験者全員の通信が開始されたら，ミーティングの録画が開始され，直後に行われるのが試験環境の確認である。なお，試験環境の確認は，後述の準備セッションで確認した方法に従って実施することとした。

最初に，監督者の指示の下，ウェブカメラを360度回して部屋の中に不正行為につながる物品や人物などが存在しないことを確認する。その後，試験実施中に受験者の手元と出入口が映る位置にカメラを設置する。受験する場所の条件について，その詳細はマニュアルでは指示していないが，後述する準備セッションの際に，室内の環境を確認し，死角から人が出入りできない位置に机とパソコンを設置することを指示している。

試験環境が整ったら，それ以降，返送物の封入が終了してオンライン期末考査の終了が宣言されるまで，パソコンとウェブカメラに触れることは禁止となる。

3.7. 試験問題等の開封

次の記載内容は，事前に送付された試験問題等の開封手順である。受験者

は，試験監督者の指示に従って，カメラの前で送付された封筒を開封する。その際，開封動作全体がカメラに映るようにする。開封後，全ての必要物品が封入されていることを確認するが，合図があるまで試験問題が入った袋は開けてはいけない。確認を終えたら，解答できる体制を整えて試験開始まで静かに待つことが指示されている。

3.8. 試験実施

　次の記載内容は試験実施の手順であり，基本的に対面形式と同等である。すなわち，試験開始の合図に従い試験問題を袋から取り出して解答を始めること，解答中は一切の資料の参照が禁止であること，試験終了10分前に監督者から音声でその旨通知があること，試験終了の合図とともに鉛筆を置いて，解答を終了することである。唯一，オンライン実施に関わる指示は，必要がある場合を除き，試験中は監督者のカメラとマイクがオフになっていることである。

3.9. 答案等の封入と送付

　次に，答案等の封入と送付に関する指示が記載されている。試験が終了したら，同封されている返送用の封筒を用いて返送の準備をすること，監督者の指示に従って，カメラの前で所定の封筒に答案等を封入し，その際，封入動作全体がカメラに映るように気をつけることとなっている。さらに，答案封入に関する具体的な手順が記載されている。答案を送付物の中にある答案封入用封筒に入れること，直ちに封をして封筒の表に氏名を書き，割印を押すこと，なお，割印代わりにボールペンによるサインも可とすることである。

　続いて，試験問題，送付状を除き，全ての送付物を返送用封筒に入れて封印し，送付状コードが事前に通知された番号と一致することを確認する手順が記載されている[5]。最後に送付状に氏名を記入し，返送用封筒に貼るまでが指示内容であった。

　なお，試験問題の封入を求めなかったのは，対面形式の試験と同等の条件を確保することが目的である。

3.10. 通信の終了，その他

　以上の作業が滞りなく終了した後，試験監督がオンライン期末考査の完了を告げ，それに従って通信を終了することが指示されている。

　なるべく当日中に答案等を発送すること，発送手続きが完了したら，その旨を速やかに電子メールで通知すること，答案等が到着したら，直ちに電子メールで連絡すること等が記載されている。

　なお，試験の途中で通信トラブルが起こった場合，試験監督の指示に従うこと，短時間では修復不可能なほど深刻な通信トラブルが生起した場合，再試験となる可能性があることとなっている。

４．準備セッション

　試験の実施に先立ち，準備セッションを実施した。主要な目的は受験する部屋の状況及び通信環境の確認と手順の確認である。2名の対象者に対してあらかじめ準備セッションの目的を伝え，受験予定の場所での参加を求める旨を伝えた。「オンライン期末考査の手続き（暫定版）」を送付し，準備セッションの際に記載内容の確認を行った。

　準備セッション当日にはZoomへの接続と通信環境についてテストし，さらには部屋の様子を映して，特に問題ないことを確認した。また，事後インタビュー実施に関する許諾手続きを実施した。

５．事後インタビュー

　本研究に鑑み，オンライン期末考査に関する半構造的インタビューを企画した。6項目の質問から成るインタビューガイドを作成し，それに沿って2名の対象者に質問を行った。第2著者がインタビュアーを務め，第1著者は補助者としてインタビュー場面に参加し，補足的な質問を行った。

　オンライン期末考査を受験した2名の協力者に対し，準備セッションの機会を利用して事後インタビューへの協力を依頼した。インタビュー方法は試験と同様にZoomを用いたオンライン形式であること，各自個別に行うこと，許可を得て録音・録画し，それに基づいて分析を行うこと等を伝え，協力の許諾を得た。

　インタビュー当日，Zoomのチャットシステムを用いて同意書を送付し，

調査の目的，調査方法，プライバシー保護，結果の保管，調査結果の公表，
倫理的配慮について伝えて改めて同意を得た。

6．研究倫理に関する承認手続き

　第1著者が所属する組織の倫理審査委員会[6]委員長に照会し，医学系の基
準を準用すれば，10名未満を対象とした介入を伴わない事例研究については
倫理審査が不要であること，入試業務に関連する内容の研究については東北
大学入試センター長の許可の下に研究発表を行って差支えないことを確認し
た。

第4節　結果

1．オンライン筆記試験の実施

　準備セッションの時点で確認したオンライン期末考査の手続きについて2
名の対象者は問題なく理解し，変更を加える必要は生じなかった。なお，実
施者側が準備セッションを行った場所が試験当日とは異なっていたため，本
番で2名の実施者のうちの1名のパソコンにおいて予期せぬ通信障害が発生
したが，試験開始前には解消された。

　オンライン筆記試験の実施については，当初の予定通りスムーズに進み，
特段の問題は生じなかった。また，対面形式で受験した学生にも影響はな
かった。

2．事後インタビューの概要

　事後インタビューの概要は以下の通りである。事前に作成したインタ
ビューガイドに沿って進行した。紙面の関係で具体的な文言は省略する。

2.1．通信環境に対する懸念

　最初の質問項目として「受験前に抱いた不安，心配」について尋ねた。協
力者A，B（以下，A，Bと表記する）に共通の懸念事項は通信状況であった。
Bは加えて郵便事故についても心配していた。

受験後は，2名とも，懸念していた点は問題なかったと回答した。Bによれば，「通信環境は時間帯によって違うので，受験の時間帯が早かったのがよかった」ということであった。

2.2. セキュリティ（不正行為）

2番目の質問項目として「オンライン期末考査の手続き」について尋ねた。基本的に2名とも「内容は厳密で良かった」との意見であった。しかし，同時に問題点の指摘もあった。「事前にカメラを360度回して確認しても，不正行為を完全に防ぐのは難しい」という点で，2名が異口同音に同じ意見を述べた。

2.3. オンライン受験のメリットとデメリット

3～5番目の質問項目として「不快に感じたこと」，「困ったこと」，「メリットとデメリット」について尋ねた。これら3つの質問に対する回答を「オンライン試験のメリットとデメリット」の観点から整理した。

オンライン試験のデメリットとして，2名が共通して挙げたのは「プライバシーの問題」と「手続きの複雑さ」である。今回はA，Bともに自宅を受験会場としたため，整理整頓に気を使ったとのことであった。手続きの複雑さに関しては，事前説明が十分だったので，気になるほどではなかった，との発言もあった。

メリットに関しては，2名とも「自宅での受験はリラックスできる」ことを挙げた。さらに，Bは「通学が必要はないので時間が節約できる」点も指摘した。

ところで，今回は音声をオンにしてZoomを利用したため，生活騒音が双方の受験者に聞こえる状態であった。その点については，2名とも「解答に影響はなかった」としたが，Bからは「大人数の受験になると，雑音が気になる可能性がある」旨の発言があった。

2.4. オンラインと対面の公平性

補足として「オンラインと対面では不公平と感じるようなことはあったか」との質問を行った。それに対する回答は「（条件の違いは）テスト自体

と関係ない」という内容であり，受験者側から不公平と感じた点はなかったと思われる。

第5節　考察

　本研究では試験監督のみをオンライン化した。そして，それ以外は可能な限り忠実に対面形式の試験を再現することを試みた。特に，セキュリティ対策として試験実施場面で受験者がパソコンに触れない方法を考えた。インタビューに基づく限り，詳細なマニュアルと準備セッションの存在が前提であるが，当初の意図は達せられた。ただし，改善すべき課題も見える。

　1つは試験問題を封入した中封筒である。本研究では円滑に試験を開始するために，封をしなかった。他方，誤って事前に郵送物が開封される事故を想定すると，試験問題入り中封筒の厳封は必須と思われる。中封筒の封緘がそのままであれば，試験問題の漏洩はないと判断できるからである。厳格な輸送，保管ができない以上，試験問題の事前漏洩防止は最大の課題である。大学入試の場合，より高度な配慮が求められる。

　通信環境には常に不安が付きまとう。可能であれば受験者が有線LANで接続できる環境が望ましいが，必須とするのは難しい。事前に良好な通信環境を整えるとともに音声や通信の遮断に対してどのように対応するか，事前に様々なケースを検討の上，状況に応じた手順と事後処理を明確化しておく必要があるだろう。

　不正行為防止に関しては，受験した協力者側から，試験直前の確認の際に机の下もカメラで映すなど，細かな配慮が必要であるという指摘があった。一方，監督者にとっては対面形式よりも個々の受験者の視線の動きが追いやすい。したがって，対面形式と比較して不正行為の発見は難しくはないという印象であった。

　生活騒音の問題は，受験者数と採用したビデオ会議システムの仕様に依存する。どの程度の人数までなら実施可能か，データを積み重ねる必要がありそうだ。なお，図8-1の環境条件で内臓マイクの記載がなかったのは不備であった。今回の実施で問題は生じなかったが，改善すべき点である。

　留学生や帰国生等を対象にした試験など，受験者が海外に居るケースではオンライン試験のニーズがより大きいと思われるが，海外への応用を考えると，事前に通信環境だけではなく郵便事情の調査も必要になってくる。問題や解答を郵送する方法が地理的にどこまで適用可能か，慎重な判断が求められる。

　以上，総じて様々な側面から対面形式よりも実施ミスが発生する蓋然性が高いことは否めない。再試験を想定した準備も必要となってくるだろう。

　COVID-19の感染拡大という問題状況は，誰も予想できない形で突然現れた。全ての人が否応なしに状況に巻き込まれ，それぞれの立場で待ったなしの対応に迫られている。本研究は「COVID-19緊急対応」という大きな課題の一応用分野として，大学入試について検討した事例研究という位置づけになる。本研究は技術的な検討もなく，限定された状況のみで応用可能な一事例を試したに過ぎないが，今後は多様な発想とアイデアに基づく数多くの事例を集めることが必要だ。通常行われる対面による一斉試験の要素のうち，試験監督のみをウェブカメラに置き換えるだけという素朴な発想が本研究の特徴である。高度な技術や大規模な組織を必要とせず，簡単に応用できる方法であることが利点と思われる。

　その反面，今回の実施で通信障害等のアクシデントが起こらず，スムーズに試験を実施できたのは単に幸運が味方したためと考えるべきだろう。受験生の人数が多くなるほど，また，実施機会が増えるほど，入試ミスや不正行為が入り込む確率は高くなる。定期考査と比較して，さらにハイステークスな選抜場面で課される試験問題に求められる精度は著しく高い。代替問題の準備も難しい。したがって，オンライン筆記試験を本格的に実用に供するためには，総合的な通信技術の検討，入試ミスや不正行為防止の対策，再試験の準備を含めたアクシデント対応等，クリアすべき問題点が山積していることは言うまでもない。

注
1 ）ただし，大学職員の COVID-19感染が判明した北海道大学ほか，感染が拡大していた北海道を中心に数校が後期日程の個別試験を中止するなど，一部には影響が見られた。
2 ）令和 2 年（2020年） 4 月 7 日に東京と大阪を含む 7 都府県を対象地域として宣言

が発令されたのを皮切りに全都道府県に拡大された。5月14日から順次解除され，25日に全国で解除となった。

3）試験実施者と受験者が，教室などの他から区切られた試験実施を目的として設定された場所（試験場）に同時に居る方式を「対面形式」と表現する。したがって，何らかの形でオンライン形式を取り入れている場合でも，試験監督に相当する実施者が受験者と同じ空間に居るケースは「対面形式」に含まれるとする。

4）実際に利用された特定業者名を記載。

5）送付状コードのメモの用意を指示していなかったので，実際にはこの部分は省略となった。

6）東北大学高度教養教育・学生支援機構倫理審査委員会。

謝　辞

本研究は JSPS 科研費 JP20K20421の助成を受けた研究成果の一部である。

文　献

倉元　直樹（2020）．今年の大学受験生を「ロスト・ジェネレーション」にするな！「こころ」のための専門メディア note（ウェブコラム）金子書房 Retrieved from https://www.note.kanekoshobo.co.jp/n/nda0a8c35dd00（2022年8月11日）［倉元　直樹（2022）．緊急提言　今年の大学受験生を「ロスト・ジェネレーション」にするな！倉元　直樹・宮本　友弘（編）　コロナ禍に挑む大学入（1）緊急対応編（pp.2-6）　金子書房］

文部科学省（2020a）．新型コロナウイルス感染症対策に関する大学等の対応状況について（令和2年5月13日）　文部科学省 Retrieved from https://www.mext.go.jp/content/202000513-mxt_kouhou01-000004520_3.pdf（2020年8月13日）

文部科学省（2020b）．新型コロナウイルス感染症の状況を踏まえた大学等の授業の実施状況（令和2年7月17日）　文部科学省 Retrieved from https://www.mext.go.jp/content/20200717-mxt_kouhou01-000004520_2.pdf（2020年8月13日）

文部科学省高等教育局長（2020a）．高等学校等の臨時休業の実施等に配慮した令和3年度大学入学者選抜における総合型選抜及び学校推薦型選抜の実施について（通知）　文部科学省 Retrieved from https://www.mext.go.jp/content/20200910-mxt_daigakuc02-000005144_2.pdf（2020年8月13日）

文部科学省高等教育局長（2020b）．令和3年度大学入学者選抜実施要項　文部科学省 Retrieved from https://www.mext.go.jp/content/20210208-mxt_daigakuc02-000005144_03.pdf（2020年8月13日）

日本テスト学会（2007）．テスト・スタンダード――日本のテストの将来に向けて――　金子書房

第9章

オンライン入試の意義と課題
――九州工業大学における総合型選抜Ⅰの事例をもとに――[1]

大野　真理子・花堂　奈緒子・播磨　良輔

第1節　はじめに

1．新型コロナウイルス感染症対策とオンライン入試

　令和3年度（2021年度）の大学入学者選抜では，新型コロナウイルス感染症の感染拡大を防止するという観点から，徹底した感染対策を講じた上で入学者選抜を実施することが求められた。「令和3年度大学入学者選抜実施要項」（文部科学省，2020）では，「第14　新型コロナウイルス感染症対策に伴う試験期日及び試験実施上の配慮等」の項目が新たに設けられ，各大学が実施上配慮すべき事項が明記された。特に，総合型選抜及び学校推薦型選抜では，「ICTを活用したオンラインによる個別面接やプレゼンテーション，大学の授業へのオンライン参加とレポートの作成，実技動画の提出，小論文等や入学後の学修計画書，大学入学希望理由書等の提出などを取り入れた選抜を行う」等の工夫が，感染対策の一例として示された。併せて，そのような入学者選抜を実施する際は，「入学志願者による利用環境の差異や技術的な不具合の発生等によって，特定の入学志願者が不利益を被ることのないよう，代替措置などの配慮を行う」ことも要請された。

　上記要項において感染対策の一例として示されたICTを活用したオンラインによる入学者選抜を，本研究では「オンライン入試」と呼ぶことにする。令和3年度（2021年度）選抜では複数の国公私立大学において，様々に工夫

1　本稿は巻末「初出一覧」のとおり，大野・花堂・播磨（2022）を再録したものである。要旨を削除し，本書の編集方針のもと，一部の表現について加筆修正を加えた。なお，原典の投稿が受理された時点に基づく表現となっている部分があるが，原則として，再録に当たって表現の修正は行っていない。

を凝らしてオンライン入試を実施した事例が報告されており（大学入試のあり方に関する検討会議，2021），九州工業大学の総合型選抜Ⅰもその１つである。

2．本研究の目的

　九州工業大学の総合型選抜Ⅰは，制度設計時点ではオンラインでの実施を想定して設計された選抜ではなく，後述するように新型コロナウイルス感染症への緊急対応として急遽オンライン実施へ切り替えたものである。そのため，選抜方法の一部がオンラインで実施可能なものに限定されるなど，当初の制度設計からの変更を余儀なくされた部分はあったものの，総合型選抜Ⅰで求める学生を選抜するための観点は維持できたものと考えている[1]。オンライン入試への移行にあたり，実施運用等については複数回にわたる学内での協議を重ねて決定し，実施後のフィードバックも行ってきた。同様にオンライン入試を行った大学からの事例報告では実施準備等の運用面での内容，つまり大学側の視点からの報告が大半を占める（例えば，立脇，2021）。一方で，受験者がオンライン入試という新たな取組みをどのように捉えたかという，受験者視点からの評価は十分になされているとは言い難い。

　そこで本研究では，オンライン入試に対する受験者心理に着目することで，オンライン入試の意義ならびに課題を明らかにすることを目的とする。以下，総合型選抜Ⅰのオンライン入試の概要について紹介した後，具体的な研究方法について説明する。

第２節　九州工業大学の総合型選抜Ⅰについて

1．オンライン入試への全面移行の経緯

　九州工業大学では，令和３年度（2021年度）入学者選抜より，新しいことを学ぼうとする力や書き出す力を活かす入試として，大学入学共通テストを利用しない総合型選抜Ⅰを導入した。総合型選抜Ⅰは２段階選抜方式で，いずれの段階においても，課題をその場で提示し，所定の時間で解答する選抜方法を含むため，対面で実施する場合，受験者は２回来場する必要がある[2]。

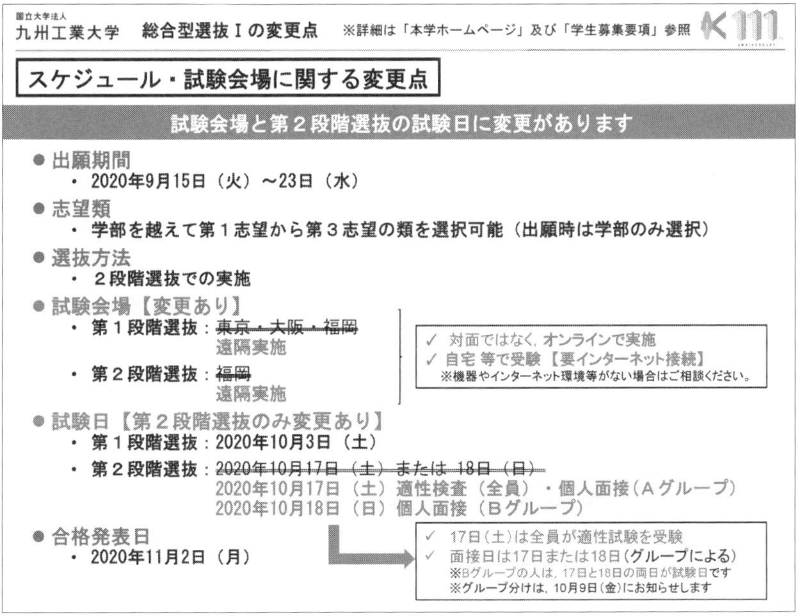

図９-１．スケジュール・試験会場に関する変更点

　令和２年度（2020年度）当初は，新型コロナウイルス感染症が収束し対面での試験が実施できることを期待していたが，８月の時点で，試験会場となるエリアでの収束の見込みは立っておらず，特に高齢化が進むエリアが多い九州では，県外移動者の感染に対する強い危機感がもたれる状況であった。そのため，受験者の来場が困難になる状況や，来場後に受験者家族等への影響が生じる可能性も考慮し，受験者の安全確保ならびに受験機会を担保するという観点から，９月２日に実施方法を対面からオンラインへと全面移行することを公表した（図９-１）。

　なお，オンライン入試の受験に必要な端末やネットワーク，受験会場の確保等が困難な受験者に対しては，九州工業大学戸畑キャンパスへの来学による受験許可や機器等の貸出しを行うことで，受験機会が損なわれることがないよう配慮・措置を講じた。ただし，来学受験の場合には，オンラインでの受験者との公平性を期すため，本学が貸与する端末とネットワークを通じての会場内オンライン受験を原則とし，対面による受験は認めないこととした。

２．選抜方法の概要とオンラインによる実施方法

2.1. 第１段階選抜

　第１段階選抜は，レポート及び課題解決型記述問題により構成される（図９‐２）。レポートでは，３つの分野（数学，科学，工学）の講義（各20分）を受講し，講義ごとに重要だと考えたキーワードを受験者が選び，簡単な解説をそれぞれ５分で記述する。その後，３つのうち１つの講義を選び，その内容を要約するとともに，受講を通じて感じた入学までの学びの必要性について考察し，30分でレポートにまとめる。レポート全体を通しての試験時間は105分である。課題解決型記述問題では，小中学校・高等学校で学んだ算数・数学及び理科の内容をもとにした２つの問題の中から１つを選択し，図表などを用いて60分で解答する。

　第１段階選抜では，オンラインツールとして Zoom を用いた。受験者には，パソコン，タブレット，スマートフォンのいずれかの端末１台を用意することを求めた。受験者は，受験票に記載されたミーティング ID とパスコードを入力してミーティングルームにアクセスし，監督者は，Zoom の画面共有

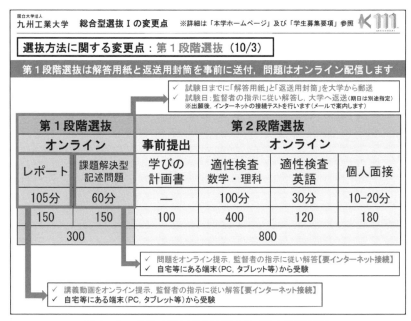

図９‐２．選抜方法に関する変更点（第１段階選抜）

機能により講義動画や課題解決型記述問題の配信を行う。また，解答中は監督者がカメラを通じて受験者をモニタリングするとともに録画を行い，ネットワークや機器のトラブル，不正行為の防止等に適宜対応した[3]。

2.2. 第2段階選抜

第2段階選抜は，第1段階選抜の合格者を対象に行い，学びの計画書，適性検査（数学，理科，英語分野），個人面接により構成される（図9-3）[4]。学びの計画書は事前提出課題であり[5]，大学入学後にどのようなことを学びたいかについて記述する。適性検査では，CBT（Computer Based Testing）方式による選択式問題をオンラインで出題し，数学・理科は合わせて100分，英語は30分で解答する。個人面接では，第1段階選抜のレポートならびに課題解決型記述問題の答案，学びの計画書，適性検査（数学，理科）及び調査書等を参考に，受験者と複数名の本学教員との質疑応答を10〜20分で行う。

第2段階選抜でも，第1段階選抜と同様にモニタリングのオンラインツールとして Zoom を用いた。これに加え適性検査の出題では，CBT プラット

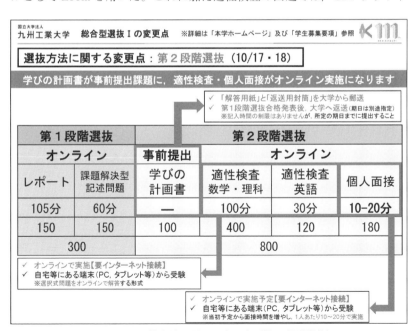

図9-3．選抜方法に関する変更点（第2段階選抜）

フォーム TAO[6]を用いた。受験者は Zoom を起動した状態で，インターネットブラウザ上で TAO にアクセスする必要があるため，タブレット，スマートフォンでの受験者には，Zoom 起動用の端末とインターネットブラウザへのアクセス用の端末として，いずれかの機器 2 台を組み合わせて受験することを求めた[7]。

2.3. オンライン接続テストの実施

　受験者側のインターネット環境や受験会場を確認し，実施方法に関する疑問を解消することで試験当日のトラブルを可能な限り回避し，円滑に試験を実施することを目的として，第 1 段階選抜実施前に，来学受験を希望した者を除くすべての受験者を対象に，大学担当者と受験者とが試験当日と同じ環境下で双方向のやり取りを行う「オンライン接続テスト」を実施した[8]。

　受験者には，試験当日に受験する予定の会場から，オンライン接続テスト用の Zoom ミーティングルームへのアクセスを求めた（図 9 - 4 ）[9]。まず，カメラ，マイクによる画像や音声のクリアさ，受験会場の様子を確認した。その後，試験当日に使用する Zoom の機能として，画面共有によるサンプル画像や動画の見え方，チャット機能の使い方等を確認し，質疑応答の時間を設けた。接続テストにより，インターネット接続状況が不安定で受験に支障が生じる可能性が考えられた場合は，来学受験への変更や機器の貸し出しを提案した。

　なお，第 1 段階選抜の受験者数は196名であり，合格者数は88名であった。第 1 段階選抜の合格発表後，88名全員に対し，第 2 段階選抜で用いる CBT プラットフォーム TAO へのアクセス方法を通知して所定の期日までにサンプル問題への解答を終えるよう求め，TAO の操作方法を事前に確認するための機会を設けた（図 9 - 5 ）。第 2 段階選抜の受験者数は88名であり，総合型選抜Ⅰの最終合格者数は41名であった。

3. Zoomのオンライン待機室へ接続

1. Zoomを起動し、「ミーティングに参加」を
クリック

2. ミーティングIDを入力し、名前欄には
受験番号（S○○○○）を入力

※ ミーティングID、ミーティングパスコードについて
　→ オンライン接続テスト用（9/26,9/27）については、9/24の17時までにメールで連絡します。
　→ 試験当日用については、受験票にてお知らせします。

図 9 - 4 ．　令和 3 年度（2021年度）オンライン受験マニュアル（抜粋）

ログイン方法について説明します。

1. 受験票に記載されているURLを入力してログイン画面に入ってください。

2. ログイン画面が表示されたら、受験票に記載されている、IDをログインID欄に、
パスワードをパスワード欄に入力して「ログイン」ボタンを押してください。

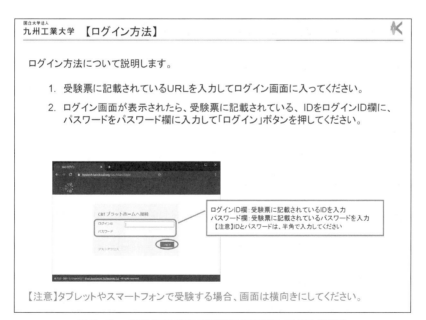

ログインID欄：受験票に記載されているIDを入力
パスワード欄：受験票に記載されているパスワードを入力
【注意】IDとパスワードは、半角で入力してください

【注意】タブレットやスマートフォンで受験する場合、画面は横向きにしてください。

図 9 - 5 ．　適性検査 CBT の受験操作手順について（抜粋）

第3節　方法

1．調査対象・時期・手続き

　総合型選抜Ⅰの合格者41名を対象に，質問紙調査を行った。令和3年（2021年）2月3～14日の回答期間で，調査回答用のウェブサイトからの回答をメールで依頼した。なお，実施にあたっては，個々の回答は統計分析のみに使用し，取得した個人情報は適正に取り扱うこと，個人が特定されない形で研究発表等に用いる場合があること，回答の内容は入学後の成績等にはいっさい影響しないことを明示し，倫理的配慮を行った。

2．調査項目

2.1. ICT端末を用いた作業経験の有無

　総合型選抜Ⅰ「出願前」に，パソコン，タブレット，スマートフォンを用いた作業経験があったかどうかについて，作業ごとに，「(1) あった」，「(2) なかった」の2件法で回答してもらった。作業経験の選択肢は，「(1) インターネットブラウザで情報検索をしたことがある」，「(2) メールのやりとりをしたことがある（LINE等のSNSは含まない）」，「(3) Zoomなどのオンライン会議システムを使ったことがある」，「(4) Wordなどのワープロソフトで文書を作ったことがある」，「(5) PowerPointなどのプレゼンテーションソフトで資料を作ったことがある」の5つを設けた。

2.2. オンライン入試に対する不安度

　オンライン接続テスト「実施前」及び「実施後」のそれぞれの時点におけるオンライン入試に対する不安度について，当時を振り返った上で，「(1) 不安だった」，「(2) やや不安だった」，「(3) あまり不安はなかった」，「(4) 不安はなかった」の4件法で回答してもらった。さらに，オンライン接続テスト「実施前」に抱えていた不安ならびに，オンライン接続テスト「実施後」に残った不安について，自由記述で回答してもらった。

2.3. 受験時のトラブルや困ったことの有無

受験時にトラブルや困ったことがあったかどうかについて，選抜方法ごとに，「(1) あった」，「(2) なかった」の2件法で回答してもらった。さらに，「(1) あった」を選択した者に対し，トラブルの内容について自由記述で回答してもらった。選抜方法は，「(1) レポートの動画視聴時」，「(2) レポートの解答時」，「(3) 課題解決型記述問題の解答時」，「(4) 適性検査の解答時」，「(5) 個人面接の待機中」，「(6) 個人面接の面接中」の6時点に分類した。

2.4. オンライン入試の良かった点と要改善点

オンライン入試を受験して良かったと感じたことと改善する必要があると感じたことについて，それぞれ自由記述で回答してもらった。

第4節　結果と考察

1．回答者の概要

37名から回答があり，有効回答率は90.2% であった。回答者が第1段階選抜を受験した場所は，自宅が23名（62.1%），在学中の学校が9名（24.3%），九州工業大学戸畑キャンパス（来学受験）が5名（13.5%）であった。分析には SPSS27を用いた。

なお第3節1項で示したように，本調査の対象は合格者である。よって，選抜効果の影響により統計量に歪みが生じている可能性があるため，得られたデータの解釈には慎重になる必要がある。

2．ICT 端末を用いた作業経験の有無

ICT 端末を用いた作業経験を有すると回答した者の数と割合について，表9-1にまとめた。端末の種類にかかわらず，ほぼすべての受験者がインターネットブラウザでの情報検索を経験していた。また，メールの送受信，ワープロソフトやプレゼンテーションソフトでの資料作成についても，7～9割弱の受験者がいずれかの端末で作業経験があると回答した[10]。一方，Zoom などのオンライン会議システムを使用したことのある受験者の割合は，

表9-1. ICT端末を用いた作業経験の有無

		(1) インターネット n(選択率)	(2) メール n(選択率)	(3) Zoom n(選択率)	(4) Word n(選択率)	(5) PowerPoint n(選択率)
	パソコン	35(94.6%)	12(32.4%)	16(43.2%)	33(89.2%)	33(89.2%)
経験あり	タブレット	34(91.9%)	12(32.4%)	16(43.2%)	5(13.5%)	4(10.8%)
	スマートフォン	37(100.0%)	28(75.7%)	22(59.5%)	5(13.5%)	2(5.4%)

表9-2. 接続テスト「実施前」と「実施後」のオンライン入試に対する不安度

	平均値	標準偏差	$t(df=31)$	平均値の差［95%CI］	効果量 (g)［95%CI］
接続テスト実施前	2.88	1.01	3.96***	0.66［0.32, 0.99］	0.69［0.29, 1.08］
接続テスト実施後	2.22	0.87			

（注）*** $p < .001$

もっとも使用率の高いスマートフォンでも6割程度と他の作業内容に比べて低くなっており，オンライン入試の受験のために初めてZoomを使用した受験者が少なくなかったことが示された。

3．オンライン入試に対する不安度

　来学して受験した5名を除く32名を対象に，オンライン接続テスト「実施前」と「実施後」の2時点におけるオンライン入試に対する不安度について尋ねた。その平均値の差を，対応あり t 検定で検討した結果を表9-2に示した。$t(31) =3.96$，$p < .001$，95% CI［0.32, 0.99］で有意差があり，「実施前」に比べて「実施後」のほうが，不安度が有意に減少していることがわかった。また，Hedgesの効果量（g）を算出した結果，$g=0.69$ となり，中から大の効果がみられた[11]。

　オンライン接続テスト「実施前」に抱えていた不安の内容については，22件の自由記述があった。項目別にまとめると，端末操作やインターネット接続トラブルへの不安等の「接続や端末操作に関すること」が15件ともっとも多かった。続いて，不正行為をする受験者に対する不安等の「不正行為に関すること」が5件，「その他」が2件であった。さらに，オンライン接続テスト「実施後」に残った不安の内容については，15件の自由記述があった。項目別にまとめると，「実施前」の不安とほぼ同様に分類することができ，

「接続や端末操作に関すること」が9件ともっとも多かった。続いて，「不正行為に関すること」が3件，「その他」が3件であった。

　オンライン接続テストの実施が受験者の不安の軽減に一定の効果を示した点については，第4節2項で明らかになったように，Zoomの操作に慣れていない受験者が少なくなかったことが影響していると考えられる。オンライン接続テストに参加することにより，実際にZoomに接続しながら試験当日の操作方法や実施の流れを体験でき，また不明点を担当者に直接質問することができたことにより，事前に想定できる不安を試験当日までに和らげることができたものとみられる。一方で，オンライン接続テスト「実施後」に残った不安の内容に目を向けると，試験当日の予期せぬトラブルの発生や，不正行為をする受験者の存在への懸念など，オンライン接続テストによる体験だけでは払拭しきれない，その発生も含めて事前に対処できない事象への不安が一部の受験者の中に残り続けたことがうかがえる。

　これらの受験者の不安に対し，大学側では，試験中のトラブル発生時に受験者がとるべき行動として，チャットによる連絡や緊急連絡用の携帯電話による電話連絡などの方法を明記し，受験者側に伝えるといった対応を取った。不正行為についても，どのような行為がそれに該当するのかを明記し，試験開始前に受験会場に受験者以外の者がいないことや，カンニングにつながるメモ等の有無をカメラ越しに確認し，試験中に録画を行うといった具体的な対応内容を示すことで対応した。大学や個々の受験者だけでは制御できない事象への不安を解消することは非常に難しいとはいえ，受験者が安心して受験できる環境を整えるためには，対面実施と同一レベルとまでは難しいとしても，実施方法等の検討の余地はまだ残されているといえるだろう。

4．受験時のトラブルや困ったことの有無

　受験時のトラブルや困ったことの有無について選抜方法別にまとめたところ，トラブル等があったと回答した受験者数は，第1段階選抜では，レポートの動画視聴時に4名，レポートの解答時に1名，課題解決型記述問題の解答時に2名であった。具体的なトラブルの内容としては，動画の途切れや端末のバッテリー減少といった，受験者側のインターネット接続環境や端末に起因するものが挙げられた[12]。第2段階選抜では，適性検査の解答時に12名，

個人面接の待機中に1名，個人面接の面接中に2名が，トラブル等があったと回答し，具体的なトラブルの内容としては，受験者側のシステム利用手順の不備，インターネット接続環境や端末に起因するものが挙げられた。第1段階選抜で発生したトラブル同様，第2段階選抜におけるトラブルも，大学側が受験者の状況を把握し，フォローすることが難しいものであった。

　なお，適性検査において他の選抜方法よりも多くのトラブルが発生したのは，CBTプラットフォームTAOの操作に不慣れな部分が残っていた可能性が推測される。適性検査は他の選抜方法と異なり，Zoomの接続に加え，インターネットブラウザを開いて所定のウェブサイトにアクセスし，ログインするという複数のプロセスを踏む必要がある。第2節2.3でも示したように第1段階選抜の合格者に対しては，第2段階選抜までに，試験当日と全く同じ手順でTAOのテストサイトにログインし，サンプル問題に解答することを求め，約9割の受験者が解答していた。しかし，試験当日は緊張や焦りからか，操作上での不備によってサイトへのアクセスやログインができないという状況が複数名の受験者において発生した。このようなトラブルが発生した受験者に対しては，緊急連絡用の携帯電話に大学から直接連絡し，予備のミーティングルームへの移動を指示した上で，個別に操作方法を案内する等の対応を行った。また，試験開始時刻の繰下げにより正規の試験時間を確保した。今後の大学側の対応として，CBTの操作についてもオンライン接続テストでの確認事項に加えるなどして，受験者と双方で実施手順を確認し，当日のトラブルを未然に防ぐ方法を講じる必要があろう。

5．オンライン入試の良かった点と要改善点

　オンライン入試を受験して良かったと感じたことについては，36件の自由記述があった。項目別にまとめると，自宅等の慣れた場所で受験することができ緊張せずに済んだ，会場に行くための時間や交通費等がかからなかった等の「受験場所・受験環境に関すること」が26件ともっとも多かった。続いて，オンライン入試という新しい方法を体験できたことが良い経験になった等の「オンラインという実施方法に関すること」が5件，感染リスクが減少して安心できた等の「新型コロナウイルス感染症に関すること」が3件，「その他」が2件であった。

このうち,「受験場所・受験環境に関すること」の中には「新型コロナウイルス感染症に関すること」について言及するものも含まれていたが,前者への言及が主である記述は「受験場所・受験環境に関すること」として集計している。オンライン入試は,特定の会場に受験者が一斉に集まって試験を受ける必要がないという新しい入学者選抜の実施のあり方を提示した。このことを受験者の大半が良い点として捉えたことは,オンライン入試の意義を考える上で重要であるといえるだろう。

一方,オンライン入試で改善を要すると感じたことについては,22件の自由記述があった。項目別にまとめると,待機時間が長すぎる等の「待機時間に関すること」が9件ともっとも多かった。これは,個人面接の待機時間といった特定の選抜方法に限らず,第1段階選抜及び第2段階選抜におけるあらゆる選抜方法に関して言及があった。続いて,Zoomの接続方法やインターネット環境への不安等の「接続や端末操作に関すること」が5件,不正防止へのさらなる取組みを求める等の「不正行為に関すること」が3件,接続エラーの減少を求める等の「CBT(適性検査)のシステムに関すること」が3件,直接問題冊子に書き込んで解答したい等の「CBT(適性検査)の解答方法に関すること」が2件であった。

このうち,「待機時間に関すること」及び「CBT(適性検査)の解答方法に関すること」については,対面実施であったとしてもほぼ同様の実施スケジュールであり,かつ問題冊子を配付しない実施方法であったことから,オンライン入試に固有の課題とまではいえない。待機時間に関しては,オンライン入試だからこそより慎重な本人確認が求められ,すべての選抜方法において集合時刻から試験開始までに十分な時間を設ける必要があった。しかし,受験者側からすれば,オンライン入試の利点を活かし,対面実施ほど待機時間は長くないのではないかという期待があったものと思われる。大学側としても,特に個人面接では,可能な限り受験者の待機時間を短縮できるようスケジュールを調整したが,マンパワーの関係上,すべての受験者が集合後すぐに受験できる環境を用意することはできなかった。それゆえ,待機時間が課題と認識された可能性がある。また,「不正行為に関すること」や「接続や端末操作に関すること」については,オンライン接続テスト「実施後」に残った不安にも類似の内容が記述されていることからも,今後のオンライン

入試のあり方を検討する上で，受験者の公平・公正感を損ねないような実施方法の構築は強く求められていく部分である。

第5節　おわりに

1．オンライン入試の意義

　新型コロナウイルス感染症という思わぬ脅威が原動力となった本学におけるオンライン入試の実施経験を通して，考えられるその意義をまとめると次のようになる。

　受験者にとっては，当然ながら受験のための「身体の移動」という制約を外せることである。このことは，感染症と共に生きていく時代の入学者選抜における受験機会の確保の点だけでなく，特に遠隔地の居住者においては受験するための経済的な負担が軽減され，真に希望する大学の選抜にトライしやすくなることを意味する。このことは，受験者自身の強い志望に基づく特別選抜においては，特に大きなメリットとなろう。大学が用意する所定の会場に行かずに受験するということが受験者に好意的にとらえられるならば，オンライン入試は大学側にとっても，より広い地域から志望度の高い受験者を得られることで多様な背景をもつ人材の受け入れにもつながり，それが学外試験場を設置せずとも達成できるという点はコスト面も含めて大きなメリットとなる。

　また，実施においても大学担当者の感染リスクを低減できるという点で試験監督や面接評価者を手配する上で有用であろう。総合型選抜Ⅰは，選抜実施時期が授業開始時期と重なっているため，面接を行う選抜について年度当初より学内から感染に対する不安の声も聞かれていたが，オンライン実施としたことによって解消され，面接評価者の手配ならびに教育への影響も抑えることができた。

　ただし，オンライン入試への移行が可能であった背景として，九州工業大学が理工系大学であり，教職員の多くがICTツールへの親和性が高かったという点には言及しておきたい。総合型選抜Ⅰの適性検査は従前よりCBTでの実施に向けた準備をしており，試験問題や端末が整っていたこともあっ

て，短期間の準備によって移行が可能になった。また，感染拡大が始まった令和2年度（2020年度）末よりオンラインによる入試説明会や受験相談会を複数回行ってきた経験があり，Zoomや端末の操作マニュアル等の整備を含めて教職員への訓練が十分に行えていた。そのため，比較的容易にオンライン実施への移行ができたとはいえ，その段階に至るまでに相当の準備が必要であることは言うまでもない。オンライン入試を推進していくためには，大学側でもICTの利活用に関する教職員スキルの向上に努めていく必要もあるだろう。

2．オンライン入試の課題

　一方で，オンライン入試には課題もある。第一に，インターネット接続環境というインフラの問題である。受験者及び大学双方に安定的なインターネット接続環境がなければ，実施は困難となる。第二には，選抜方法が制約を受けるという点である。一般選抜の個別学力検査における筆記試験のように対面式で厳密な公平性が求められる選抜方法をオンラインで実施することは，受験者側から見た不安要素の払拭が非常に困難であり，オンライン入試には適していない。そのため，従来とは異なる考え方で「知識・技能」を問えるような試験内容・方法を開発することが必要になるだろう。また，受験者同士での密な会話等をもとにするグループワークのような評価手法も，実施方法とともに評価側の評価技能の習熟が必要であることから，オンラインへの移行は容易ではない。筆者らもグループワークの実施検討は行ったものの，令和3年度（2021年度）選抜では最終的に実施を見送った。

　選抜方法に制約を受ける中であっても，工夫することでまだまだオンライン入試の可能性は広がる余地があるだろう。受験者が安心して受験し，自らの実力を出し切ったと感じられるような評価方法の構築が，大学側には今後も求められる。

3．オンライン入試の展望

　このようにオンライン入試は，一定の意義が見出される一方で課題も多く残されており，発展途上の実施方法であることは否めない。しかし，この取組みを新型コロナウイルス感染症対策としての暫定的な措置としてみなすの

ではなく，今後の入学者選抜の実施方法のあり方を検討する上での「はじめ
の一歩」と捉えることが重要であると筆者らは考える。川嶋（2012）が指摘
するように，平成23年（2011年）に発生した東日本大震災は，受験者が同一
箇所に集まって受験するという現行の大学入学者選抜のあり方の限界を示す
出来事であった。新型コロナウイルス感染症という事象も，同様の限界をふ
たたび関係者に想起させたことは明らかである。選抜方法によっては，オン
ライン入試に向き不向きがあることは上述のとおりだが，オンライン入試だ
からこそできることもあるはずである。その特性を活かした制度設計・実施
方法の検討が今後も継続的になされていくことに期待したい。

4．本研究の限界と今後の課題

　本研究は九州工業大学における総合型選抜Ⅰの合格者のみを調査対象とし
ており，またサンプル数も限られているため，結果の一般化可能性について
は限界がある。総合型選抜Ⅰの全志願者を対象に同調査を行った場合や，オ
ンライン入試を実施した他の入試区分でも同様の結果が得られるかどうかに
ついては，結果の解釈に慎重になる必要がある。

　九州工業大学では今回のオンライン入試の成果を活かし，令和4年度
（2022年度）入学者選抜より，国際バカロレア選抜の面接実施方法について
オンライン入試を標準とすることを決定している。このことからも今後は，
受験者が志願する段階からオンライン入試への不安等を調査し，可能な限り
それらを払拭することができるよう，本調査の対象範囲を広げていくことが
求められるだろう。

注
1）もっとも，オンライン入試により一部の選抜方法が代替された入学者と，当初の
　制度設計に基づく選抜方法による入学者とで，入学後のパフォーマンスに違いがな
　いか等，追跡調査による継続的なフォローは求められる。
2）対面実施の場合，第1段階選抜では，九州工業大学戸畑キャンパス（福岡）以外
　に，東京・大阪にも会場を設置する予定であった（第2段階選抜の会場は戸畑キャ
　ンパスのみ）。
3）このような受験者の動向確認を可能にするため，大学側であらかじめ受験者を複
　数のグループに分け，グループごとにミーティングルームを用意した。その上で，
　対応するグループのミーティングIDとパスコードを受験票に記載した。

4）第2段階選抜にはグループワークも含まれていたが，「令和3年度大学入学者選抜に係る新型コロナウイルス感染症に対応した試験実施のガイドライン」（大学入学者選抜方法の改善に関する協議，2020）に沿った実施が困難であると判断したため，令和3年度（2021年度）入学者選抜では実施しないこととした。代わりに，グループワークにおける評価項目・観点を他の選抜方法に加えることで，アドミッション・ポリシーに沿った選抜が可能となるよう工夫した。

5）制度設計時は，試験当日に課題を見て，30分で解答する方式を採用していたが，オンライン入試への移行に伴い，事前提出課題へと実施方法を変更した。解答時間の制限は外した。

6）Open Assessment Technologies S.A. 社が提供するeラーニングにおけるテスト・ドリルの国際的標準規格であるQTI／LTIに完全準拠したWebベースのCBTプラットフォームを指す（Infosign, 2021）。なおTAOには，受験者の解答進捗状況をモニタリングするプロクタリング機能があるが，本学では利用しなかった。代わりに，定期的に手動でResultメニューから稼働状況を確認した。

7）タブレット，スマートフォンの場合，Zoom起動中にインターネットブラウザ等の他のアプリケーションを起動すると，Zoomのカメラが一時的に停止されてしまうため，受験者側のモニタリングができなくなることから，2台体制とした。パソコンによる受験者は，第1段階選抜同様1台で可とした。

8）来学受験者に対しては，大学側で設定を済ませた端末を配付するなど複雑な操作が不要な状態で受験できるようにしたため，接続テストへの参加は不要とした。なお，試験の実施方法等に関する疑問がある場合は，電話やメールで随時問合せを受け付け，接続テストへの不参加による不利益が生じないようにした。

9）Zoomミーティングルームへのアクセス方法等については，オンライン受験マニュアル等を通じ，事前に受験者が準備できるように資料を用意した。

10）ただし，回答者のうち3名は，タブレットを用いた作業経験がないと回答した。

11）ただし，本設問は合格が決まった後に当時の状況を振り返って回答してもらう回顧調査のため，回答時点の状況が統計量に影響を与えている可能性がある点に留意する必要がある。

12）講義動画の配信にあたって大学側では，帯域幅が十分であることをネットワーク担当等に事前に確認している。その上で，配信用パソコンの有線接続が可能な講義室（端末用講義室）で有線接続により実施するなどの対策を行った。

文　献

大学入学者選抜方法の改善に関する協議（2020）．令和3年度大学入学者選抜に係る新型コロナウイルス感染症に対応した試験実施のガイドライン　文部科学省 Retrieved from https://www.mext.go.jp/a_menu/koutou/senbatsu/20201030-mxt_kouhou02_1.pdf（2021年8月23日）

大学入試のあり方に関する検討会議（2021）．第27回配布資料【参考資料4】新型コロナウイルス感染症に対応するための個別試験に関するオンラインの活用　文部科学省 Retrieved from https://www.mext.go.jp/content/20210621-mxt_daigakuc02-

000016052_14.pdf（2021年8月23日）

Infosign（2021）．CBT プラットフォーム TAO　Infosign　Retrieved from https://edu.infosign.co.jp/tao（2021年8月23日）

川嶋 太津夫（2012）．大学入試のパラダイム転換を目指して　東北大学高等教育開発推進センター（編）　高等学校学習指導要領 vs 大学入試（pp.173-191）　東北大学出版会

文部科学省（2020）．令和3年度大学入学者選抜実施要項　文部科学省 Retrieved from https://www.mext.go.jp/a_menu/koutou/senbatsu/mxt_kouhou02-20200619_1.pdf（2021年8月23日）

立脇 洋介（2021）．コロナ禍における個別大学の入学者選抜──令和3年度選抜を振り返って──　第34回東北大学高等教育フォーラム「検証 コロナ禍の下での大学入試」基調講演1資料

終　章

コロナ禍における大学入学者選抜の妥当性を問う

久保　沙織

◆◇◆
第1節　本書を振り返る

1．第1部「世界編」について

　本書に収録された論考は主として，COVID-19の世界的感染拡大が始まった直後の令和2年（2020年）から，令和3年（2021年）春頃までの国内外の大学入学者選抜をめぐる動向に関するものである。第Ⅰ部「世界編」の記述からは，突如として世界を襲ったパンデミックの混乱の中，各国が大学入学者選抜にあたってどのような方針に基づきどのような対応をとったのか，あるいは，コロナ禍の影響がどのような点に表れたかを窺い知ることができる。

　第1部で取り上げた国のうち，大学入学者選抜の実施時期及び新年度の開始時期に照らして最も切迫した決断を迫られたのはフィンランドであろう（第3章）。フィンランドで例年3月に実施される大学入学資格試験は，期間の繰上げ（短縮）はあったものの，当初より予定されていた試験科目は変更されることなくすべて実施されたことが報告された。ただし，突然の期間短縮により受験機会を奪われた受験生も生じたという。さらには個別大学入学試験の対面実施が中止され，リモートで行われた試験でのトラブルや，第一段階選抜としての大学入学資格試験と第二段階選抜としての個別大学入学試験の配点比率が変更されたことで巻き起こった問題についても触れられていた。

　イギリスで大学への入学資格として利用されているGCE-Aレベルでは外部試験（科目の筆記試験）が中止となり（第4章），アメリカでは年に複数回実施される標準化テストであるSAT，ACTの中止が相次いだ（第5章）という。これら2カ国はいずれも9月入学である。第4章では，GCE-Aレベル試験中止の代替措置により引き起こされた成績インフレの混乱や，個別

大学におけるコロナ禍に配慮した対応事例についても紹介された。第5章では，包括的入学者選抜やレガシー選抜といったコロナ禍以前からのアメリカの入学者選抜におけるトレンドについて言及しながら，拡大するテスト・オプショナルの動向など，コロナ禍によりSATやACTの実施が困難となったことで先鋭化した標準化テストを巡る議論と，それらが入学者選抜にもたらす影響について論じられた。

　大学入学者選抜実施までの期日が差し迫っていた順に，欧米諸国同様9月入学の中国，3月入学の韓国，4月入学の日本と続く。中国では各大学が実施する個別試験がないという特徴があるが，共通試験を課すという点で，中国と韓国は大学入学者選抜の文化的背景が日本と近い。中国の高考，韓国の修能は，実施日程をいずれも約1ヵ月遅らせながらも，厳戒なCOVID-19感染防止対策の下，当初の予定通りの内容で実施された（中国については第1章，韓国については第1章と第2章）。第2章では，コロナ禍の影響として学生生活記録簿の取扱いに関する問題が指摘されるとともに，修能の実施にあたって教育部を中心にいかに入念な準備と徹底した感染防止対策が行われたかが詳細に記されている。そして第1章で述べられたように，日本の大学入学共通テストもまた，追試験の日程やその対象者の扱い等が変更になったのみで，概ね予定通りに実施された。

　第1部では，コロナ禍による大学入学者選抜への影響について論じる中で，奇しくも第1章，第2章，第4章，第5章に共通して「公平性」というキーワードが登場した。しかしながら，各国で公平性の捉え方や，その概念が適用される場に社会・文化的背景による違いがあることは興味深い。各国の大学入学者選抜の根底にある価値観の相違について，倉元（2022）は次のような見解を示している。「米国ではコロナがもたらした厳しい経済状況の下での大学経営問題が中心に置かれたように見える。（中略）英仏といった欧州では，試験の時期が厳しい外出制限が課された時期に当たっという事情があるが，突然，選抜方法や基準が大幅に変更された。（中略）韓国と中国は，（中略）例年と同じ方法や基準で選抜を行うことが重要であり，公平性を担保する，という考え方に基づく措置である」。韓国と中国に関する記述は，日本と同様にという文脈であり，これら3カ国の入学者選抜については「受験生が入試を目標として日々努力を重ね，合格を目指して準備することを前

提とした制度だからである」と述べている。

２．第 2 部「日本編」について

　第 2 部では，令和 3 年（2021年）の後半から令和 4 年（2022年）にかけて公刊された，日本における令和 3 年度（2021年度）入試に関連する研究 4 編が収められている。本書と対を成す第 6 巻「コロナ禍に挑む大学入試（ 1 ）緊急対応編」はまさに，COVID-19感染拡大という緊急事態に直面した直後にいかに対応したかを記録した一冊であった。本書はその続編という位置付けであり，第 6 章では，令和 3 年（2021年）下半期に差しかかった時点で公刊されていた文献を紹介しながら，令和 3 年度（2021年度）入試に関連するCOVID-19への対応とその影響の全体像を改めて素描している。

　続く第 7 章は，令和 3 年度（2021年度）入試の中でも，国立大学における 4 月入学の私費外国人留学生選抜に着目した研究である。相次ぐ大規模試験の中止・変更や入国制限等，コロナ禍による甚大な影響を受けた留学生に対して，各大学がどのような対応をとったのか調査した結果から，COVID-19によって「出願と受験のハードル」が上がった可能性を指摘した。第 8 章と第 9 章は，オンライン入試に関連する論考であった。第 8 章では，大学の授業の定期考査をオンラインで実施した経験に基づき，大学入試を想定したオンライン筆記試験の課題と展望が述べられている。第 9 章は，令和 3 年度（2021年度）入試において九州工業大学で実際に実施されたオンライン入試に関する報告であった。受験者を対象とした質問紙調査の結果をもとに，オンライン入試の意義と課題について論じられていた。留学生を含む海外からの受験生への対応と，オンライン入試の可能性というトピックスは，コロナ禍により顕在化した日本の大学入試における課題と捉えることができる。受験にあたって大学に直接来られない場合にどう対処するかという観点では，これらは関連する問題とも言える。日本の18歳人口が減少の一途を辿る一方で，グローバル化やダイバーシティ推進の動きが今後ますます加速するであろうことを考慮すると，国内在住の受験生だけではなく，海外からの受験生を含めたすべての受験生にとって公平・公正な入試の設計は，これからの日本の大学入試を考える上で重要な論点の 1 つであろう。

第2節　令和4年度（2022年度）入試における
COVID-19の影響

1．第6波の中での入試実施

　序章で述べられたような経緯により，本書が刊行されるのは令和5年（2023年）1月となり，わが国においては令和4年度（2022年度）入試の実施を終え，すでに令和5年度（2023年度）入試が行われている最中である。以下では，令和4年度（2022年度）入試におけるCOVID-19の影響について，簡単に振り返ってみたい。

　図1に，日本における令和2年度（2020年度）と令和3年度（2021年度）のCOVID-19新規陽性者数の推移を示した。図1より，新規感染者数は2021年度に入って爆発的に増えたことがわかる。特に，大学入学共通テスト及び一般選抜の入試実施時期と重なる令和4年（2022年）1月以降の第6波は，感染力が非常に強い変異株であるオミクロン株の流行に伴うものであり，ピーク時の新規感染者数は全国で10万人を超えている。オミクロン株への感染が確定した患者等の濃厚接触者にあたる受験生への対応に関しては，「令和4年度大学入学者選抜に係る新型コロナウイルス感染症に対応した試験実施

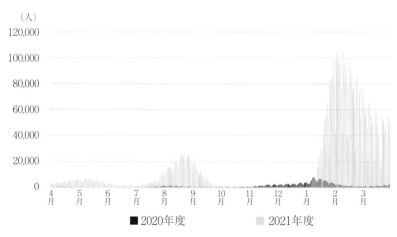

図1．令和2年度（2020年度）**と令和3年度**（2021年度）**のCOVID-19新規陽性者数**
（https://covid-19.mhlw.go.jp のオープンデータより作成）

のガイドライン」の改訂が短期間で2度繰り返された（12月24日の一部改訂と12月28日の再改訂）。最終的には他の濃厚接触者と同様に，PCR検査の結果が陰性であること，受験当日も無症状であることなど一定の条件を満たせば，別室受験による対応が認められることとなった（文部科学省, 2021a, 2021b）。

　大学入学共通テストの実施を目前に控えた令和4年（2022年）1月11日，文部科学省より「令和4年度大学入学者選抜における受験機会の更なる確保について（依頼）」が発出された（文部科学省, 2022）。この依頼文では，新型コロナウイルス感染症の影響により共通テスト及び個別学力検査のそれぞれ，あるいは両方で本試験・追試験ともに受験できなかった受験生に対して，いずれか受験できた試験や調査書等を選抜資料としたり，さらなる追試験を設けたりすることで合否判定を実施すること，そしてそのような受験生のための相談窓口を設けることが求められた。ところがこの時点ですでに，個別学力検査における追試または別日程への振替など，99%の大学で受験機会確保のための対応がとられていた（文部科学省, 2021c）。翌12日には，国立大学協会が文部科学省に確認した結果として，先の依頼文への対応については，各大学の経験と実情に基づき，各大学の判断に委ねられること，及び，新型コロナウイルス感染症及びオミクロン株の感染拡大に伴う緊急かつ特殊な対応で，今年限りであることが示された。これにより，個別大学が意思決定の権限を持つ主体としてコロナ禍への対応に当たっていること（本書p.iii）が改めて明確になるとともに，追試験等による救済措置を「通常」のこととして次年度以降に持ち越さないという方針の確認がなされ，現場で実現可能な対応に落ち着いた。

2．東北大学における対応

　東北大学では，上述した依頼文への対応として，令和4年（2022年）1月31日（月）から2月1日（火）までの間，本学一般選抜に志願する受験生のうち，新型コロナウイルス感染症の影響で大学入学共通テストの本試験及び追試験のいずれも受験できなかった者を対象とした相談窓口を設置した。また，前年度に引き続き，新型コロナウイルス感染症に罹患した等の事由により一般選抜（前期日程・後期日程）を受験できなかった者を対象とした追試験を実施することとし，その日程を令和4年（2022年）3月22日（火）に定

めた。前期日程の追試験では，大学入学共通テストの成績，個別学力試験の成績及び主体性評価チェックリストの内容により選抜を行うこと，後期日程の追試験では，大学入学共通テストの成績，面接試験等及び主体性評価チェックリストの内容により選抜を行うこととした（東北大学入試センター，2021）。後期日程の追試験では，個別学力試験を免除した形で追試験を行うことになったため，本書の監修者であり編者の1人でもある入試センター副センター長が主体となり，過去のデータの分析結果をもとに共通テストの成績に基づく合否判定基準を策定して備えた。追試験の申請者は，前期日程の5人のみとなったため，後期日程の追試験のために策定した合否判定基準が実際に利用されることはなかった。

　さらに本書の第7章から第9章で扱った留学生入試とオンライン入試に関連して，本学の令和4年度（2022年度）入試では，私費外国人留学生入試において，海外在住の志願者を対象に筆記試験による学力試験及び面接試験をオンラインで実施した。特に学力試験の実施にあたっては，本番と同様の監督者を配置し，ダミーの試験問題を利用して，受験者に試験当日の流れをすべて行ってもらう事前練習会を前日に実施した。筆者もオンライン学力試験の主任監督者の1人として臨んだが，緊張感の中，困難を伴う業務であり，神経をすり減らした。

　大学入学共通テストに着目すると，第1章で述べられたように，令和3年度（2021年度）は当初より予定されていた本試験の2週間後に設定された第2日程に加えて，特例追試験という異例の措置が講じられたが，令和4年度（2022年度）は1月15日（土）・16日（日）に本試験，その2週間後の1月29日（土）・30日（日）に追・再試験が実施された。すなわち，コロナ禍以前と比較した変更は，追試験が1週間後ろ倒しとなった点のみであった。なお，令和5年度（2023年度）の共通テストも本試験の2週間後に追・再試験が設定されている。ただし，先の依頼文のような救済措置は「今年（令和4年度（2022年度））限りである」という発言の通り，令和5年度（2023年度）は要請しない方針が文部科学省よりすでに示されている。

　以上のように令和4年度（2022年度）入試を振り返ると，COVID-19の感染者数は前年に比較して格段に増加していたにもかかわらず，入試実施者としての大学にとっては，令和3年度（2021年度）入試のような暗中模索の中

決断を迫られる緊迫感はなくなり，落ち着いて対応できたように感じられる。その理由として，感染機序や感染防止対策などCOVID-19に関する多くの情報が明らかになったこと，そしてコロナ禍での入試実施を1度経験したことによりノウハウが蓄積され，ある種の構えができたことは大きい。

第3節　コロナ禍における大学入学者選抜の公平性と妥当性

　最後に，コロナ禍において世界と日本の大学入学者選抜でとられた対応の違いについて，測定評価の観点から考えてみたい。2020年，イギリスではGCE-Aレベル試験が中止となり，外部評価（筆記試験）以外の要素で最終成績を判定することになったが，最終的に採用された方法では例年より評価が相当甘くなり，成績インフレを引き起こしたことが報告された。フィンランドでは，第一段階選抜としての大学入学資格試験はなんとか実施しつつも，第二段階選抜の個別大学入学試験は対面ではなくオンラインを中心に行われた。これを受けて，第一段階選抜の重みが例年より大きくなるように配点比率が変更されたが，それにより受験生に混乱が生じたという。

　宮本（2022）は，コロナ禍において予定されていたイベントの実施が危ぶまれる場合にとり得る方略は，「調整」，「制限」，「代替」，「中止」の4つに集約できるとしている。大学入学者選抜における評価・判定に用いられる個々の要素（選抜資料）は，COVID-19の感染拡大により「調整」か「制限」か「代替」かの決断を迫られることとなったが，選抜そのものを「中止」することはできない。イギリスやフィンランドの事例は，選抜方法としてあらかじめ定められた要素から，その一部が「中止」により欠けたり，「制限」されたことで従来と同等に扱えなくなったりした場合に，評価・判定をいかに行うか，という問題に換言できるだろう。両国では，コロナ禍以前あるいは以後との継続性よりも，コロナ禍という非常事態において得られた要素のみを用いて，その年の受験生に対して一律の基準で評価・判定することで「公平性」を示そうと試みたように受け取れる。しかし，この方法では受験生を納得させることができなかったばかりか，測定の妥当性についても疑問が残る。

アメリカのテスト・オプショナルは、「標準化テストのスコアを提出した志願者のテストスコアは選抜の考慮に入れるが、スコアを出さない志願者のテスト結果は問わない」（本書 p.112）とある。アメリカではコロナ禍以前から選抜のための基準は完全に個別大学に決定権があり、評価・判定に関する国全体としての方針は明確に打ち出されていない点に特徴が見られる。

一方で、日本では「受験生保護の大原則」の下、「予定されていたことを予定されていた通りに実施する」ことを第一に目指した（本書, p.iii）。すなわち、「調整」の方略が選択されたのである。大学入学者選抜において「調整」の方略がとられるとき、受験機会の確保を目的とした救済措置がとられるため、選抜方法としてあらかじめ定められた要素が従来通りに得られる可能性は高い。しかしながら、非常事態において緊急に準備された救済措置が、果たして従来の方法と同等に扱えるものか否かには留意する必要がある。

山下・上野（2021）は、令和3年度（2021年度）大学入学共通テストの特例追試験の国語で、4つある大問のうち2つが大学入試センター試験の過去問と同じ素材文が使われていて、傍線部も一部同じ箇所であったことを指摘している。この記事によると、大学入試センターは2008年に、「過去のセンター試験や大学の個別学力試験で使用された問題の素材文、教科書に載っている文章であっても、その後の試験問題の素材文として使用することはありうる」との方針を示しており、今回もその方針の下で作られた問題で「公平性に問題はない」としているという。公平性の観点はもちろん重要であるが、その試験問題により、大学入学共通テストで測定を意図する能力が本当に測れていたのか、という妥当性の観点からの検証も必要であろう。なお、特例追試の受験者は1名であったことが、大学入試センターによって公表されている。

また、先述のように、本学の令和4年度（2022年度）入試において、一般選抜後期日程では個別学力試験を課さずに、大学入学共通テストの成績、面接試験等及び主体性評価チェックリストの内容により選抜を行うこととしたため、追試験受験者のための共通テストに基づく合否判定基準を策定した。実際に追試験の受験者はいなかったが、後期日程において事前に定めた選抜方法の通り選抜の要素が揃っている受験生と、その一部が「中止」により欠けている追試験の受験生との間では、公平性及び測定の妥当性が問題となる。

　日本において大学入試はハイステークス（high-stakes）な試験であると言われるが，high-stakes は直訳すると「一か八かの」という意味である。コロナ禍における各国の大学入学者選抜は，その決断が適切であるか十分に検討する間もなく実行に移されたという意味では，受験生にとってばかりではなく，実施者である大学にとっても一か八かの賭けだったと言えるのではなかろうか。

　選抜方法としてあらかじめ定められた要素から，その一部が「中止」により欠けたり，「制限」されたことで従来と同等に扱えなくなったりした場合，あるいは「調整」の末に従来とは異質なものが混在してしまった場合，厳密に公平かつ妥当な評価を行う術は，現在のところ見当たらない。公平性については，「不合格者が選抜結果に納得できるか否か」（倉元, 2020）という観点からの評価が可能であろう。測定の妥当性については，大学入学者選抜の結果のみから検証することは難しい。コロナ禍という非常時の決断により実施された選抜が妥当であったか否かに関しては，平時の選抜を経た他の学生と比較して入学後の学力，モチベーション，生活態度等に相違がないかなど，今後追跡調査を通して明らかにされることが望まれる。

文　献

倉元　直樹（2020）. 受験生保護の大原則と大学入試の諸原則　倉元　直樹（編）「大学入試学」の誕生（pp. 6-17）　金子書房

倉元　直樹（2022）. 大学入試の多様化，その終着点はどこに？　現代思想, *50*（12），138-147.

宮本　友弘（2022）. コロナ禍での対面オープンキャンパスへの挑戦　倉元　直樹・宮本友弘（編）コロナ禍に挑む大学入試（1）緊急対応編（pp.194-199）　金子書房

文部科学省（2021a）. 令和4年度大学入学者選抜に係る新型コロナウイルス感染症に対応した試験実施のガイドラインの一部改訂について（通知）文部科学省 Retrieved from https://www.mext.go.jp/content/211228_mxt_daigakuc02_000005144-2.pdf（2022年12月3日）

文部科学省（2021b）. 令和4年度大学入学者選抜に係る新型コロナウイルス感染症に対応した試験実施のガイドラインの一部再改訂について（通知）文部科学省 Retrieved from https://www.mext.go.jp/content/211228_mxt_daigakuc02_000005144-1.pdf（2022年12月3日）

文部科学省（2021c）. 令和4年度新型コロナウイルス感染症対策に伴う個別学力検査の追試等の対応状況　文部科学省 Retrieved from https://www.mext.go.jp/content/20211223-mxt_daigakuc02-000005144_1.pdf（2022年12月3日）

文部科学省（2022）令和 4 年度大学入学者選抜における受験機会の更なる確保について（依頼）文部科学省 Retrieved from https://www.mext.go.jp/content/20220112_mxt_daigakuc02_000005144-1.pdf（2022年12月 3 日）

東北大入試センター（2021）. 令和 4 年度一般選抜（前期・後期日程）追試験について 東北大学入試センター Retrieved from http://www.tnc.tohoku.ac.jp/images/yoko/R4ippan_tuisiken.pdf（2022年12月 3 日）

山下 知子・上野 創（2021）. 特例追試・国語，過去問と同じ文章二つ　予備校講師ら「公平性に疑念」　朝日新聞 EduA　Retrieved from https://www.asahi.com/edua/article/14291553（2022年12月 3 日）

初出一覧 （再録のみ）

第1章　南 紅玉（2021）. 大学入試における各国の COVID-19 対策――日本，中国，韓国の共通試験を事例に――　日本テスト学会誌, *17*, 61-74. をほぼ再録。

第6章　倉元 直樹・宮本 友弘・久保 沙織（2022）. コロナ禍の下での大学入学者選抜を振り返る――主として2021（令和3）年度入試に関連して――　東北大学高度教養教育・学生支援機構紀要, *8*, 95-107. をほぼ再録。

第7章　翁 文静・立脇 洋介（2022）. 国立大学における新型コロナウイルス感染症の対応について――2021年度私費外国人留学生選抜（4月入学）を中心に――　大学入試研究ジャーナル, *32*, 114-121. をほぼ再録。

第8章　倉元 直樹・林 如玉（2021）. 大学入試における少人数を対象としたオンライン筆記試験の可能性――大学の授業における期末考査をモデルケースとして――　大学入試研究ジャーナル, *31*, 338-344. をほぼ再録。

第9章　大野 真理子・花堂 奈緒子・播磨 良輔（2022）. オンライン入試の意義と課題――九州工業大学における総合型選抜Iの事例をもとに――　大学入試研究ジャーナル, *32*, 106-113. をほぼ再録。

執筆者紹介

倉元直樹　（監修者・編者）　　　　　　　　　　　　　序章・第6章・第8章

久保沙織　（編者）　　　　　　　　　　　　　　　　　　　　第6章・終章

南　紅玉　（札幌医科大学医療人育成センター入試・高大連携部門講師）

　　　　　　　　　　　　　　　　　　　　　　　　　　　　　　　第1章

　　　　　〔執筆時の所属は東北大学高度教養教育・学生支援機構助教〕

田中光晴　（文部科学省 専門職）　　　　　　　　　　　　　　　第2章

小浜　明　（仙台大学体育学部教授）　　　　　　　　　　　　　第3章

飯田直弘　（北海道大学高等教育推進機構准教授）　　　　　　　第4章

福留東土　（東京大学大学院教育学研究科教授）　　　　　　　　第5章

川村真理　（科学技術・学術政策研究所上席研究官）　　　　　　第5章

宮本友弘　（東北大学高度教養教育・学生支援機構教授）　　　　第6章

翁　文静　（九州大学アドミッションセンター准教授）　　　　　第7章

立脇洋介　（九州大学アドミッションセンター准教授）　　　　　第7章

林　如玉　（東北大学大学院教育学研究科博士後期課程）　　　　第8章

大野真理子（京都大学大学院教育学研究科博士後期課程）　　　　第9章

花堂奈緒子（九州工業大学教育接続・連携 PF 推進本部

　　　　　　高大接続センター准教授（専門職））　　　　　　　第9章

　　　　　〔執筆時の所属は九州工業大学高大接続・

　　　　　　教育連携機構准教授（専門職）〕

播磨良輔　（九州工業大学教育接続・連携 PF 推進本部入試課課長）

　　　　　　　　　　　　　　　　　　　　　　　　　　　　　　　第9章

　　　　　〔執筆時の所属は九州工業大学入試課課長〕

●監修者紹介

倉元直樹

東北大学高度教養教育・学生支援機構教授。東京大学大学院教育学研究科教育心理学専攻（教育情報科学専修）第1種博士課程単位取得満期退学。博士（教育学）。大学入試センター研究開発部助手を経て，1999年より東北大学アドミッションセンター助教授（組織改編により現所属）。東北大学大学院教育学研究科協力講座教員を兼務。専門は教育心理学（教育測定論，大学入試）。日本テスト学会理事。全国大学入学者選抜研究連絡協議会企画委員会委員。

●編者紹介

久保沙織

東北大学高度教養教育・学生支援機構准教授。早稲田大学大学院文学研究科人文科学専攻博士後期課程単位取得退学。博士（文学）。早稲田大学教育・総合科学学術院助手，同大学グローバール・エデュケーションセンター助教，東京女子医科大学医学部助教を経て，2020年より現職。専門は心理統計学。日本教育心理学会機関紙「教育心理学研究」編集委員。

本書は JSPS 科研費 JP21H04409の助成を受けて出版したものです。

東北大学大学入試研究シリーズ

コロナ禍に挑む大学入試（2）世界と日本編

2023年1月31日　初版第1刷発行　　　　　　　　　　　　　　　　［検印省略］

監修者	倉　元　直　樹
編　者	倉　元　直　樹
	久　保　沙　織
発行者	金　子　紀　子
発行所	株式会社 金　子　書　房

〒112-0012　東京都文京区大塚 3-3-7
TEL 03-3941-0111代
FAX 03-3941-0163
振替 00180-9-103376
URL https://www.kanekoshobo.co.jp

印刷・製本／藤原印刷株式会社